Jochum · Kleine Bibliotheksgeschichte

Kleine Bibliotheksgeschichte

Von
Uwe Jochum

Philipp Reclam jun. Stuttgart

Meiner Frau

V 646. 964 I

Universal-Bibliothek Nr. 8915
Alle Rechte vorbehalten
© 1993 Philipp Reclam jun. GmbH & Co., Stuttgart
Satz: Kösel, Kempten
Druck und Bindung: Reclam, Ditzingen
Printed in Germany 1993
RECLAM und UNIVERSAL-BIBLIOTHEK sind eingetragene Warenzeichen
der Philipp Reclam jun. GmbH & Co., Stuttgart
ISBN 3-15-008915-8

Inhalt

Vorwort

Wenn es wahr ist, daß die Wissenschaftler zwar selten verga-
ßen, die ausführlichen Anmerkungsapparate wissenschaftlicher Veröffentlichungen zu lesen, jedoch kaum über die
Logik dieser so unscheinbaren Schreibtechnik reflektierten,[1]
die doch nichts weniger als die Wissenschaftlichkeit einer
Veröffentlichung verbürgt, dann trifft dies ebenso auf die
Bibliotheken zu, von denen die Wissenschaft lebt, ohne sie
bisher in nennenswerter Weise zu ihrem Thema gemacht zu
haben. Der abendländischen Vergessenheit der Schrift[2] kor-
respondiert eine Vergessenheit der Bibliothek, von der man
seit Leibniz und Schopenhauer zwar achtungsvoll als dem
»Gedächtnis der Menschheit« spricht, um sich jedoch um
eben dies Gedächtnis nicht sonderlich zu kümmern.[3] Diese
merkwürdige Verdrängung hat indessen Methode. Ihr kor-
respondiert die Dichotomie vom lebendigen Wort und toten
Buchstaben, die alles Sein auf seiten des gesprochenen Worts
verbucht und dem Buchstaben nur die Eigenschaft eines
kommunikativen Notbehelfs zuerkennt.[4] Sprache aber ist
nur im Sprechen oder im Gedächtnis und damit endlich.
Daß nach dem Tod der Sprechenden und der Sprachen aber
die Schriften bleiben, macht darauf aufmerksam, daß Schrift
etwas anderes ist als ein externer gedächtnisgleicher Gedan-
ken- und Wissensspeicher. Schriften sind vielmehr immer
schon tote Buchstaben, von denen keiner weiß, was sie
bedeuten. Sie zu lesen heißt: sie deuten, nicht indem man die
imaginierte Stimme eines Autors vernimmt, sondern in-

---

1 Cahn, *Der Druck des Wissens*, S. 31.
2 Derrida, *Grammatologie*.
3 Daß die Bibliotheken von der Öffentlichkeit nur marginal wahrgenommen
  werden und allenfalls über Jubiläen, Gebäude und Ausstellungen in der
  Presse berichtet wird, ist das Ergebnis der Untersuchung von Knoche,
  »Wissenschaftliche Bibliotheken im Spiegel der deutschen Tagespresse«.
4 Gadamer, *Wahrheit und Methode*, S. 450.

dem man den Zeichen folgt und ihnen einen Sinn unterstellt.[5] Zunächst und zumeist aber partizipieren alle diese Schriften an der Ordnung der Dinge,[6] werfen also keine Sinnfragen auf, sondern benötigen Speicherplatz.

Der Speicherplatz der Schrift aber ist die Bibliothek. Bibliotheks- und Schriftgeschichte sind daher nicht voneinander zu trennen. Nur indem man beides zusammenliest, entgeht man dem gängigen bibliotheksgeschichtlichen Irrtum, der nach einem kurzen Blick auf die Etymologie zu wissen glaubt, daß Bibliotheken immer schon Bücher sammelten und der einzige Unterschied zwischen dem Museion und einer modernen High-Tech-Bibliothek die dazwischenliegenden Jahrtausende seien. Jenseits der Schriftvergessenheit zeigen sich freilich bedeutende Unterschiede, die nicht nur die Schriftträger (Tontafeln, Papyrusrollen, Pergamentkodizes, papierene Bücher, CD-ROMs), sondern auch die Rolle der Schrift in der jeweiligen historischen Formation betreffen. Die *Kleine Bibliotheksgeschichte* möchte diese Unterschiede nicht überlesen. Sie folgt vielmehr der Hypothese, daß diese Unterschiede konstitutiv sind für das, was eine »Bibliothek« jeweils war und ist. Wenn sich diese Unterschiede nicht zu einer geschlossenen Geschichte fügen, liegt das also in der Natur der Sache. Hinzukommt, daß allein schon der begrenzt zur Verfügung stehende Raum davor bewahrt hat, der Schimäre einer Universalgeschichte nachzujagen. Statt dessen folgt die *Kleine Bibliotheksgeschichte* einer allmählichen Verengung des Blickwinkels, der sich ab dem Mittelalter auf Deutschland richtet.

Manche Perspektive hätte freilich ohne Anregung und Kritik von Jan Assmann, Günter Burkard, Michael Cahn, Michael Giesecke und Hartwig Lohse nicht eingenommen werden können. Daß die Bibliotheksgeschichte mit dieser

---

5 Hörisch, *Die Wut des Verstehens*, S. 78 ff.
6 Hörisch, »Das Sein der Zeichen und die Zeichen des Seins«, S. 14.

Kleinen Bibliotheksgeschichte nicht zu Ende ist, dafür muß der kritische Leser selber sorgen, der aufgefordert bleibt, zu dieser Geschichte eigenen Text und Fußnoten hinzuzufügen.

U. J.

I

Der Alte Orient

Rund 35 000 Jahre vor unserer Zeit tauchen an Höhlenwänden die ersten »Felsbilder« auf. Obwohl es sich um bildhafte Zeichen handelt, sind es doch keine reinen Abbilder, die die Wirklichkeit zu treffen suchen, sondern Zeichen, die wahrscheinlich als Gedächtnisstützen für mündliche Erzählungen gedient haben. Damit sind sie »Schrift« in dem Sinne, daß sie mittels eines immer wiederkehrenden Zeicheninventars der Notation komplexer Erzählungen dienten. Zwar wurde nicht aus den gleichen Zeichen stets derselbe Text wieder-»gelesen«, aber die Zeichen versetzten den Betrachter sehr wohl in die Lage, die gleiche Geschichte (mit variablem Wortlaut) zu erzählen. Der französische Paläontologe Leroi-Gourhan nennt diese graphischen Zeichen »Mythogramme«[1] und erläutert ihre Funktionsweise durch einen Vergleich mit der uns bekannten Darstellung eines Kreuzes, einer Lanze und eines an der Spitze einen Schwamm tragenden Schilfrohrs, die für jeden, der diese Darstellung kennt, die Passion Christi bedeutet, so daß der Eingeweihte eben diese Geschichte aufgrund dieser Zeichen erzählen kann.[2] Zugleich hat Leroi-Gourhan darauf aufmerksam gemacht, daß dieses frühe Auftauchen einer »Schrift« dafür spricht, daß Schrift nicht nachträgliches Hilfsmittel zur Aufzeichnung einer ursprünglich nur gesprochenen Sprache ist, sondern ein der menschlichen Rede gleichursprüngliches Phänomen: »Lautbildung« und »Zeichenbildung« sind »zwei Sprachen«, die aus der gleichen Quelle stammen.[3] Die Aus-

---

1 Leroi-Gourhan, *Hand und Wort*, S. 242. Die umfassendste Geschichte von Schrift und Buch ist Martin, *Histoire et pouvoirs de l'écrit*.

2 Ebd., S. 253.

3 Ebd., S. 243–246. Leroi-Gourhans Theorie hat stark auf den Neostrukturalismus und vor allem auf Derridas *Grammatologie* gewirkt, vgl. Der-

einanderentwicklung von Bild und Schrift geschah durch eine zunehmend lineare Anordnung des Zeichenmaterials. Der Grund für diesen Übergang dürfte in der Notwendigkeit gelegen haben, rechnerische Vorgänge, die für die Verwaltung der in China und dem Zweistromland sich entwickelnden komplexen Gesellschaften wichtig waren, zu erfassen, wobei sich die Mythogramme mit der linearen Notation des Rechnens verbanden und daraus die Linearität der Schrift entstand.[4]

Das bedeutete aber eine Veränderung im kollektiven Gedächtnis: Während das Mythogramm prinzipiell von allen lesbar war, die die dargestellte Geschichte kennen, trennt sich die Schrift vom kollektiven Gedächtnis und ist nur von denen lesbar, die die Technik des Lesens und Schreibens in seiner linearen Form beherrschen. Zugleich hatte die Ausdifferenzierung von Schrift und Bild zur Folge, daß sich die zu einer reinen Schreib- und Lesetechnik gewordene Schrift nun zur Aufzeichnung beliebiger, bislang »unerhörter« Inhalte eignete. Schrift bedeutet daher nicht nur die Trennung von Leser und Nichtleser, sondern zugleich die Verfügbarkeit über ein unbegrenztes Notationssystem, das alle Erinnerungen und Vorgänge in der Welt reproduzierbar machen konnte. Indem die Beherrschung der Schrift im Stand der Beamtenpriester institutionalisiert wurde, hatten diese die Verfügungsgewalt über ein einzigartiges Kommunikationsmittel erhalten: Sie konnten nicht nur die Geschichten von Göttern aufschreiben – Geschichten, die nur sie wiedergeben konnten –, sondern auch alle Verwaltungsvorgänge notieren, die zur

rida, *Grammatologie*, S. 130 ff. Zur Kritik der Vorstellung von Schrift als eines subsidiären Mediums der Mündlichkeit siehe auch Harris, *The origin of writing*. Von solchen theoretischen Erwägungen leider unbeschwert ist Haarmann, *Universalgeschichte der Schrift*.

4 Leroi-Gourhan, *Hand und Wort*, S. 249 ff. Zu diesem Vorgang vgl. auch Harris, *The origin of writing*, S. 122 ff.

Beherrschung der in den Flußtälern sich bildenden Hochkulturen notwendig waren.[5]

Am Beginn der linearen Schrift, die sich um 3500
v. Chr. in den Hochkulturen im Zweistromland, in Ägypten und China ausbildete, liegt der Beginn der Bibliotheken im Sinne von räumlich abgetrennten Aufbewahrungs-
orten von Schriftträgern. Die Mythogramme bedurften
einer solchen Aufbewahrung nicht, weil sie an den Höhlenwänden für jedermann sicht- und lesbar angebracht waren. Die in den Flußtälern entstandenen städtischen Hochkulturen, die gelernt hatten, Metalle zu verarbeiten, und
durch neue Produktionsmethoden zu ungeahntem Reichtum gekommen waren, benötigten dagegen zum erstenmal
in der Geschichte Archive, weil nun ein gesellschaftlicher
Komplexitätsgrad erreicht war, der die schriftliche Kontrolle vieler Lebensbereiche und gleichzeitig eine Archivierung der Schriftdokumente notwendig machte. Die frühesten in Mesopotamien überlieferten Texte aus der Zeit um
3000 v. Chr. sind denn auch Wirtschaftstexte aus dem Bereich der staatlichen Bürokratie.[6] Erst im 2. Jahrtausend
v. Chr. kamen zu diesen Texten Privatbriefe der Kaufleute
hinzu, deren Themen von Geschäftlichem bis zu Familiä-
rem reichen und die in Privatarchiven aufbewahrt wurden.[7] Das heißt aber, daß sich die Bibliotheken langsam
durch Ausdifferenzierung aus den Archiven bildeten, wobei als Katalysator sicherlich die Tatsache wirkte, daß im

5 Die sich ausbildenden linearen Schriften waren nicht sofort auch phonetische Notationen gesprochener Sprache. Eine Phonetisierung scheint vielmehr erst mit der Übertragung einer in einem bestimmten Sprachsystem
entwickelten linearen Schrift auf eine anders strukturierte Sprache stattgefunden zu haben (vgl. Damerow/Englund/Nissen, »Die Entstehung der
Schrift«, S. 80f.) oder durch die Notwendigkeit bewirkt worden zu sein,
Personennamen und Fremdwörter zu bezeichnen (Goody/Watt, »Konsequenzen der Literalität«, S. 75).

6 Otten, »Bibliotheken im Alten Orient«, S. 67 und Schenkel, »Wozu die
Ägypter eine Schrift brauchten«, S. 53.

7 Larsen, »What they wrote on clay«, S. 138 f.

Rahmen der Schreiberausbildung die wichtigen traditions-
bildenden Texte (der »stream of tradition«, von dem Oppenheim spricht[8]) abgeschrieben wurden und diese Texte
neben den Archivmaterialien und Briefen gesammelt wurden.[9] Bei diesem »stream of tradition« handelt es sich
weniger um »literarische Texte«, als vielmehr um Schriften, die »heilige Lehren« aufbewahrten, d. h. alles, was
sich um Gottheiten und heilige Personen oder Gruppen
drehte, deren Geschichten die herrschende Tradition absi-
cherten.[10]

Man war oft versucht, diese privaten Textsammlungen
»Bibliotheken« zu nennen, aber Oppenheim hat darauf
aufmerksam gemacht, daß diesen »Bibliotheken« das
Kennzeichen der planvollen Sammlung fehlt, so daß die
erste nachgewiesene Bibliothek, die dieses Kriterium erfüllt, die Bibliothek Assurbanipals (668–627 v. Chr.) in
dessen Residenz Ninive ist, die möglicherweise auf Bestände der in Assur von Tiglatpileser I. (1112–1074
v. Chr.) zusammengetragenen Bibliothek zurückgeht[11] und
jedenfalls die babylonische Literatur für die assyrischen
Herrscher verfügbar machen sollte.[12] Das aber heißt, daß
die früheste uns bekannte Bibliothek eine imperiale Bibliothek ist, in der ein Herrscher sich die Kultur eines unter-
legenen Volkes anzueignen und mit der eigenen Kultur zu

---

8 Oppenheim, *Ancient Mesopotamia*, S. 13 u. ö.

9 Ebd., S. 14 und 243.

10 Ebd., S. 232. Ein solcher »stream of tradition« sah für die Bibliothek
   Assurbanipals in Ninive wie folgt aus: »Abschriften von historischen,
   astronomischen, astrologischen, medizinischen, juristischen Texten, von
   religiösen Epen, Hymnen und Gebeten, von Beschwörungen und
   Omina, von chemischen Rezepten, insbesondere aber gibt es wissenschaftliche Werke zur Erlernung der Keilschrift, Zeichen- und Wortli-
   sten, zum Verständnis der verschollenen Sprachen, wie der sumerischen
   und kassitischen, grammatikale Texte, Listen zur Erlernung älterer
   Zeichenformen usw.« (Art. »Bibliothek«, in: *Reallexikon der Assyro-
   logie*.)

11 Oppenheim, *Ancient Mesopotamia*, S. 243 f.

12 Machinist, »The Assyrians and their Babylonian problem«.

verschmelzen sucht. Damit war ein Modell geschaffen, das über die Bibliothek des Museions in Alexandria auf die römischen Bibliotheken wirken sollte.

Um sich diese Bibliotheken vorstellen zu können, muß man sich klarmachen, daß sie aus Tontafeln bestanden, in die die Schriftzeichen mittels eines keilförmigen Stiftes eingeritzt waren. Sollten die Texte haltbar gemacht werden, brauchte man die ursprünglich weichen Tontafeln nur zu trocknen oder zu brennen. (Übrigens fand man auch viele ungebrannte Tontafeln, die kurz nach den Ausgrabungen zerfielen.) Der Umfang dieser Bibliotheken war ganz unterschiedlich: die von Assurbanipal wird auf 5000–10000 Tafeln geschätzt, die von Tiglatpileser I. auf einige Hundert Tafeln.[13] Das auf diesen Tafeln aufgeschriebene Textkorpus war freilich viel geringer und dürfte nach einer Schätzung Oppenheims höchstens 1500 Texte umfaßt haben.[14] Wie diese Bibliotheken geordnet waren, wissen wir bis heute nicht. Die gängigste Vermutung ist die, daß man Etikettentäfelchen benutzte, die man an Tafelbehältnisse anlehnte und die den Titel des Werkes enthielten, das in den Behältnissen aufbewahrt wurde. Die Tafeln waren auf Vorder- und Rückseite – gelegentlich auch seitlich – beschrieben und endeten mit einem Kolophon, d. h. der Anfangszeile der folgenden Tafel, der Nummer der Tafel innerhalb der Serie, die das Gesamtwerk bildete, und dem Titel des Werkes, der meistens identisch war mit den Anfangsworten des Werkes. Hinzu kam häufig die Angabe, ob die Tafel vollständig war, wer sie abgeschrieben hatte und in wessen Besitz sie sich befand. Ein Beispiel: »Beschwörung. Ein böser Fluch hat wie ein Dämon einen Menschen befallen. Vierte Tafel Surpu. Ihrem Original gemäß abgeschrieben und durchgese-

---

13 Otten, »Bibliotheken im Alten Orient«. Die Zahl von 30000 Tafeln, die Johnson in seinem Buch *A history of libraries in the western world*, S. 23 nennt, ist irrig: es fanden sich 25000 Nummern und Bruchstücke von Tontafeln (Otten, »Bibliotheken im Alten Orient«, S. 68).

14 Oppenheim, *Ancient Mesopotamia*, S. 17.

hen. Palast Assurbanipals, des Königs der Welt, Königs von Assyrien.«[15]

Der umfänglichste Fund von Keilschrifttafeln, der »Tafelhügel« in Nippur mit seinen rund 40000 Tontafeln, ist nicht der Bestand einer großen Bibliothek, sondern besteht aus den Überresten verschiedener privater Tafelsammlungen, die sich dort in den ehemaligen Priesterquartieren und Tempelschulen befanden.[16]

Die kulturelle Dominanz der Babylonier und später die militärische Dominanz der Assyrer im Vorderen Orient (Assurbanipal greift bis nach Ägypten aus) führte zu einer weiten Verbreitung der Keilschrift, die zeitweise sowohl von den Ägyptern für ihre diplomatische Korrespondenz als auch von den Hethitern benutzt wurde. Bei den in Amarna (Tell el-Amarna) in Ägypten gefundenen Tafeln handelt es sich jedoch nicht um eine Bibliothek, sondern um das Archiv der diplomatischen Korrespondenz Ägyptens. Die in Hattuša (Boğazköy), der Hauptstadt des Hethiter-Reiches, gefundenen Tafeln dagegen rechnen sowohl einem Archiv als auch einer Bibliothek zu.[17] Der allmähliche Niedergang des assyrisch-babylonischen Herrschaftskomplexes im 1. Jahrtausend v. Chr. und kulturelle Neuerungen wie die Ausbildung der leichter zu handhabenden semitischen Konsonantenschrift besiegelten schließlich den Untergang der Keilschrift, der auch das Ende der Keilschriftbibliotheken bedeutete.

---

15 C. Wendel, »Die griechisch-römische Buchbeschreibung verglichen mit der des Vorderen Orients«, in: _Hallische Monographien_ 3 (1949), zit. nach: Otten, »Bibliotheken im Alten Orient«, S. 68f. Vgl. Milkau, _Geschichte der Bibliotheken im Alten Orient_, S. 34.

16 Otten, »Bibliotheken im Alten Orient«, S. 70. Milkau ging in seiner _Geschichte der Bibliotheken im Alten Orient_, S. 40 noch davon aus, daß es sich bei den Funden in Nippur um eine Bibliothek handelte.

17 Otten, »Bibliotheken im Alten Orient«, S. 71 ff.

II

Das Alte Ägypten

Während sich in Mesopotamien eine Stadtkultur entwikkelte, die durch ökonomische und militärische Konkurrenz der verschiedenen Städte gekennzeichnet war, entstand in Ägypten als Resultat der Einigung des Reiches unter dem sagenhaften König Menes eine Reichskultur, die durch die landesweite Verbreitung der Kultur der Residenz Memphis geschaffen wurde.[1] Die ältesten in Ägypten bezeugten Texte sind daher auch keine »Wirtschaftstexte« wie in Mesopotamien, vielmehr ist »Wirtschaft« in Ägypten integraler Bestandteil einer zentralistischen staatlichen Verwaltungs- und Rechtsordnung,[2] die soziale und kosmische Ordnung im übergreifenden Konzept einer »Reichsordnung« miteinander verschränkt. Dabei verwirklicht der Staat die Ma'at (ein komplexer Begriff, der soviel wie Wahrheit, Gerechtigkeit, Recht, Ordnung, Weisheit, Echtheit und Aufrichtigkeit meint[3]) – nicht im Sinne der Realisierung eines dem Staat vorausliegenden kosmologischen, ethischen und normativen Prinzips, sondern im Sinne einer Ermöglichung von Leben überhaupt, die in der Ordnung schaffenden Thronbesteigung des Königs vollzogen und im täglichen Tun der Ma'at in Gang gehalten wird.[4] Kurz: Herrschaft in Ägypten »ist ein ungeschieden kosmisches und gesellschaftliches, religiöses und politisches Phänomen«.[5]

Bedingt durch diese Reichsordnung schlug Ägypten daher einen anderen Weg als Mesopotamien ein: den Weg zur Ausbildung einer zentralisierten Bürokratie. Schrift war da-

1 Assmann, Ma'at, S. 51 f.
2 Schenkel, »Wozu die Ägypter eine Schrift brauchten«, S. 61 f.
3 Assmann, Ma'at, S. 9.
4 Zu diesen komplexen Zusammenhängen, auf die ich nicht näher eingehen kann, siehe Assmann, Ma'at, S. 200 ff.
5 Ebd., S. 223.

bei nicht wie in Mesopotamien das Kennzeichen der Staats-
bürokratie und einer Händlerschicht, sondern zunächst
strikt dem Pharao und seinem Hof vorbehalten, bis sich im
3. Jahrtausend v. Chr. der Stand der Schreiber-Beamten her-
ausbildete. Darunter dürfen wir uns freilich keine moderne
Beamtenschaft vorstellen, sondern einen Stand, in dem
Schriftkenntnis und Ausübung von Herrschaft, sei es in der
Staats-, sei es in der Tempelverwaltung, eng miteinander
verknüpft waren.[6] Diese Verknüpfung von Schrift und
Herrschaft läßt kaum eine allgemeine Lese- und Schreibfähigkeit vermuten, sondern schränkt die Beherrschung von
Schrift auf den Kreis der staatlichen Funktionsträger ein.
Tatsächlich schätzt man, daß im Alten Reich (ab dem
3. Jahrtausend v. Chr.) maximal 1% der Bevölkerung lesen
und schreiben konnte und daß diese Zahl bis zum Neuen
Reich (1570–715 v. Chr.) auf 5 bis 7% anstieg.[7] Aber selbst
innerhalb der Gruppe der Schriftkundigen gab es wiederum
eine Abstufung, insofern nur eine Elite die Hieroglyphen-
schrift beherrschte, während die Mehrzahl der Schreiber die
hieratische Kursivschrift schrieb, die im 7. Jahrhundert
v. Chr. von der demotischen Kursive abgelöst wurde.[8]

Neben dieser – gegenüber Mesopotamien – wichtigen
Verschiebung in der Funktion von Schrift zeigt sich in
Ägypten auch die Ausbildung eines eigenen Schriftsystems,

---

6 Schlott, *Schrift und Schreiber im Alten Ägypten*, S. 118 ff. und Art. »Beam-
   tentum«, in: *Lexikon der Ägyptologie*. Nach dem Zerfall der Königsherr-
   schaft und der Herausbildung verschiedener Territorialherrschaften hat sich
   der Charakter des Beamtentums kaum geändert, wenngleich ihre Rekrutierung sich nun nach anderen Mechanismen als früher gestaltete.

7 Art. »Schreiben«, in: *Lexikon der Ägyptologie*. Baines, »Literacy and ancient Egyptian society«, S. 576 f. spricht von einem »principle of scarcity«,
   das die ägyptische Schriftlichkeit beherrscht habe. Zahlenangaben ebd.,
   S. 584.

8 Art. »Schreiben«, in: *Lexikon der Ägyptologie*, Sp. 696. Über die Verbreitung der Kenntnis des Hieratischen siehe Baines, »Literacy and ancient
   Egyptian society«, S. 583. Zur Entwicklung des ägyptischen Schriftsystems
   siehe Baines, »Literacy, social organization, and the archaeological record:
   the case of early Egypt«.

in dem offenbar nur bestimmte Strukturen der sumerischen Schrift übernommen und weiterentwickelt wurden.[9] Durch die Nutzung des im Nildelta üppig gedeihenden Papyrus wird außerdem ein neuartiger Schriftträger eingeführt.[10] Für die Textüberlieferung bedeutet dies allerdings, daß praktisch nur diejenigen Texte erhalten sind, die sich in Nekropolen oder Tempeln befanden, wo Stein als Schriftträger für die Hieroglyphen diente, bzw. wo Papyri im Wüstenboden überdauern konnten. Die Überlieferung aus der Frühzeit besteht demnach praktisch ausschließlich aus Inschriften auf Stein.[11] Der merkwürdige Umstand, daß die Ägypter ausgerechnet ihre Nekropolen mit Schriften versahen, erklärt sich durch den Zweck des ägyptischen Grabes, das Andenken an den Verstorbenen wach zu halten, indem es seine Leistung zur Darstellung brachte und in der Grabinschrift seine Lebensgeschichte erzählte.[12] Schrift ist daher in Ägypten in gleich mehrfacher Weise eine Maßnahme gegen den Tod: Sie rettet nicht nur als Grabinschrift das Andenken an den Toten, der dann im kollektiven Gedächtnis weiterleben kann, sondern hält insbesondere in allen staatlich-kultischen Zusammenhängen das Leben in Gang: sei es, daß sie direkt kultischen Zwecken dient und die heiligen Texte aufbewahrt, sei es, daß sie im Rahmen der staatlichen Verwaltung eines der Instrumente ist, die Ma'at zu tun.

Wir dürfen uns daher nicht wundern, wenn wir Biblio-

---

9 Neu ist, daß die Ägypter zum erstenmal einen Satz von Lautzeichen nach dem Rebus-Prinzip aufbauten; siehe Schenkel, »Wozu die Ägypter eine Schrift brauchten«, S. 54–57. Dieser Prozeß der Weiterentwicklung der Schrift verlief zwar »parallel«, aber asynchron« zu Mesopotamien, wobei man zwischen beiden Gebieten »ein gewisses Maß an Interdependenz der Entwicklung nicht ausschließen« darf (ebd., S. 57). Baines, »Literacy and ancient Egyptian society«, S. 575 spricht schlicht von »stimulus diffusion«. Zur Rolle der Schrift in Ägypten allgemein vgl. Assmann, *Das kulturelle Gedächtnis*, S. 167 ff.

10 Vgl. Schlott, *Schrift und Schreiber im Alten Ägypten*, S. 66 ff. und den Artikel »Papyrus« im *Lexikon der Ägyptologie*.

11 Schenkel, »Wozu die Ägypter eine Schrift brauchten«, S. 59 f.

12 Assmann, »Schrift, Tod und Identität«, S. 66 f.

theken nur im Umkreis von Tempeln finden bzw. im Umkreis all dessen, was mit Kult und staatlicher Verwaltung zu tun hat. Dabei ist allerdings zu beachten, daß es in Ägypten trotz der geschilderten umfassenden Durchdringung von Religion und Staat auf der Ebene der »Wertsphäre« auf der konkreten Handlungsebene zwei deutlich geschiedene, sich mit Schriften beschäftigende Traditionen gab. Einmal entstanden zum Zwecke der Verwaltung Archive, in denen in der Tat Akten und Urkunden aufbewahrt wurden. Das berühmteste Archiv haben wir bereits im vorigen Kapitel kennengelernt: Es handelt sich um das in Amarna (Tell el-Amarna) gefundene Archiv der diplomatischen Korrespondenz in Keilschrift (die sogenannten Amarna-Briefe).[13] Zum andern aber entstanden im Umfeld des Kultes und seiner Bedürfnisse Bibliotheken, in denen die Texte des »Traditionsstromes« ihren Platz fanden. Die Abgrenzung ist freilich dadurch erschwert, daß die überlieferten Bestände sich nicht trennscharf auf Archive *oder* Bibliotheken verteilen. Wir wollen daher immer dann von einem Archiv sprechen, wenn nur Akten gesammelt wurden, dagegen sprechen wir von einer Bibliothek, wenn neben den Akten *auch* Buchrollen gesammelt wurden.[14]

Die Situation wird zusätzlich unübersichtlich, da das Ägyptische zwei Worte für »Bibliothek« kannte: »Bücherhaus« (auch: »Gottesbücherhaus«) und »Lebenshaus«, wobei die Bedeutung der beiden Worte außerdem fraglich ist. Als gesichert kann gelten, daß in der Ptolemäerzeit (ab 332 v. Chr.) »Bücherhaus« eine unmittelbar einem Tempel zugehörende Bibliothek meint; diese Bedeutung kann *vor* der Ptolemäerzeit nur vermutet werden. Ein »Lebenshaus« dagegen war eine einem Tempel angegliederte Institution, in der wissenschaftliche und religiöse Werke verfaßt, kopiert und aufbewahrt wurden, also eine Institution, die stets über

13 Vgl. die Artikel »Archive« und »Amarna-Briefe« im *Lexikon der Ägyptologie*.
14 Burkard, »Bibliotheken im Alten Ägypten«, S. 81.

eine Bibliothek verfügen mußte, um ihre Aufgabe wahrnehmen zu können.[15] In einem (Gottes-)Bücherhaus fand sich all die Literatur, die für die Ausübung des jeweiligen Kultes wichtig war. Vom Bücherhaus in Edfu ist uns eine Bücherliste überliefert, die als Bestand Handbücher für den Kult, Ritualbücher für besondere Feste, Beschwörungs- und Schutzbücher (Magie/Zauber gehörten noch unmittelbar zum Kult) sowie Inventarien der heiligen Orte usw. nennt, weshalb man zu Recht von einer Handbibliothek des Tempels gesprochen hat.[16] Dagegen wurde in der Bibliothek eines Lebenshauses das breitere Spektrum der dem »Traditionsstrom« zugehörenden Literatur gesammelt und abgeschrieben: außer religiösen Werken finden sich medizinische und astronomische und überhaupt nach dem damaligen Verständnis »wissenschaftliche« Werke. Ob auch literarische Schriften im Lebenshaus gesammelt wurden, ist ungewiß.[17]

Während das (Gottes-)Bücherhaus einen unmittelbar kultischen Zweck hatte, diente die Bibliothek des Lebenshauses diesem Zweck mittelbar, indem sie all die Literatur bereitstellte, die im ägyptischen Verständnis zur Erhaltung des Lebens notwendig war (deshalb auch der Name »Lebenshaus«), wozu auch die medizinischen Werke gehörten. Es verwundert daher nicht, wenn die Bücher in beiden Bibliothekstypen als »geheim« galten,[18] denn in beiden wurde das Herrschaftswissen der Priesterkaste, die zugleich Verwaltungskaste war, aufbewahrt. Durch die enge Verknüpfung von Schrift und Herrschaft wird außerdem verständlich, daß wir Schriften auch in den Institutionen finden, die der Ausbildung der Schreiber-Beamten dienten, d. h. in den »Schulen«.[19]

Die archäologischen Funde von ägyptischen Bibliotheken

15 Ebd., S. 85–91.
16 Ebd., S. 86.
17 Ebd., S. 89.
18 Ebd., S. 87.
19 Vgl. Schlott, *Schrift und Schreiber im Alten Ägypten*, S. 201–208.

sind so zahlreich, daß wir sie hier nicht im Detail behandeln
wollen, sondern nur zu einigen wichtigen und interessanten
Bibliotheken kurze Erläuterungen geben.[20] Die älteste durch
Inschriften nachgewiesene ägyptische Bibliothek ist die »Bibliothek des Königs Schepseskaf«, die in der Mitte des
3. Jahrtausends v. Chr. in Giza bestand. Obwohl es eine
königliche Bibliothek war, überrascht es uns nach allem
nicht, zu hören, daß in dieser Bibliothek »Gottesworte«,
also religiöse Schriften, aufbewahrt wurden. Die zweitälte-
ste inschriftlich nachgewiesene ägyptische Bibliothek ist die
des snw.t-Heiligtums (»snw.t« spricht man »senewet«), dessen Lokalisierung jedoch unsicher ist (manche vermuten,
daß es sich in Heliopolis befand).

Für die Zeit des Neuen Reiches (1570–715 v. Chr.) ist in
Hermepolis, der Stadt des Gottes Thot, der als Erfinder der
Schrift galt und zugleich der Gott der Beamten war, eine
Bibliothek inschriftlich nachgewiesen. Außerdem finden
sich Hinweise auf eine Bibliothek in Abydos und Belege
eines »Lebenshauses« in Amarna, das das einzige bislang
auch archäologisch identifizierte Gebäude dieser Art ist. Am
meisten diskutiert wurde jedoch die Bibliothek des »Ramesseums«, des Grabmals von Ramses II. (um 1290–1224
v. Chr.), weil man hier neben den archäologischen Funden
auf einen Bericht von Diodor Siculus zurückgreifen konnte
und hoffte, durch Kombination der Belege die Bibliothek,
von der Diodor spricht, auch exakt lokalisieren zu können.
Das ist jedoch bis heute nicht eindeutig gelungen. Vermutlich war die Bibliothek gar kein eigener Raum, sondern
bestand aus in Mauernischen eingelassenen Bücherregalen
(eventuell in der Wand vor dem Triklinensaal)[21] und war viel
kleiner, als man früher dachte. Als »(Gottes-)Bücherhaus«
hatte sie ja lediglich die Aufgabe, die für die Durchführung

---

20 Hierzu ist nach wie vor umfassend und grundlegend Burkard, »Bibliotheken im Alten Ägypten«. Meine Ausführungen im Text folgen dieser Arbeit.
21 Siehe Canfora, *Die verschwundene Bibliothek*, S. 144–155.

der Kulthandlungen wichtigen Texte aufzubewahren. Interessant ist dabei außerdem, daß im Ramesseum und in der nahe beim Ramesseum liegenden Siedlung Der el Medine Schreiberschulen identifiziert wurden, wodurch die enge Zusammengehörigkeit von Kultstätte, Bibliothek und Administration bestätigt wird.[22]

Für die Spätzeit, die Ptolemäer- und die Römerzeit finden sich naturgemäß mehr Nachweise von Bibliotheken als für die frühen Zeiten, so etwa Hinweise auf eine Bibliothek in Sais, auf ein Lebens- und ein Bücherhaus in Edfu und natürlich vielfältiges Material zu den Bibliotheken von Alexandria. Zu diesen mehr im nächsten Kapitel.

22 Johnson, *A history of libraries in the western world*, S. 37 hält die in Der el Medine gefundenen Ostraka irrtümlich für Zeugnisse des literarischen und täglichen Lebens der »lower class« Ägyptens.

III

Die Ptolemäerzeit

Nach dem Tod Alexanders des Großen im Jahr 323 v. Chr. zerfiel sein Reich in drei Diadochenreiche: in Makedonien das Antigonidenreich, in Asien das Seleukidenreich und in Ägypten das Ptolemäerreich, gegründet von Ptolemäus I., der den Beinamen Soter trug. Er war von Alexander zum Gouverneur über Ägypten eingesetzt worden und nahm nach dessen Tod den Königstitel an. Seine Hauptstadt wurde das von Alexander dem Großen 332/331 v. Chr. gegründete Alexandria, das sich zum kulturellen und administrativen Zentrum des unter griechisch-makedonische Herrschaft geratenen Ägypten entwickeln sollte. Griechische Sprache und Kultur, durch Alexanders Siegeszug zum internationalen Standard geworden, wurden von Ptolemäus I. durch Gründung des Museions entscheidend gefördert: als Maßnahme zur Absicherung der Kultur der dünnen griechisch-makedonischen Erobererschicht in Ägypten. Was war dieses Museion?

»Museion« hieß bei den Griechen zunächst jeder Musensitz.[1] Platon entlehnte dann von den Pythagoräern Unteritaliens die Idee eines Museions im Sinne einer wissenschaftlichen Forschungsstätte, die als »eine genossenschaftliche Organisation auf religiös-ethischer Grundlage« aufgebaut war.[2] Das von Platon gegründete Museion war Kultstätte und wissenschaftliches Forschungsinstitut (»Platonische Akademie«) in einem, d. h. hier wurde nicht nur geforscht und gelehrt, vielmehr fanden am Musenheiligtum Gottesdienste

---

1 Zum Folgenden siehe den Artikel »Museion« in *Paulys Real-Encyclopädie der classischen Altertumswissenschaft*. Museion ist das griechische Wort, auf das das lateinische *museum* zurückgeht. Unsere heutigen Museen haben freilich mit der griechischen Institution gleichen Namens nichts mehr gemein.

2 Ebd., Sp. 800.

und Feste statt, und die Lehrmaterialien wurden dort aufbewahrt: Instrumente, Modelle, Karten und wohl auch eine Bibliothek. Inspiriert vom Vorbild der Platonischen Akademie übernahm Aristoteles die Idee eines Museions und bewahrte dort ebenfalls seine berühmte Privatbibliothek auf. Und als es schließlich den Aristoteliker Demetrios von Phaleron nach seiner Vertreibung aus Athen, wo er Regent gewesen war, nach Alexandria an den Hof von Ptolemäus I. verschlug, regte er dort wahrscheinlich die Einrichtung eines Museions nach platonisch-aristotelischem Vorbild an.

Demnach war auch das alexandrinische Museion eine den Musen geweihte Forschungsstätte, wobei es sich von seinen Vorgängern darin unterschied, daß es keine freie Forschungsstätte mehr war, sondern eng an den Königshof angegliedert wurde. Diese Angliederung kam nicht nur darin zum Ausdruck, daß das Museion innerhalb des Palastbezirks angesiedelt wurde, sondern vor allem durch drei gravierende organisatorische Änderungen: 1. wurde der Priester, der an der Spitze des Museions stand, vom König ernannt; 2. finanzierte sich das Museion nicht mehr selbst durch eine Stiftung, vielmehr wurden die rund einhundert am Museion tätigen Gelehrten direkt vom König bezahlt und von der Steuer befreit; und 3. wurde der Vorsteher der Bibliothek stets zugleich Erzieher der Prinzen des Königshauses.[3]

Für uns ist das Museion vor allem wegen seiner Bibliothek von Interesse, die wir uns genauso wenig wie die Bibliothek des Ramesseums als eigenständiges Gebäude vorstellen dürfen; vielmehr befanden sich die Buchrollen in Räumen, die neben dem Wandelgang gelegen waren, in Räumen also, die nur den Mitgliedern des Museions bzw. des Hofes zugänglich waren.[4] Aufgabe der Bibliothek war es,

3 Vgl. Blum, »Kallimachos und die Literaturverzeichnung bei den Griechen«, Sp. 137 ff.
4 Vgl. Canfora, *Die verschwundene Bibliothek*. Cavallo, »Introduzione«, S. X f. spricht kurz und bündig von »biblioteche ›pubbliche‹ senza pubblico«.

die gesamte überlieferte griechische Literatur zu sammeln und außerdem griechische Übersetzungen der Literatur aller Völker herzustellen, wobei der Literaturbegriff, wie wir aus überlieferten Zeugnissen wissen, sehr weit gefaßt wurde und von den griechischen Tragikern bis hin zu Kochbüchern reichte. Die berühmteste Übersetzung, die vermutlich am Museion in Alexandria hergestellt wurde, ist die unter Ptolemaios II. Philadelphos in der ersten Hälfte des 3. Jahrhunderts v. Chr. aus dem Hebräischen ins Griechische übersetzte *Thora*, der christliche *Pentateuch* (die ersten fünf Bücher der Bibel), deren Name *Septuaginta* (LXX) daher stammt, daß 70 jüdische Gelehrte diesen Text übersetzt haben sollen.[5]

Die Zahl der in der Bibliothek des Museions aufbewahrten Buchrollen ist stark umstritten. Während die einen für die Zeit des Kallimachos lediglich 40000 Rollen annehmen, nennen andere eine Bestandszahl von 400000 Rollen, die bis zur Zeit Caesars auf 700000 Rollen angewachsen sei. Mir scheint eine Zahl von 400000 bzw. 700000 Buchrollen durchaus realistisch, wenn man sich den umfassenden Sammelauftrag dieser Bibliothek vor Augen hält und bedenkt, daß die Bibliothek für philologische Studien von ein und demselben Werk mehrere Abschriften besessen haben muß.[6]

---

5 Die Geschichte von der Übersetzung des Pentateuch durch 70 jüdisch-griechische Gelehrte geht auf den sog. *Aristeasbrief* zurück, der angeblich von einem jüdisch-alexandrinischen Gelehrten namens Aristeas stammt (Blum, »Kallimachos und die Literaturverzeichnung bei den Griechen«, Sp. 142 f.). Dieser Brief erzählt von den Umständen der Übersetzung des Pentateuch zur Zeit des Ptolemaios II., als sei der Verfasser zugegen gewesen. In Wahrheit wurde der Brief wohl zwischen 130 und 100 v. Chr. geschrieben und stammt auch nicht von einem Aristeas. Vgl. auch Canfora, *Die verschwundene Bibliothek*, S. 120 ff.

6 Zu den Bestandszahlen vgl. Wendel/Göber, »Das griechisch-römische Altertum«, S. 68 f. und Blum, »Kallimachos und die Literaturverzeichnung bei den Griechen«, Sp. 141 ff., Sp. 156 ff., vor allem Sp. 158, Anm. 72, wo Blum errechnet, daß von den rund 2000 griechischen Autoren jeder im Schnitt zehn Werke zu 20 Büchern (Rollen) geschrieben haben müsse und es außerdem noch 5000 Werke zu 10 Büchern in zwei Abschriften gegeben

Es gab von der Antike bis zu Gutenberg ja keinen vom Autor autorisierten »Normaltext«, der durch Druck in iden-

haben müsse. Blum geht daher davon aus, daß die Sammlung der Bibliothek nur 40000–50000 Buchrollen umfaßt habe. Nun hat aber das Museion in der Tat nicht nur die überlieferte griechische Literatur gesammelt, sondern die Literatur aller damals bekannten Völker ins Griechische übersetzt (Gardthausen, »Die alexandrinische Bibliothek«, S. 74). Außerdem hat man wohl nicht die *Werke* gezählt, sondern, wie Blum selbst bemerkt, die *Rollen*. Vgl. zu diesem Problem auch Parsons, *The Alexandrian Library*, Kap. IX, S. 163 ff. Zu Spekulationen über die antike »Buchproduktion« und deren Niederschlag in Buchrollen vgl. den Aufsatz von Haeberlin, »›Einfache‹ und ›Misch‹-Rollen in den antiken Bibliotheken«.

Die bei dieser Diskussion zentrale Frage ist, wie man die griechischen Worte *symmigeis* bzw. *amigeis kai haplai bibloi* übersetzt. Blum versteht unter *symmigeis* vermischte Rollen nach Art der mittelalterlichen *codices miscellanei*, d. h. Sammelhandschriften, die mehrere Werke eines oder verschiedener Verfasser enthielten (Blum, »Kallimachos und die Literaturverzeichnung bei den Griechen«, Sp. 159). Für *haplai* hält Blum solche Rollen, die nur auf einer Seite beschrieben waren (ebd., Sp. 160). Dann wird aber der in den Quellen genannte Gegensatz von *symmigeis* und *amigeis kai haplai* nicht mehr klar: warum sollte man die Miszellaneen den unvermischten und einseitig beschriebenen Werken kontrastieren? Wendel/Göber, »Das griechisch-römische Altertum«, S. 69 erwähnen die Möglichkeit, daß 400000 *symmigeis* die Gesamtzahl der Rollen gewesen sei, die nach Abzug der Doppelstücke 90000 *haplai* bzw. *amigeis* ergeben habe. Von bibliothekarischer Seite gibt es zwei weitere wichtige Untersuchungen zu dieser Frage: den Artikel *amigeis bibloi*, den Dziatzko für *Paulys Real-Encyclopädie* geschrieben hat und den erwähnten Aufsatz von Haeberlin, »›Einfache‹ und ›Misch‹-Rollen in den antiken Bibliotheken«.

Canforas Übersetzung der beiden strittigen Termini lautet: *Amigeis* waren solche Werke, die auf einer Rolle Platz hatten, während *symmigeis* diejenigen Rollen waren, die zusammen mit anderen Rollen ein Werk bildeten (Canfora, *Die verschwundene Bibliothek*, S. 178 f.). Vgl. auch Parsons, *The Alexandrian Library*, S. 205: »By a single roll we should understand such as contained only one work of an author, or if the work were extensive, one book of the work.« 400000 Buchrollen in der alexandrinischen Bibliothek sind also nicht gleichzusetzen mit 400000 verschiedenen Werken, darin hat Blum recht. Aber bei der universalen Sammel- und Abschreibetätigkeit am Museion kann man eine Gesamtzahl von 400000 Rollen durchaus für realistisch halten. Vgl. auch Blanck, *Das Buch in der Antike*, S. 140.

Indessen sollten wir von einem solchen Realismus angesichts der Quellenlage nicht zuviel erwarten. Die Zahl der 40000 oder 400000 Buchrollen ist vielmehr eine ähnlich rhetorische Zahl wie die der 70 oder 72 Gelehrten,

tischen Exemplaren verbreitet werden konnte, vielmehr mußte jedes Buch abgeschrieben werden, wobei natürlich Fehler auftraten, die sich im Laufe der Überlieferung vermehrten, so daß man nur durch Textvergleich den »ursprünglichen« Text herstellen konnte. Eben das geschah in bahnbrechender Weise durch die »Grammatiker« (das ist der antike Name der Philologen) am Museion in Alexandria, die für ihre Arbeit auf ein ausreichend großes Textkorpus zurückgreifen mußten und ihrerseits dieses Korpus durch ihre philologische Arbeit vermehrten. Nebenbei war das Museion nicht nur für seine philologische Forschung berühmt, sondern auch für seine naturwissenschaftliche: Euklid lehrte hier Mathematik, und die alexandrinische Medizin hatte Weltrang.

Es war dieses Bedürfnis der »Grammatiker« nach einem Vergleich der überlieferten Texte, das zur Herstellung des ersten großen Bibliothekskataloges führte. Hatte man bisher die Bestände der Bibliotheken lediglich inventarisiert (d. h. den Besitz von Buchrollen in Bestandsverzeichnissen erfaßt), so entstanden unter Kallimachos (geb. um 300 v. Chr.), dem größten hellenistischen Dichter und Grammatiker,[7] die sogenannten *Pinakes* (griech. ›Verzeichnisse‹) auf 120 Buchrollen, deren voller Titel auf deutsch etwa lautet: »Verzeichnisse derer, die sich auf kulturellem Gebiet hervorgetan haben, und ihrer Schriften«.[8] Man geht allgemein davon aus, daß die Bibliothek des Museions systematisch geordnet war. Die Buchrollen waren in Klassen aufgeteilt,

die die Bibel übersetzt haben sollen. Canfora handelt dieses Problem daher mit Recht in seinem Buch unter dem Kapitel »Stereotype der Bibliothekswissenschaft« ab. Der Streit um den Bestand der alexandrinischen Bibliothek gehört daher eher zur historischen Spur, die diese Bibliothek hinterlassen hat.

7 Kallimachos war selbst niemals Bibliothekar am Museion. Vgl. Canfora, »Le biblioteche ellenistiche«, S. 11 und ebd. Anm. 15, wo Canfora u.a. gegen Blum, »Kallimachos und die Literaturverzeichnung bei den Griechen« Stellung nimmt. Eine Kurzfassung der Thesen Blums findet sich übrigens in seiner neueren Arbeit »Die Literaturverzeichnung im Altertum und Mittelalter«.

8 *Pinakes tōn en pasē paideia dialampsantōn kai hōn synegrapsan.*

die der Einteilung der Autoren nach Poeten (Epiker, Lyriker, Tragiker), Prosaschriftstellern (Philosophen, Historiker, Rhetoren usw.) und Fachautoren (Mediziner, Mathematiker und wohl auch Köche usw.) entsprach. Der von Kallimachos und seinen Schülern erstellte Katalog spiegelte nun diese Anordnung der Rollen wider. Die Autoren waren klassenweise aufgeführt und innerhalb der einzelnen Klassen grobalphabetisch nach dem ersten Buchstaben ihres Namens geordnet. Im Detail waren die Pinakes wahrscheinlich so aufgebaut, daß Kallimachos, bevor er die Werke eines Autors aufzählte, möglichst »mindestens seine Herkunft (d. h. den Namen seines Vaters und seines Geburtsortes), die Autorenklasse oder -klassen, zu der bzw. zu denen er gezählt wurde, und seinen bzw. seine Lehrer an[gab]; ferner seine Wirkungsstätten, falls er außerhalb seiner Heimat tätig gewesen war, seine ›Erfindungen‹ (d. h. seine Neuerungen), falls er welche eingeführt hatte, und seine Lebens- oder mindestens seine Blütezeit. Gelegentlich erwähnte er auch seine Schicksale, die Umstände seines Todes oder seine Eigenarten. Außer den Sachtiteln seiner Werke vermerkte er auch [...] ihren Anfang (Initium oder Incipit, wie die Fachleute heute sagen) und Umfang (die Zahl der Zeilen oder Bücher) und kennzeichnete diejenigen, die er für unecht hielt. Hatten ältere Gelehrte andere Meinungen hinsichtlich des Lebens oder der Werke eines Autors vertreten, so berichtete er das.«[9]

Man hat vermutet, daß nach der Herstellung des Bibliothekskatalogs ein zweites Verzeichnis angelegt wurde, das sich vom Bibliothekskatalog dadurch unterschied, daß es nach den Angaben zu einem Autor nur die Werke aufzählte, die in der Bibliothek vorhanden waren, die einzelnen dort befindlichen Abschriften aber nicht verzeichnete. Blum vermutet, es wären dann diese zweiten Pinakes gewesen, die als bio-bibliographisches Verzeichnis der griechischen Literatur

9 Blum, »Die Literaturverzeichnung im Altertum und Mittelalter«, Sp. 21 f.

dem Bedürfnis der auch außerhalb des Museions tätigen Grammatiker entsprochen hätten und daher in der hellenistischen Welt in Abschriften verbreitet worden seien.[10]

Die Bücher gelangten auf zwei Arten in die Bibliothek des Museions. Zum einen beauftragten die Ptolemäer Agenten, die im gesamten Mittelmeerraum nach Büchern suchten. Zum andern weiß man von Ptolemaios III. Euergetes (Regierungszeit 246–222/221 v. Chr.), daß er die den Hafen von Alexandria anlaufenden Schiffe zwang, ihre mitgeführten Bücher abzugeben und gegen eilends hergestellte Kopien einzutauschen.[11] Die dem Museion angegliederte Schreiberwerkstatt hatte aber darüber hinaus natürlich auch die Aufgabe, die von den am Museion tätigen Gelehrten verfaßten Schriften zu kopieren, deren Werke dann in der Bibliothek des Museions aufbewahrt wurden.

Die Bedeutung der Bibliothek des Museions liegt zum einen sicherlich in der bis dahin unbekannten Quantität der von ihr gesammelten Literatur. Darüber hinaus aber setzte mit dem Museion insofern eine wirkmächtige Tradition ein, als, wie wir gesehen haben, die hellenistischen Herrscher nun dazu übergingen, die in Griechenland vorher selbständige philosophisch-wissenschaftliche Forschung an ihren Hof zu binden. Mit der Bibliothek des Museions wird daher eine Tradition historisch dominant, die uns zum erstenmal in der Bibliothek Assurbanipals begegnete: Die Bibliothek gehört nicht einfach nur zum Komplex Herrschaft und Kult, die beide untrennbar miteinander verbunden sind, sondern

---

10 Blum, »Kallimachos und die Literaturverzeichnung bei den Griechen«, Sp. 314 ff. und Blum, »Die Literaturverzeichnung im Altertum und Mittelalter«, Sp. 22 f.

11 Die berüchtigtste Maßnahme, ein gesuchtes Exemplar zu bekommen, wird ebenfalls von Ptolemaios III. berichtet: Er entlieh aus Athen das »Staatsexemplar«, also die in Athen hergestellte offizielle Kopie der drei großen Tragödiendichter Aischylos, Sophokles und Euripides gegen ein Pfand von 15 Talenten, um sie in Alexandria abschreiben zu lassen, ließ das Pfand aber verfallen und schickte den Athenern eine Kopie ihres Staatsexemplares zurück! (Wendel/Göber, »Das griechisch-römische Altertum«, S. 66.)

dient insbesondere zur imperialen Repräsentation, indem die siegreiche eigene und die fremde Kultur in den Bibliotheksregalen zur herrschaftsstabilisierenden Synthese gebracht werden (siehe Assyrien), oder indem die siegreiche Kultur gegenüber der vorgefundenen viel älteren und selbstbewußten Kultur abgesichert wird (siehe das ptolemäische Ägypten). Das Museion in Alexandria ist daher nur als eine der kult- und kulturpolitischen Maßnahmen zur Sicherung der Herrschaft der Ptolemäer zu verstehen,[12] zu denen andere hinzukamen: die Verehrung der in der Nachfolge Alexanders stehenden Ptolemäer als Götter oder die Gründung des Serapeions.[13]

Gerade das Serapeion zeigt, wie sehr die Einrichtung einer Bibliothek eine kultpolitische Maßnahme sein konnte. Ptolemaios III. Euergetes hatte nämlich die Bibliothek des Serapis-Heiligtums in einem hauptsächlich von Ägyptern bewohnten Bezirk Alexandrias gestiftet. Serapis war eine schon von Ptolemaios I. gezielt vorgenommene Umformung des ägyptischen Gottes Osor-Hapi mit dem Ziel, die griechische Bevölkerung Alexandrias mit einem neuen Schutzgott auszustatten.[14] Die dem Serapis-Heiligtum beigegebene Bibliothek wurde aus in der Bibliothek des Museions dop-

---

12 Die Wendung von der Gründung des Museions als einer »kulturpolitischen Maßnahme« findet sich bei Blum, »Kallimachos und die Literaturverzeichnung bei den Griechen«, Sp. 140.

13 Die Ptolemäer standen in der Nachfolge Alexanders, der zunächst Stadtgott Alexandrias und ab etwa 274 v. Chr. Reichsgott wurde. Sie wurden ihrerseits als Götter verehrt und hatten damit als zugleich weltliche und religiöse Macht die Nachfolge der Pharaonen angetreten. (Alexander war ja bei seinem Einzug in Ägypten als Pharao gekrönt worden und hielt sich selbst für den Sohn des ägyptischen Gottes Amun, griech. *Ammon*, den die Griechen mit Zeus identifizierten.) Zum Problem der Herrscherkulte siehe Wilamowitz-Moellendorf, *Der Glaube der Hellenen*, Bd. 2, S. 258 ff., zu den Ptolemäern ebd., S. 265 f. Zu den in Alexandria verehrten Göttern gibt es eine Spezialuntersuchung von Cornelia Visser, *Götter und Kulte im ptolemäischen Alexandrien.* Außerdem siehe die entsprechenden Kapitel des Standardwerkes von Otto, *Priester und Tempel im hellenistischen Ägypten*, für unseren Zusammenhang bes. Bd. 2, S. 261 ff.

14 Walbank, *Die hellenistische Welt*, S. 124.

pelt vorhandenen Exemplaren bestückt und offenbar allen »Liebhabern der Literatur«[15] geöffnet. Diese Öffnung ist indessen sicherlich keine für eine »allgemeine Öffentlichkeit« gewesen. Vielmehr dürften die »Liebhaber der Literatur« den Kreis der griechischen Oberschicht nicht überschritten haben, denn der Serapis-Kult wurde nur bei den Griechen populär, während er unter den Ägyptern nicht Fuß fassen konnte (insofern war das Serapeion ein Fehlschlag). Bei der Gründung soll sich der Bestand der Serapeions-Bibliothek auf rund 40000–50000 Rollen belaufen haben.[16]

Natürlich gab es in der Zeit des Hellenismus außer in Alexandria noch andere wichtige Bibliotheken, zumal in den Reichen der anderen Diadochen. Die bedeutendste Bibliothek neben der des Museions war die der attalidischen Residenzstadt Pergamon. Gegründet wurde die Bibliothek wohl von Attalos I. (Regierungszeit 241–197 v. Chr.), unter Eumenes II. (Regierungszeit 197–159 v. Chr.) jedoch wurde die Bibliothek in den Tempelbezirk der Göttin Athene verlegt und der Bestand der Bibliothek mit den aus Alexandria bekannten Methoden auf rund 200000 Rollen gebracht. Neben diesen großen Bibliotheken stammen aus der Zeit des Hellenismus zahlreiche weitere Zeugnisse für Bibliotheken, besonders aus den verschiedenen Hauptstädten der anderen hellenistischen Fürstenhäuser, von denen jedoch keine die Bedeutung der Bibliotheken in Alexandria oder Pergamon erreichte.[17] Wir wollen dieses Kapitel daher nicht mit einer Aufzählung weiterer Zeugnisse beschließen, sondern die Geschichte der Bibliothek des Museions bis zu ihrem Ende verfolgen. Denn es mag für den modernen Leser durchaus merkwürdig scheinen, daß sich von dieser größten antiken Bibliothek keine andere Spur mehr erhalten hat als eine lange

15 Canfora, »Le biblioteche ellenistiche«, S. 14 unter Hinweis auf den Rhetor Antonius (4. Jahrhundert n. Chr.).
16 Wendel/Göber, »Das griechisch-römische Altertum«, S. 68.
17 Vgl. ebd., S. 82 ff.

Kette von Texten, die von dieser Bibliothek erzählen, eine Kette, die wir gerade um einen weiteren Text vermehren. Was also geschah mit der Museionsbibliothek?

In der Regel erzählen die Bibliotheksgeschichten folgende einfache Geschichte vom Untergang der großen alexandrinischen Bibliothek: Als Caesar im Jahr 48 v. Chr. bei der Verfolgung des flüchtenden Pompeius (der bei seiner Landung in Alexandria erschlagen wird) nach Alexandria gelangt, wird er dort mit geringen Truppen im Hafenbezirk eingeschlossen und muß schließlich 47 v. Chr. zu seiner eigenen Verteidigung einen Brand unter den im Hafen ankernden Schiffen legen. Dieser Brand habe auf die Gebäude am Hafen übergegriffen und sei von dort auf die Bibliothek des Museions übergesprungen, die völlig zerstört worden sei. In der Folgezeit habe die Bibliothek des Serapeions die Funktion der Bibliothek für das Museion übernommen, bis das Serapeion unter dem christlichen Patriarchen Theophilos im Jahre 389 n. Chr. zerstört worden sei.

Obwohl diese Geschichte – mit geringen Variationen – vielfach überliefert wird,[18] ist sie höchstwahrscheinlich falsch. Wenn der Brand im Hafen auf die Bibliothek des Museions übergegriffen haben soll, hätte die Bibliothek des Museions ein eigenständiges Gebäude in Hafennähe sein müssen. Das war sie jedoch mit an Sicherheit grenzender Wahrscheinlichkeit nicht: Bereits zu Beginn dieses Kapitels hatten wir gesehen, daß die Bibliotheksbestände in Räumen neben der Wandelhalle des Museions in Regalen lagerten.[19] Dafür spricht zunächst, daß die antiken Textzeugnisse die Bibliothek des Museions immer nur »erste« oder »große Bibliothek«, »Bibliothek des Königs«, »Bibliothek des Mu-

---

18 Exemplarisch sind hier sicherlich Wendel/Göber, »Das griechisch-römische Altertum«, S. 75 ff. Dort finden sich viele Hinweise auf die ältere Literatur zum Thema.

19 Canfora, *Die verschwundene Bibliothek*, S. 79–88 hat m. E. überzeugend gezeigt, daß das architektonische Vorbild des Museions das Ramesseum war.

seions« oder einfach »Bibliothek in Alexandria« nennen, von einem eigenen Gebäude also nie die Rede ist. Sodann können wir aus den archäologischen Zeugnissen der Bibliothek in Pergamon mit Sicherheit schließen, daß *diese* Bibliothek nicht in einem eigenen Gebäude untergebracht war.[20] Das Schweigen der Autoren und der Rückschluß aus den Verhältnissen in Pergamon ergibt also ein starkes Indiz dafür, daß die Bibliothek kein eigenständiges Gebäude neben dem Gebäude des Museions war. Es sei weiterhin daran erinnert, daß das griechische Wort *bibliotheke* ja nichts anderes als Bücherablage oder Bücherbehältnis meint, also gerade kein eigenes Gebäude für Bücher mit diesem Wort impliziert wird.

Wenn wir die Quellen weiterhin darauf prüfen, was sie über den Brand in Alexandria berichten, ergibt sich ebenfalls ein anderer Sachverhalt.[21] Caesar selbst erwähnt in seinem Buch *De bello civili* (Vom Bürgerkrieg), in dem er u. a. von den Ereignissen in Alexandria berichtet, nichts von einem Brand der Museionsbibliothek. Man hat das damit abtun wollen, daß es dem hochgebildeten Caesar peinlich gewesen sei, ein solches von ihm verursachtes Unglück zugeben zu müssen. Aber auch die anderen Quellen wissen nichts von einem Brand der Bibliothek des Museions. Die antiken Au-

---

20 Vgl. neben Callmer, »Antike Bibliotheken« auch Wendel, »Die bauliche Entwicklung der antiken Bibliotheken« und Blanck, *Das Buch in der Antike*, S. 185 ff. (mit guten Abbildungen).

21 Zur Frage der Lage des Museions und des Bibliotheksbrandes vgl. Wendel/Göber, »Das griechisch-römische Altertum«, S. 75 ff., Parsons, *The Alexandrian Library*, S. 273 ff. Von bibliothekarischer Seite wurde gegen die These vom Bibliotheksbrand schon früh Einspruch erhoben von Teggart, »Caesar and the Alexandrian Library«, aber Teggart hat sich nicht einmal gegen seine Bibliothekarskollegen durchsetzen können. Jetzt ist die Frage wieder durch Canfora, *Die verschwundene Bibliothek*, bes. S. 133 ff. aufgeworfen worden. Teggarts und Canforas Argumente gegen die Geschichte von der Zerstörung der Bibliothek unter Caesar sind überzeugend. Den archäologischen Befund findet man dargestellt bei Callmer, »Antike Bibliotheken«. Zum Bibliotheksbrand als abendländischem Topos siehe Fuller/Gorman, »Burning libraries«.

toren stützen sich dabei alle auf eine Stelle bei Livius, die heute leider verschollen ist, aber ein Textvergleich der Autoren, die unter Benutzung der verschollenen Livius-Stelle vom Brand berichten, zeigt, daß hier keineswegs von einem Brand der Bibliothek die Rede ist: Seneca erwähnt, daß in Alexandria 40 000 Bücher verbrannt seien; Orosius spricht davon, daß zufällig 40 000 Bücher in nahe am Hafen gelegenen Gebäuden verbrannt seien; Cassius Dio erzählt, daß Speicher (griech. *apothekai*) für Korn und Bücher Feuer gefangen hätten; und Lucan nennt »der See benachbarte Dächer«, die in Brand geraten seien.[22] Kurz: Die im Hafen gelegenen Gebäude, die im Jahre 47 v. Chr. durch Caesar in Brand geraten waren, waren ganz offensichtlich Hafenmagazine, in denen sich u. a. Buchrollen befanden.

Da nirgends gesagt wird, daß es sich bei den in Brand geratenen Büchern um Bestände der Museionsbibliothek gehandelt habe, braucht man auch nicht anzunehmen, daß es sich bei diesen Büchern um eventuell ausgelagerte Bestände handelte – denn warum sollte man angesichts eines drohenden Krieges die Bestände ausgerechnet in den militärisch wichtigen und damit bedrohten Hafen auslagern? Ebenfalls zu weit führt die Vermutung, die im Hafen verbrannten Bücher seien eine Auswahl aus den Beständen der Bibliothek des Museions gewesen, die Caesar nach Rom habe schaffen wollen. Am plausibelsten ist die viel einfachere Vermutung, daß es sich um Bestände aus Schreiberwerkstätten gehandelt hat, die im Hafen zu Handelszwecken lagerten.[23] Außerdem

---

22 Eine Übersicht über die Quellen mit Auszügen der wichtigen Stellen findet man bei Wendel/Göber, »Das griechisch-römische Altertum«, S. 75 ff. Vgl. zur Analyse dieser Stellen Canfora, »Le biblioteche ellenistiche«, S. 21–23.

23 Die These von der Auslagerung mit Bezug auf die Orosius-Stelle wurde vertreten von Dziatzko in seinem Artikel »Bibliotheken« für *Paulys Real-Encyclopädie*, Sp. 411. Die These von der beabsichtigten Wegführung der Bibliothek durch Caesar wurde vorgebracht von Parthey, *Das alexandrinische Museum*, S. 32 f. Parsons, *The Alexandrian Library*, S. 273 ff. vertritt die Auffassung, Caesar habe eine Auswahl von rund 40 000 Rollen aus Alexandria nach Rom bringen wollen und diese Auswahl im Hafen gela-

sollten wir nicht vergessen, daß Ägypten das Monopol auf die Papyrusproduktion hatte, so daß wir vielleicht vermuten dürfen, es habe sich bei den 40 000 verbrannten Rollen möglicherweise zum Teil auch um noch nicht beschriebene Buchrollen gehandelt, die von Alexandria aus exportiert werden sollten.

Und ein drittes Indiz ist schließlich die Tatsache, daß sich praktisch alle Autoren, die der Quellen und die der Sekundärliteratur, über die Lage des Museions im Palastbezirk (Brucheion) einig sind[24] – von einem Brand des Palastbezirkes wissen die Quellen jedoch nichts zu berichten, und es steht zu vermuten, daß sich mindestens Caesar diese Geschichte nicht hätte nehmen lassen. Der Verdacht, daß das Museion und seine Bibliothek im Jahre 47 v. Chr. nicht zerstört wurden, wird außerdem dadurch gestützt, daß auch nach dem Brand im Hafen die Forschung am Museion ungehindert weiterging – und wie hätte das sein können, wenn die Bibliothek zerstört worden wäre? Wenig glaubhaft ist die gängige bibliotheksgeschichtliche Vermutung, daß die Bibliothek des Museions nach dem Brand durch 200 000 Rollen aus der Bibliothek von Pergamon aufgefüllt worden sei und dadurch ihre Funktion habe weiter erfüllen können. Denn erstens bezweifelt Plutarch, der diese Variante überliefert, die Glaubwürdigkeit dieser Aussage,[25] und zweitens hätte die Arbeit am Museion gerade wegen dieses Geschenkes ins Stocken geraten müssen, denn man überlege einmal,

---

gert. Ich selbst folge im Text Canfora, *Die verschwundene Bibliothek*: »Da es völlig ausgeschlossen ist, daß sich die Magazine des Museums außerhalb der Residenz befanden oder sogar im Hafen nahe der Getreidespeicher angelegt waren, erübrigt es sich fast, festzustellen, daß die dort verbrannten Rollen somit auch nichts mit der königlichen Bibliothek zu tun gehabt haben können. [...] Es handelte sich also um Waren. Waren, die für den reichen und anspruchsvollen ausländischen Markt bestimmt waren« (S. 77 f.).

24 Vgl. etwa den Artikel »Museion« in *Paulys Real-Encyclopädie*, Sp. 805 oder Wendel/Göber, »Das griechisch-römische Altertum«, S. 76.

25 Wendel/Göber, »Das griechisch-römische Altertum«, S. 76.

wie lange es gedauert hätte, einen Bestand von 200000 Buchrollen einzuarbeiten und in einem Katalog zu erschließen![26]

Wenn die Bibliothek des Museions also nicht unter Caesar zerstört wurde, was geschah dann mit ihr? Sicher ist, daß
unter Kaiser Aurelian das Palastviertel (Brucheion) im Jahre
272 n. Chr. zerstört wurde. Und da das Museion in diesem
Viertel lag, ist es zweifellos ebenfalls ein Opfer der Zerstörungen geworden. Das Serapeion lag in einem ganz anderen
Stadtviertel und wurde, wie bereits erwähnt, unter dem
Patriarchen Theophilos 389 n. Chr. zerstört. Die Bibliothek, die der Kalif Omar nach seiner Eroberung Alexandrias
im Jahre 640 n. Chr. mit der Begründung zerstören ließ, sie
sei schädlich, wenn sie dem Koran widerspräche, und überflüssig, wenn sie ihm nicht widerspräche, war zwar immer
noch oder schon wieder eine große Bibliothek, aber es war
wohl nicht mehr die Bibliothek, von der die Antike als der
»Großen Bibliothek« sprach.[27]

---

26 Eine heutige Universitätsbibliothek erwirbt pro Jahr rund 50000 Bücher
und wäre also mit der Einarbeitung eines Geschenkes von 200000 Büchern
mindestens vier Jahre beschäftigt, wobei die Möglichkeiten, die Werke
eindeutig zu identifizieren und zu katalogisieren, durch das moderne Titelblatt unvergleichlich besser sind als in der Antike.

Wenig glaubhaft ist auch, daß nach der Zerstörung der Bibliothek des
Museions die Bibliothek des Serapeions die Funktion einer Bibliothek für
die am Museion tätigen Gelehrten übernommen habe. Das dürfte schon
allein aufgrund der überlieferten unterschiedlichen Bestandszahlen völlig
unmöglich gewesen sein. Eine andere bibliothekarische These geht davon
aus, daß das Geschenk von 200000 Rollen aus Pergamon an die Bibliothek
des Serapeions gelangt sei. Aber dies ist nur eine Variante der These, daß
diese Zahl Rollen ans Museion gekommen seien, so daß wir diese These aus
den gleichen Gründen ablehnen dürfen, aus denen wir die These von den
dem Museion geschenkten Rollen abgelehnt haben.

27 Die Geschichte der Zerstörungen der Großen Bibliothek findet man bei
Parsons, *The Alexandrian Library*, S. 273 ff.

IV

Griechische und römische Bibliotheken

Im imperialen Bibliothekstyp des Museions, in dem Reprä-
sentationsbedürfnis und kult- und kulturpolitische Absicherung der Herrschaft zur Synthese finden, entstand ein Bibliothekstyp, den wir historisch zuerst in der Bibliothek
Assurbanipals lokalisierten und der über das Vorbild der
Bibliothek des Museions im Römischen Reich seine Wirkung entfaltete. Gegen diesen dominierenden Strang der
Bibliotheksgeschichte stehen die ursprünglichen griechischen Bibliotheken, mit denen wir uns in diesem Kapitel
zunächst beschäftigen wollen, bevor wir zur Geschichte der
imperialen Bibliotheken – nun im Römischen Reich – zu-
rückkehren.

Während in Ägypten und dem Zweistromland die lineare
Schrift bereits um 3500 v. Chr. entwickelt, von den zentra-
listisch-bürokratischen Regimen zur Herrschaftsausübung
benutzt und in Archiven und Bibliotheken, die den Tempeln
und Palästen zugeordnet waren, aufbewahrt wurde, sind die
ersten in Griechenland bezeugten Bibliotheken Bibliotheken
der Tragiker, der philosophischen Schulen und ihrer Lehr-
häupter.[1] Zwar hatte die kretisch-mykenische Kultur bereits
im 17. Jahrhundert v. Chr. eine eigene Schrift ausgebildet
(die sogenannte Linear-A), und eine Abwandlung dieser
Schrift war vom 15. bis zum 13. Jahrhundert v. Chr. in
Gebrauch (Linear-B),[2] aber nach dem Untergang dieser Kultur waren die Griechen für fünf Jahrhunderte ohne Schrift,

---

1 Wendel/Göber, »Das griechisch-römische Altertum«, S. 55 ff. beginnen
  ihre Darstellung des griechischen Bibliothekswesens mit Peisistratos. Dagegen sind Vorstius/Joost, *Grundzüge der Bibliotheksgeschichte*, S. 3 f. sehr
  vorsichtig. Kritisch gegen die These von einer Athener Bibliothek in klassi-
  scher Zeit ist Canfora, *Die verschwundene Bibliothek*, S. 174 ff. Vgl. auch
  Reynolds/Wilson, *Scribes and scholars*, S. 1 ff. Ergänzend zu den folgenden
  Ausführungen Blanck, *Das Buch in der Antike*, S. 134 ff.
2 Zum griechischen Alphabet siehe Gelb, *A study of writing*, S. 176 ff. Die

bis sie im 9. Jahrhundert v. Chr. das phönizische Alphabet übernahmen.[3] Während die Phönizier jedoch nur Konsonanten schrieben, verwendeten die Griechen jene Konsonantenzeichen des phönizischen Alphabets, die sie mangels lautlicher Entsprechungen nicht benötigten, um mit ihnen Vokale zu bezeichnen.

Man hat die These vertreten, daß es diese Erfindung einer um Zeichen für Vokale erweiterten alphabetischen Schrift war, die die einzigartigen Kulturleistungen der Griechen ermöglichte.[4] Dagegen wurde mit Recht geltend gemacht, daß die Besonderheiten der griechischen Kultur nicht aus der griechischen Alphabetschrift abzuleiten sind, sondern Resultat einer »kulturellen Option« sind, wobei das Besondere der griechischen Situation »in einer soziopolitischen Verwendung von Schrift [liegt], die am besten negativ zu kennzeichnen ist als Freiraum, der weder von der weisunggebenden Stimme eines Herrschers noch eines Gottes besetzt ist«.[5] Das aber heißt, die Literalität, die in Griechenland sicherlich weiter verbreitet war als in

Geschichte der Entzifferung von Linear-B ist dargestellt bei Chadwick, *Linear B*. Vgl. auch Haarmann, *Universalgeschichte der Schrift*, S. 267 ff.

3 Gegen Goody/Watt, »Konsequenzen der Literalität« und Gelb, *A study of writing* nenne ich auch die semitischen Schriften »alphabetisch«. Goody/Watt sehen den Vorteil der griechischen Schrift darin, daß es sich bei ihr angeblich um »das erste vollständige und ausschließlich phonetische System zur Transkription der menschlichen Rede« (ebd., S. 83) handelte. In Kap. I hatten wir aber bereits gesehen, daß die Schrift kein Supplement zur Rede ist, sondern eine eigenständige Entwicklung *neben* der Rede. Dann ist freilich auch der Maßstab einer »vollständigen Transkription« der phonetischen Elemente einer Sprache für die Beurteilung eines Schriftsystems verfehlt.

4 Goody/Watt, »Konsequenzen der Literalität« und Havelock, *Schriftlichkeit*.

5 Assmann, Einleitung, S. 12, 14 und Assmann, *Das kulturelle Gedächtnis*. Siehe auch die Warnung bei Ong, *Oralität und Literalität*: »Wenn behauptet wird, daß die meisten Entwicklungen der Psyche und Kultur mit dem Übergang von der Oralität zum Schreiben zusammenhängen, bedeutet dies nicht, daß das Schreiben [...] der einzige Grund für alle Veränderungen ist. Der Zusammenhang öffnet sich nicht reduktionistischer, sondern relationaler Betrachtungsweise« (S. 173).

Ägypten,[6] nicht mit einer »leichter« zu handhabenden Schrift zu erklären, sondern als Resultat dreier spezifischer Züge der griechischen Schriftkultur zu fassen: »1) Sie steht der Mündlichkeit in anderer Weise offen, drängt sie nicht ab in die Subkultur, sondern nimmt ihre Formen auf und bringt sie zu neuer, gesteigerter Entfaltung[...]. 2) Da die Schrift in Griechenland keinen heiligen Raum erschließt, gibt es keine heiligen Schriften; heilige Texte werden bei den Griechen – wie bei den Kelten, den zoroastrischen Persern und vor allem bei den vedischen Indern – gerade nicht der schriftlichen, sondern der mündlichen Überlieferung anvertraut. 3) Da die Schrift in Griechenland keinen offiziellen Raum erschließt, bedarf ihre Handhabung nicht besonderer Bevollmächtigung. Was Cicero einmal für die Römer, im Unterschied zu den Griechen, anmerkt, trifft viel eher auf die Griechen selbst zu: daß ihnen die ›öffentlicher Schrift überantwortete öffentliche Erinnerung‹ fremd sei.«[7] Damit hat sich Schrift zum erstenmal von Kult, politischer Repräsentation und wirtschaftlicher Organisation getrennt und stellt keinen Diskurs der politischen Macht mehr dar.

Demnach sind auch die frühen griechischen Bibliotheken keine dem Diskurs der institutionellen Macht gehorchenden staatlichen oder Kult-Bibliotheken, sondern Privatbibliotheken von wohlhabenden Griechen oder Philosophenschulen. Die Geschichte von einer bereits von Peisistratos (gest. 528/27 v. Chr.) in Athen eingerichteten öffentlichen Bibliothek[8] ist dagegen nichts weiter als ein »Stereotyp der Bibliothekswissenschaft« (Canfora), das nicht zu halten ist.[9] Es

---

6 Goody/Watt, »Konsequenzen der Literalität« gehen sogar soweit, die griechische Gesellschaft »als ganze mit Recht als literal« (S. 83) zu bezeichnen. Das ist sicherlich falsch, siehe Harris, *Ancient literacy*. Zur Literalität der römischen Welt siehe *Literacy in the Roman world*.

7 Assmann, Einleitung, S. 11 f.

8 Wendel/Göber, »Das griechisch-römische Altertum«, S. 54 ff.

9 Canfora, *Die verschwundene Bibliothek*, S. 174 ff. Vgl. auch Schmidt, *Die Pinakes des Kallimachos*, S. 30.

sind vielmehr erst die Rückwirkungen des Hellenismus aufs griechische Mutterland, die schließlich in Athen zur Gründung einer öffentlichen Bibliothek führen: im Jahr 275 v. Chr. stiftet Ptolemaios Philadelphos ein Gymnasion und die dazugehörige Bibliothek.[10] Die erste große, den Verhältnissen in den hellenistischen Staaten entsprechende Bibliothek in Athen war jedoch ein Geschenk des römischen Kaisers Hadrian (117–139 n. Chr.). Diese Bibliothek war um eine mehr als hundertsäulige Wandelhalle herum angelegt und besaß auch Vorlesungsräume,[11] war also nach dem Vorbild der Bibliothek des Museions konzipiert. Welches Interesse aber konnte ein römischer Kaiser an der Stiftung einer Bibliothek in Athen haben? Und ist es wirklich plausibel, daß sich hier das Vorbild des Museions bemerkbar macht? Werfen wir also einen Blick auf das römische Bibliothekswesen.

Zunächst waren die Bibliotheken, die nach Rom kamen, nichts anderes als von siegreichen römischen Feldherrn in Griechenland eroberte Beutestücke. Die erste auf diese Weise nach Rom gelangte Bibliothek ist die des makedonischen Herrschers Perseus, der von Aemilius Paullus im 3. makedonischen Krieg 168 v. Chr. besiegt worden war. Die bedeutendste als Kriegsbeute nach Rom gelangte Bibliothek ist jedoch die des Aristoteles. Aristoteles hatte seine Bücher (sowohl die von ihm verfaßten als auch die von ihm erworbenen) Theophrast, seinem Nachfolger als Schuloberhaupt, vermacht. Dieser wiederum vermachte die um seine eigenen Schriften vermehrte Sammlung seinem designierten Nachfolger Neleus, der jedoch nicht als Schuloberhaupt gewählt wurde und sich in seine Heimatstadt Skepsis zurückzog – mit der ihm vermachten Bibliothek. Diese Bibliothek wurde schließlich von Apellikon, einem Anhänger der aristotelischen Philosophie, erworben und in der Absicht, den durch

---

10 Wendel/Göber, »Das griechisch-römische Altertum«, S. 96 und Canfora, *Die verschwundene Bibliothek*, S. 174.
11 Canfora, *Die verschwundene Bibliothek*, S. 175.

die Wegführung der Bibliothek der aristotelischen Schule
zugefügten Schaden wiedergutzumachen,[12] nach Athen zu-
rückgebracht, wo sie bei der Einnahme Athens durch Sulla
(86 v. Chr.) in dessen Hände gelangte und nach Rom gebracht wurde. Hier wurde die Bedeutung der Bibliothek von
dem Grammatiker Tyrannion erkannt, der kurzerhand Sul-
las Bibliothekar bestach und Abschriften der aristotelischen
Schriften herstellte, die die Grundlage für die von Androni-
kos von Rhodos herausgegebene Aristoteles-Ausgabe wurden, die eine Renaissance der aristotelischen Philosophie in
der Antike einleitete.[13]

All diese Bibliotheken, die die Römer als Beute nach
Hause brachten, waren griechische Bibliotheken. An anderen Büchern waren die Römer nicht interessiert, wie der Fall
des Scipio Aemilianus zeigt, der nach seiner Eroberung Kar-
thagos (146 v. Chr.) alle phönizischen Bücher mit Ausnahme des landwirtschaftlichen Lehrbuches des Phöniziers
Mago verschenkte und nur dieses Werk ins Lateinische
übersetzen ließ. Der Grund für diese Bevorzugung gerade
der griechischen Literatur ist in der Aneignung griechischer
Kultur überhaupt durch die Römer zu suchen: Griechisch
war die Sprache der Diplomatie, die römische Oberschicht
war zweisprachig, und viele Sklaven, die zu intellektuellen
und Verwaltungstätigkeiten herangezogen wurden, waren
Griechen. Für einen wohlhabenden Römer gehörte es daher
bald zum guten Ton, nach griechischem Vorbild eine eigene
private Bibliothek zu besitzen. Diese kulturelle Assimilation

---

12 Canfora, a. a. O., S. 172; vgl. dagegen Blum, »Kallimachos und die Literaturverzeichnung bei den Griechen«, Sp. 114.
13 Diese Geschichte der aristotelischen Schriften stützt sich auf Canfora, *Die
verschwundene Bibliothek*, S. 165 ff. Daneben gibt es freilich eine andere,
von Wendel/Göber, »Das griechisch-römische Altertum«, S. 61 und 67
erzählte Variante, wonach die in der Bibliothek des Neleus aufbewahrten
aristotelischen Schriften nach Alexandria verkauft worden waren und die
Bibliothek, die Apellikon erwarb und die dann nach Rom kam, die von
Aristoteles und Theophrast gesammelten Bücher waren (ohne die von ihnen
selbst geschriebenen Werke).

sollte später u. a. darin ihren Ausdruck finden, daß die römischen Bibliotheken griechisch-lateinische Doppelbibliotheken waren, d. h. Bibliotheken mit einer griechischen und einer lateinischen Abteilung, die zumeist in getrennten Sälen aufgestellt wurden. Mit diesen Bibliothekssälen bringen die römischen gegenüber den griechischen Bibliotheken eine Neuerung: Die römischen Bibliothekssäle gehen nämlich aus den Versammlungssälen der griechischen Bibliotheken hervor, die ihre Funktion verloren hatten und zu Räumen geworden waren, in denen die Buchrollen in einem oft recht dekorativen Ambiente präsentiert wurden.[14] Da aber die literarischen Interessen auf eine kleine Oberschicht beschränkt blieben, die sich ihre Bücher selbst leisten konnte, und da in der römischen Gesellschaft bis zur Kaiserzeit ihre ursprüngliche agrarische Orientierung und der damit verbundene pragmatische Grundzug weiterwirkte, gab es auch in Rom zunächst keinen Bedarf an öffentlichen Bibliotheken.

Es ist daher nicht verwunderlich, daß erst die Kaiserzeit die Idee öffentlicher Bibliotheken aufkommen ließ.[15] Und es ist ebenfalls kaum ein Zufall, daß es gerade Julius Caesar war, der als erster den Plan zu einer öffentlichen Bibliothek faßte, hatte er doch in Alexandria die größte der damaligen Bibliotheken kennengelernt und sicherlich erkannt, wie gut der geistige und weltliche Wert einer solchen Bibliothek zur monarchischen Repräsentation dienen konnte. Nach Caesars Tod wurden diese Pläne freilich nicht mehr verwirklicht, und so stammt die erste öffentliche Bibliothek in Rom von einem Protegé Caesars und *homo novus*, von C. Asinius

---

14 Strocka, »Römische Bibliotheken« handelt ausführlich von den architektonischen Gegebenheiten. Siehe auch Callmer, »Antike Bibliotheken« und Blanck, *Das Buch in der Antike*, S. 179 ff.

15 Über die Entstehungsbedingungen des römischen Bibliothekswesens siehe Fehrle, *Das Bibliothekswesen im alten Rom.* Fehrle kommt in vielen Punkten zu anderen Schlüssen als Wendel/Göber, »Das griechisch-römische Altertum«. Vgl. Blanck, *Das Buch in der Antike*, S. 152 ff. und 160 ff.

Pollio, dessen Sieg über die Parther ihn mit den notwendigen finanziellen Mitteln ausgestattet hatte, um im Atrium Libertatis eine Bibliothek einzurichten (zwischen 39 und 28 v. Chr.). Diese von Pollio gegründete öffentliche Bibliothek bleibt insofern ein singuläres Phänomen der römischen Bibliotheksgeschichte, als sie die Gründung eines Privatmannes ist. Die späteren Gründungen öffentlicher Bibliotheken sind Gründungen der Kaiser, die an Caesars Plan einer repräsentativen Bibliothek anknüpfen. Während Caesar möglicherweise an eine imperiale Bibliothek dachte, die mit dem Alexandrinischen Museion hätte konkurrieren können, war davon bei Pollios Bibliothek keine Rede: Von viel bescheidenerem Zuschnitt spiegelte sie eher Pollios eigenes Interesse an Literatur, gehörte er doch neben Maecenas und Messalla zu den großen Förderern der zeitgenössischen lateinischen Literatur. Pollios Bibliothek war denn auch keine lange Dauer beschieden: sie verlor ihre Bedeutung durch die kaiserlichen Bibliotheksgründungen und mußte wohl der Anlage des Trajansforums weichen.

Die kaiserlichen Bibliotheksgründungen beginnen daher erst mit Augustus, der 28 v. Chr. auf dem Palatin eine Bibliothek im Portikus des Apollotempels (die sogenannte Bibliotheca Palatina oder Bibliotheca Templi Apollinis) gründete. Seine zweite Gründung war eine Bibliothek an dem zu Ehren seiner Schwester errichteten Porticus Octaviae (23 v. Chr.). Die späteren römischen Kaiser folgen diesen Vorbildern, so daß die Bibliotheksgeschichte eine ganze Reihe von Bibliotheksgründungen zu verzeichnen hat: Tiberius stiftete eine Bibliothek in dem dem verstorbenen Augustus geweihten Templum Augusti Novum (um 38 n. Chr.); Vespasian richtete in dem von ihm gestifteten Friedenstempel eine Bibliothek ein (71–75 n. Chr.); Trajan errichtete auf dem nach ihm benannten Forum die Bibliotheca Ulpia (113 n. Chr.). Eine solche kaiserliche Bibliotheksgründung in der Provinz ist auch die bereits erwähnte von Hadrian in Athen gestiftete öffentliche Bibliothek.

Der Kreis hat sich damit geschlossen. Nachdem das Bibliothekswesen in Griechenland begonnen hatte, sich von staatlichen Institutionen zu emanzipieren, wurden die öffentlichen Bibliotheken im Römischen Reich wieder zum Ausdruck staatlicher Macht. Dabei nahmen sie freilich die Entwicklung auf, die die Literalität inzwischen eingeschlagen hatte: Schrift war nicht mehr ausschließlich Medium der staatlichen Macht, des Kultes oder der wirtschaftlich-bürokratischen Organisation. Was organisatorisch diesem Bereich entsprach, waren die Archive, in denen die staatlichen Verwaltungsvorgänge aufbewahrt wurden. Die von staatlicher Macht emanzipierte Schrift gehörte statt dessen einem Bereich zu, den wir gewöhnlich als »Kultur« bezeichnen. Eben diese unter den Griechen entstandene nichtstaatliche Kultur wurde unter den Römern als Element staatlicher Repräsentation in den öffentlichen Bibliotheken ausgestellt. Die römischen Bibliotheken waren daher kein Versuch, einer breiten lesenden Öffentlichkeit gute Literatur zur Verfügung zu stellen. Eine solche Öffentlichkeit gab es nur in einem sehr eingeschränkten Sinne, denn Literatur wurde zunächst in interessierten Kreisen vorgelesen und erst danach auch in Abschriften verbreitet, wobei die Mittel zu solchen Abschriften in der Regel von den wohlhabenden Römern selbst aufgebracht wurden und den Bibliotheken dabei allenfalls die Aufgabe zukam, gute Exemplare bereitzuhalten bzw. in ihren Skriptorien zu kompilieren und schadhafte Exemplare neu abzuschreiben. Die überwiegende Mehrheit der lesefähigen Bevölkerung dagegen versorgte sich an Buchhändlerständen, die Triviales anboten, sich zur Herstellung ihrer Abschriften gegebenenfalls auf die Bestände der öffentlichen Bibliotheken stützen mußten und jedenfalls nicht sehr sorgfältig bei der Herstellung ihrer Abschriften vorgingen.[16]

16 Die älteren Darstellungen zur Frage des römischen (und überhaupt antiken) Buchhandels wie Kenyon, *Books and readers in ancient Greece and Rome*, Kleberg, *Buchhandel und Verlagswesen in der Antike* und Brockmeyer,

Was geschah mit diesen vielen Bibliotheken? Einige
brannten bald nach ihrer Einrichtung wieder ab (so die
Bibliotheca Palatina des Augustus und die Bibliothek im
Porticus Octaviae), wurden wieder aufgebaut (die Bibliotheca Palatina) und brannten wieder ab (die Bibliotheca Palatina). Andere Bibliotheken waren Opfer städtebaulicher
Veränderungen (die Bibliothek des Pollio), und wieder andere wurden einfach geschlossen. Hierher gehört eine Notiz
des römischen Historikers Ammianus Marcellinus, wonach
die römischen Bibliotheken 380 n. Chr. geschlossen worden
seien.[17] Indessen hat man neuerdings darauf aufmerksam
gemacht, daß die Ammianus-Stelle in Wortwahl und Kontext die Schließung von *Privat*bibliotheken meint.[18] Man
darf also nicht von einem plötzlichen Ende des antiken

»Die soziale Stellung der ›Buchhändler‹ in der Antike« sind durch Fehrle,
Das Bibliothekswesen im Alten Rom, S. 45–53 ersetzt. Vgl. auch Blanck,
Das Buch in der Antike, S. 120 ff.

17 Ammianus Marcellinus, *Römische Geschichte* XIV,6,18. Wendel/Göber,
»Das griechisch-römische Altertum«, S. 125 bringen die *communis opinio*
der Bibliotheksgeschichtsschreibung zum Ausdruck, wenn sie die Ammianus-Stelle als Hinweis auf die Schließung der öffentlichen Bibliotheken
interpretieren.

18 Vgl. Houston, »A revisionary note on Ammianus Marcellinus«. Die Stelle
bei Ammianus Marcellinus verdient es, ausführlich zitiert zu werden, da sie
in den Bibliotheksgeschichten zumeist nur in äußerst verkürzter Form
wiedergegeben wird. Ammianus Marcellinus beschreibt im 14. Buch und
6. Kapitel seiner *Römischen Geschichte* den Niedergang des römischen
Adels, der sich allerlei Ausschweifungen hingibt. Der 18. Absatz lautet:
*Quod cum ita sit, paucae domus studiorum seriis cultibus antea celebratae
nunc ludibriis ignauiae torpentis exundant uocabili sonu perflabili tinnitu
fidium resultantes. denique pro philosopho cantor et in locum oratoris doctor
artium ludicrarum accitur et bibliothecis sepulchrorum ritu in perpetuum
clausis organa fabricantur hydraulica et lyrae ad speciem currorum in-
gentes tibiaeque et histrionici gestus instrumenta non leuia.* Zu deutsch (in
der Übersetzung von Wolfgang Seyfarth): »Infolge dieser Verhältnisse sind
die wenigen Häuser, die früher wegen ernsthafter Pflege der Wissenschaften berühmt waren, jetzt erfüllt von Spielereien einer langweiligen Untätig-
keit und hallen von Gesang und seichtem Geklimper der Saiteninstrumente
wider. Schließlich holt man statt des Gelehrten einen Sänger und statt des
Redners einen Possenreißer als Lehrer zu sich. Die Bibliotheken sind wie
Grabmäler für immer geschlossen; man läßt sich Wasserorgeln bauen oder

Bibliothekswesens ausgehen, das fünfzig Jahre zuvor zur
Zeit des Kaisers Konstantin (285–337 n. Chr.) in Rom noch
28 öffentliche Bibliotheken unterhalten hatte, sondern muß
eine Übergangsphase annehmen, in der die heidnischen Bibliotheken ihre Bedeutung verloren und von christlichen
Bibliotheken abgelöst wurden. Diese Übergangsphase läßt
sich paläographisch an der vom 2. bis 4. Jahrhundert dau-
ernden Durchsetzung des Kodex als Publikationsform ablesen, mit der wir uns im nächsten Kapitel beschäftigen
werden.

riesige Leiern vom Ausmaß eines Wagens und Flöten sowie Ungeheuer von
Instrumenten für Schauspielkunststücke.«

V

Christentum und frühes Mittelalter

Das Christentum verbreitete sich zunächst im gesamten Römischen Reich entlang der großen Handelswege und bildete bis zum 3. Jahrhundert n. Chr. eine feste Organisation aus, als unter Kaiser Konstantin (285–337) schließlich die ersten Schritte zur Staatsreligion eingeschlagen wurden – ein Prozeß, der mit dem Verbot des Betretens heidnischer Tempel und endlich mit dem Verbot heidnischer Kulte im Jahre 391[1] seinen Abschluß fand, im gleichen Jahr, in dem in Alexandria das Serapeion zerstört wurde.

Für das Bibliothekswesen bedeutete das Aufkommen des Christentums zunächst, daß neben die bereits bestehenden heidnischen Bibliotheken nun christliche Bibliotheken traten, deren Schwerpunkt natürlich auf den Büchern des Neuen und Alten Testamentes lag (bzw. auf Teilen davon, solange der Kanon noch nicht feststand). Während die Bibliotheken der frühen Gemeinden wohl kaum Literatur besaßen, die über einen wie auch immer festgelegten Kanon der christlichen Schriften wesentlich hinausgingen, entstanden mit großer Sicherheit schon sehr früh »christliche Studienbibliotheken«,[2] die neben der christlichen auch die überlieferte antike Literatur sammelten und auf der Basis des klassischen Triviums und Quadriviums einen Lehrbetrieb entwickelten, dessen Höhepunkt nun die christliche Theologie bildete. Besondere Bedeutung nahm hier die vom Kirchenvater Origines im palästinischen Caesarea gegründete Katechetenschule ein, zu der eine Bibliothek mit Skriptorium gehörte.[3] Origines (185–253/254) war zunächst an der

---

1 Angenendt, *Das Frühmittelalter,* S. 68.
2 Wendel/Göber, »Das griechisch-römische Altertum«, S. 130.
3 Roberts, »Books in the Graeco-Roman world and in the New Testament«, S. 65. Siehe auch Wendel/Göber, »Das griechisch-römische Altertum«, S. 131f.

Katechetenschule in Alexandria tätig,[4] wo er Philosophie, Theologie und biblische Exegese unterrichtete. Ein Streit mit dem Bischof von Alexandria über Origines' asketische Lebensführung brachte schließlich die Verbannung aus Alexandria und die Gründung einer eigenen Schule in Caesarea. Während die alexandrinische Katechetenschule schon bald nach Origines' Weggang an Bedeutung verlor, überstand die Schule in Caesarea mit ihrer Bibliothek alle Christenverfolgungen und sicherte die Überlieferung der Septuaginta auf der Basis der von Origines selbst erstellten *Hexapla*, einer in sechs Kolumnen geordneten Zusammenschau griechischer Bibelübersetzungen mit dem hebräischen Original.

Während sich in solchen Gründungen die antike hellenistische Form der Bildung zunächst noch erhielt und im wesentlichen die Tempel- durch Kirchenbibliotheken ersetzt wurden, trug das Christentum durch drei neue Entwicklungen zu Veränderungen der Bibliotheken bei. Ziel der griechischen und römischen Bildung war es, den jungen Bürger für das Gemeinwesen zu bilden; – Ziel der christlichen Bildung war (und ist) jedoch die Vorbereitung auf das Leben nach dem Tode, so daß an die Stelle der antiken *polis* bzw. *res publica* nun die christliche Innerlichkeit trat. Dieses Ideal wurde ab dem 4. Jahrhundert n. Chr. von einem genuin christlichen Schultyp verbreitet: den Klosterschulen. Klöster entstanden zunächst in Ägypten aus den Gemeinschaften, die sich um Einsiedler bildeten und deren Ziel eine asketische, der Innerlichkeit verpflichtete Lebensweise war. Die Literatur, die in solchen Einsiedlergemeinschaften verfügbar war, war demgemäß ein sehr eng beschränkter christlicher Kanon, dessen Funktion allein in christlicher Schulung bestand, die sich für die Mehrzahl der Mitglieder solcher Gemeinschaften durch das Auswendiglernen der kano-

---

4 Über die alexandrinische Katechetenschule handelt Marrou, *Geschichte der Erziehung im klassischen Altertum*, S. 473 ff.

nischen Texte vollzog. Diese »Bildungsaskese«[5] läßt sich nur
als Wende gegen eine weltliche Kultur verstehen, die das
Eigentliche, das Heil der Seele nämlich, angeblich versäumte.

Damit einher ging eine Unterscheidung zwischen heiligen
und profanen Schriften, die den überlieferten Kanon der
(heidnischen) Literatur durch einen christlichen Literaturkanon ersetzte. Während in Sumer oder im alten Ägypten
Schrift zum Bereich des Kults, der politischen Repräsentation
oder wirtschaftlichen Organisation gehörte, hatten die Griechen diesen Zusammenhang aufgebrochen und der Schriftlichkeit einen eigenen Bereich innerhalb einer »Kultur« zugesprochen, die nicht mehr identisch mit einem staatlich-reli-
giösen »Kult« war. Unter dem Hellenismus und den Römern
jedoch war Schrift wieder in den Diskurs staatlicher Macht
eingebunden. Demzufolge wurden gelegentlich die Texte in
Ungnade gefallener Schriftsteller, wie die Ovids, aus den
staatlichen Bibliotheken entfernt. Als das Christentum zur
Staatsreligion wurde, übernahm es vom Römischen Reich
diese Bindung von Schrift an den Diskurs der Macht – ein
Prozeß, der sich u. a. an der Ausformung von Kirchenbibliotheken nach dem Vorbild der antiken Tempelbibliotheken
ablesen läßt.[6] Der Rückzug in die Klöster war daher nicht nur
ein Rückzug in die Innerlichkeit, sondern zugleich eine Konzentration auf die wesentlichen Schriften der neuen kirchlichen Macht: die Bibel und die theologischen Texte. Da
jedoch die antike Literatur in den Schulen im Rahmen des
Lese- und Schreibunterrichts weiterhin Verwendung fand,
bildete sich ein Literaturkanon heraus, in dem die überlieferte
heidnische Literatur die Basis bildete und die christliche
Literatur mit der Bibel die Krönung.

---

5 Marrou, *Geschichte der Erziehung im klassischen Altertum*, S. 488.
6 Man kann das sehr schön in Rom an den Kirchenbibliotheken in St. Peter
oder in der Kirche des Hl. Laurentius sehen. Letztere war eine Basilika, zu
der ein Kloster, eine Badeanlage und ein Landhaus gehörten und deren
Bibliothek nach dem Vorbild der römischen Tempelbibliotheken eine griechisch-lateinische Doppelbibliothek war.

Dieser Prozeß der Ablösung der heidnischen durch die christliche Schriftkultur findet seinen paläographischen Ausdruck schließlich in der Herausbildung des Kodex als neuer »Buchform«, der die antike Buchrolle ersetzt. Mit dem Kodex ändert sich jedoch nicht nur die äußere Gestalt des »Buches«, die nunmehr einem modernen Buch mit (Leder-)Einband und Blättern ähnlich wird,[7] sondern zugleich auch der Schriftträger: Pergament, speziell präparierte Tierhaut, löst den Papyrus ab.[8] Der Name »Pergament« wird auf die Stadt Pergamon zurückgeführt, wo diese Erfindung im 2. Jahrhundert v. Chr. gemacht worden sein soll als Reaktion auf ein Ausfuhrverbot von Papyrus aus Ägypten, dessen Ziel es war, die Bibliothek in Pergamon zu schädigen, um die überragende Stellung des Museions nicht zu gefährden. Tatsächlich wurde Pergament aber schon früher benutzt, so daß es sich nicht um eine ganz neue pergamenische Erfindung, sondern um einen Rückgriff auf einen seit langem bekannten Schriftträger gehandelt haben dürfte, der durch den Papyrus fast verdrängt worden war. Dieser neue Schriftträger ging nun mit den in der Antike weit verbreiteten Notiztafeln aus wachsüberzogenen hölzernen »Blättern«[9] eine Synthese ein, als deren Ergebnis im Kodex die äußere Form des

---

7 Bei den Papyrusrollen brachte man die wichtigen Angaben zu Verfasser und Titel auf dem geschützten, weil im Innern der Rolle befindlichen Ende der Rolle an. Die Kodizes folgen diesem Modell zunächst, wenn sie Verfasser- und Titelangaben am Ende bringen. Etwa ab 500 beginnt man jedoch allmählich, Verfasser- und Titelangaben an den Anfang des Kodex zu setzen. Eine weitere bemerkenswerte Änderung der äußeren Gestalt der Schriften ist die Zunahme der Illustrationen, weil das neue Beschreibmaterial »sowohl der technischen Verfeinerung entgegenkam wie es den vollen Reiz der Farben zur Geltung brachte« (Bischoff, *Paläographie des römischen Altertums und des abendländischen Mittelalters*, S. 234; vgl. ebd., S. 236 zu den Änderungen bei Verfasser- und Titelangaben).

8 Siehe den Band *Pergament.*

9 Diese Form des »Notizbuchs« ist übrigens sehr alt und schon in Mesopotamien nachweisbar.

Buches entstand, wie wir sie heute kennen: Pergamentblätter wurden gefalzt und in der Mitte zu Büchern zusammengebunden.[10]

Der Kodex hätte sich vielleicht nicht durchgesetzt, wenn
das Christentum nicht eine Vorliebe für ihn entwickelt
hätte. Warum das so war, ist in der historischen Forschung
immer noch umstritten.[11] Sicher ist, daß der Kodex eine
neue Haltung des Christentums zur überlieferten Literatur
zum Ausdruck brachte und als eine Art Unterscheidungsmerkmal zwischen heidnischen Texten, die auf Papyrusrollen geschrieben waren, und der neuen christlichen Literatur,
die in Pergamentkodizes festgehalten wurde, diente. Während das Christentum sich von Anfang an fast ausschließlich
des Kodex bediente, hat sich diese neue Buchform für profane (heidnische) Literatur während eines langen Prozesses

10 Zur Entstehung des Kodex siehe Skeat, »Early Christian book-production«, der mit dem weitverbreiteten Vorurteil aufräumt, daß Papyrus weniger haltbar als Pergament sei, sowie Kleberg, *Buchhandel und Verlagswesen
in der Antike*, bes. S. 69ff. Natürlich gab es zwischen dem kleinen »Notizbuch« aus wachsüberzogenem Holz und dem Kodex zahlreiche Zwischenformen: Rollen aus Pergament (statt aus Papyrus) genauso wie Papyruskodizes (statt Pergamentkodizes). Zum Kodex als Medium der christlichen
heiligen Schriften siehe auch Katz, »The early Christians' use of codices
instead of rolls«. Weitere Details bei Blanck, *Das Buch in der Antike*,
S. 86ff.

11 Skeat, »Early Christian book-production« diskutiert die Gründe, die man
bisher zugunsten der Durchsetzung des Pergamentkodex angeführt hat (der
Kodex sei billiger als die Rolle, die äußere Form des Kodex sei auf den
Missionsreisen praktischer gewesen als die Buchrolle, und man finde in
einem Kodex die Textstellen, die man sucht, leichter als in der Rolle, die
immer zugleich auf- und zugerollt werden muß und zwei Hände zur
Handhabung braucht, während der Kodex bequem in einer Hand gehalten
werden könne) und widerlegt sie alle (S. 70). Seine Argumente richten sich
vor allem gegen Roberts' Buch *The codex*. Roberts hat seine Darstellung in
seinem Aufsatz »Books in the Graeco-Roman world and in the New
Testament« wiederholt. Beide Autoren haben sich inzwischen auf eine
gemeinsame Auffassung geeinigt: Roberts/Skeat, *The birth of the codex*.
Pattison, *On literacy* hat die These vertreten, daß das Christentum sich der
Volkssprache (griech. *koiné*) bediente, die sich deutlich vom offiziellen
Latein unterschied und die Buchrolle als Symbol der offiziellen Literalität
betrachtete, gegen die es sich durch den Kodex absetzte.

vom 2. bis zum 4. Jahrhundert erst allmählich durchgesetzt: An der Wende vom 2. zum 3. Jahrhundert betrug der Anteil der Kodizes für heidnische Literatur nur 2,9%, an der Wende vom 3. zum 4. Jahrhundert aber bereits 73,95%.[12] Dieses äußerliche paläographische Faktum bezeugt damit die innere Umstrukturierung des Kanons der maßgeblichen Literatur, die vom 2. bis zum 4. Jahrhundert in den neuen christlichen Rahmen eingepaßt und das heißt: auf Kodizes umgeschrieben worden war. Was im Laufe dieser Umstrukturierung nicht umgeschrieben wurde, schied aus dem Kanon aus und wurde dem Vergessen überlassen.[13]

Zu diesen Tendenzen – Rückzug der Bildung in die Klöster und Konzentration auf das Seelenheil, damit zugleich Konzentration auf einen engen christlichen Kanon, Aufkommen des Pergamentkodex – kamen äußere Faktoren hinzu. Zum einen litt das Römische Reich zunehmend unter einer Schwächung der Zentralgewalt, die schließlich zur Reichsteilung führte. Zum andern war besonders das weströmische Reich den einfallenden Germanen ausgesetzt, die das Kernland Italien eroberten und auf weströmischem Gebiet eigene Reiche errichteten (455 Plünderung Roms durch die Wandalen, 493 Schaffung des Ostgotenreiches in Italien unter Theoderich). Was hier begann, hat man »Dekomposition der Alten Welt« genannt,[14] ein langer und komplizierter Prozeß, der gekennzeichnet ist durch einen allgemeinen Be-

---

12 Roberts, »Books in the Graeco-Roman world and in the New Testament«, S. 57. Für griechische Literatur allein lauten die Zahlen etwas anders: An der Wende vom 2. zum 3. Jahrhundert waren 4,5% der Texte in Kodizes geschrieben, an der Wende vom 3. zum 4. Jahrhundert waren es 48%, und erst an der Wende vom 4. zum 5. Jahrhundert betrug der Anteil der Kodizes 90,5%. Siehe Roberts/Skeat, *The birth of the codex*, S. 37.

13 Es ist vielleicht nicht zufällig, daß gerade das Christentum einen Kanon maßgeblicher Literatur ausbildet und diese Tatsache der Kanonbildung außerdem im Kodex zum Ausdruck bringt, der als Prototyp des Buches wie dieses »Kohärenz, Dichte und Geschlossenheit der Überlieferung« bedeutet (Assmann, »Kanon und Zensur«, S. 17).

14 Angenendt, *Das Frühmittelalter*, S. 147 ff.

völkerungsrückgang, durch Enturbanisierung[15] und einen
Niedergang der Verkehrswege, durch die Ausbildung verschiedener Nationalsprachen infolge einer regionalen Ausdifferenzierung aus dem Lateinischen und schließlich durch
einen Rückgang der Schriftlichkeit. Der Einfall der Germanen führte jedoch nicht zu einem plötzlichen Ende der römischen Kultur in den germanisch besetzten Gebieten, sondern zu einem vielschichtigen und lange andauernden Prozeß kultureller Assimilation, währenddem die römischen
Bildungsinstitutionen noch für Jahrhunderte überlebten, allerdings mit bemerkenswerten regionalen Unterschieden.
Während nämlich in Italien, dem Kernland des zerfallenden
Reiches, die antiken Schulen noch bis in die Zeit Karls des
Großen (768–814) fortbestanden – allerdings in geringerer
Zahl als zuvor – und infolgedessen Schriftlichkeit auch bei
Nichtklerikern noch zu finden war (zumindest bei all denen,
die Schriftkenntnisse zur Ausübung ihres Berufs benötig-
ten), sahen die Dinge nördlich der Alpen in den rechtsrhei-
nischen Gebieten sehr viel anders aus. Die Mehrzahl der
Nichtkleriker war hier illiterat. Die Kirche wurde für Jahrhunderte die einzige Institution, die die Lese- und Schreib-
fertigkeit tradierte.[16]

Für die Bibliotheksgeschichte heißt das zunächst, daß wir
zahlreiche Übergänge zwischen der antiken und der neuen
christlichen Kultur der Klöster finden. Eine bedeutende Persönlichkeit des Übergangs war der römische Senator Cassiodor (um 485–580), der unter dem in Italien herrschenden
Ostgotenkönig Theoderich zu dessen Geheimsekretär aufstieg. Nach der von Ostrom beendeten Herrschaft der Go-
ten zog er sich auf seinen Landsitz in der Nähe von Neapel
zurück und gründete dort um das Jahr 555 das Kloster

---

15 In Gallien ging die Bevölkerung zwischen 300 und 600 n. Chr. von fünf auf
   drei Millionen zurück. Die Stadt Rom hatte in der Antike rund eine Million
   Einwohner, zur Zeit Karls des Großen aber nur noch rund 20 000. Vgl.
   Angenendt, a. a. O., S. 147 ff.
16 Thompson, *The literacy of the laity in the Middle Ages.*

Vivarium. Cassiodor, noch ganz der antiken Tradition verhaftet, wurde vom Ideal einer christlichen Wissenschaft geleitet, deren Mittelpunkt die Bibel bildete. Zur Verwirklichung dieser christlichen Wissenschaft richtete er in Vivarium eine Bibliothek ein[17] und schrieb die zwei Bücher seiner *Institutiones*, die eine ideale Bibliothek beschreiben und Anweisungen geben, wie seiner Meinung nach die Bibel studiert und die Bibelkommentare benutzt werden sollten.[18] Dagegen hatte im Jahre 529 Benedikt von Nursia in Monte Cassino in einem ehemaligen Apollotempel ein Kloster gegründet, das stark an der asketischen orientalischen Tradition orientiert war. Trotz dieser ursprünglichen Orientierung war es gerade der Benediktinerorden, der im Mittelalter während langer Zeiträume in seinen Klöstern für das Weiterleben der Schriftkultur sorgte. Der Grund dafür lag in der von Benedikt aufgestellten Ordensregel, die dem Mönch vorschrieb, für Studium und Lesung täglich dreieinhalb Stunden zu verwenden. Da zugleich der persönliche Besitz von Büchern verboten wurde, bedeutete dies zwangsläufig, daß in den Klöstern des Benediktinerordens Bibliotheken entstanden, die den Mönchen die für die *lectio* vorgeschriebene Literatur bereithielten.

Auch in dem von den Westgoten im 5. Jahrhundert eroberten Spanien war die Kirche zum Träger einer Kultur geworden, in der antike und christliche Elemente miteinander verschmolzen wurden. Bedeutsam für die Bibliotheksgeschichte ist dabei Isidor, der Bischof von Sevilla (560–636). Seine *Etymologiae* versuchen, das überlieferte spätantike Wissen enzyklopädisch zusammenzustellen, vermitteln es damit weiter und tragen es in ihrer Form als autoritatives Werk eines Bischof in zahlreiche Klosterbibliotheken. Überdies entwirft Isidor in seinem Werk *De bibliothecis* eine Geschichte der Bibliotheken von den biblischen Vätern bis zu Hieronymus.

17 Teutsch, »Cassiodorus Senator«.
18 Vgl. Angenendt, *Das Frühmittelalter*, S. 143.

Verlassen wir nun das ehemalige römische Reichsgebiet und wenden uns Irland zu, das im 6. Jahrhundert von Christen missioniert worden war, wobei aus der Umformung der ursprünglich mündlichen Kultur eine eigene Schrift- und Klosterkultur entstand,[19] während auf dem Kontinent aufgrund der Eroberungen der Germanen und der Dekomposition der Alten Welt die Schriftkultur einen allgemeinen Niedergang erfuhr. Ein oft genannter Beleg für den überragenden Stand der irischen Bildung ist die Tatsache, daß die irischen Mönche noch ein korrektes Latein schrieben, als auf dem Festland auch vielfach die Kleriker kein fehlerfreies Latein mehr zustande brachten. Auch wenn sich dieses Phänomen sehr leicht damit erklärt, daß sich auf dem Kontinent Schreibung und Aussprache des Lateinischen allmählich auseinanderentwickelten, daß also Latein noch eine lebende Sprache war, die sich allerdings regional zunehmend ausdifferenzierte, wobei die Notation auf einem älteren historischen Niveau stehengeblieben war – etwa so, wie es heute im Englischen der Fall ist[20] –, bleibt dennoch die Tatsache festzuhalten, daß die irischen Mönche, die Latein als eine Fremdsprache lernten, sich um die korrekte Aneignung und Überlieferung der römisch–christlichen Kultur verdient gemacht haben. Für das Bibliothekswesen bedeutsam wurden die irischen Klöster vor allem deshalb, weil von dort aus Mönche auf den Kontinent gingen, um die heidnischen Germanen zu missionieren und Klöster zu gründen, in denen die insulare Schriftkultur weitergegeben wurde. Der wichtigste irische Missionar war Columban (543–615), der über Gallien und das südliche Rheingebiet nach Italien zog, wo

---

19 Gaechter, *Die Gedächtniskultur in Irland.*
20 Pei, *The story of Latin and the Romance languages*, S. 78 ff. hat den Zeitpunkt der manifesten Herausbildung eigenständiger romanischer Sprachen auf das 8. Jahrhundert datiert, nachdem vom 4. bis zum Beginn des 8. Jahrhunderts bereits zahlreiche Veränderungen mit dem »klassischen« Latein stattgefunden hatten, ohne Latein als die Umgangssprache zu gefährden. Vgl. auch McKitterick, *The Carolingians and the written word*, S. 7 ff.

die Abtei Bobbio seine letzte Gründung wurde (614). Unterwegs hatte er seinen Schüler Gallus am Bodensee zurückgelassen (613), aus dessen Einsiedlerzelle sich das Kloster und schließlich die Stadt St. Gallen entwickelten.

Nach der irischen setzte auf dem Kontinent die angelsächsische Mission ein. Britannien, das eine römische Provinz gewesen war, war bei seiner Christianisierung einem doppelten Einfluß ausgesetzt gewesen: sowohl von Rom als auch von Irland aus war es missioniert worden, so daß sich in England römische (Canterbury) wie irische Klostergründungen (Lindisfarne und Iona, wo das *Book of Kells* entstand[21]) finden. Als Lindisfarne 793 von den Normannen geplündert wurde, gelangten seine Kodizes nach York, das sich zu einem neuen wichtigen Zentrum der irischen Buchkultur entwickelte. Hier in York war auch Alkuin (etwa 730–804) tätig, ehe er nach Reisen auf dem Kontinent 781 an den Hof Karls des Großen kam. Auf dem Kontinent gründeten angelsächsische Mönche so wichtige Klöster wie Echternach (um 700) und Mainz, das eine direkte Gründung des bedeutenden angelsächsischen Missionars Bonifatius (etwa 672–754) ist. Bonifatius gründete außerdem Fulda (744), das zum bedeutendsten Kulturzentrum der Karolingerzeit werden sollte. Eine dritte Missionswelle auf dem Kontinent kam dann nicht mehr von den Inseln, sondern aus dem irisch und angelsächsisch missionierten Merowingerreich, dem ehemaligen römischen Gallien. Hier hatten irische Mönche, die in der Tradition Columbans standen, im 6. Jahrhundert über 300 Klöster gegründet und damit die im Merowingerreich stark reduzierte Schriftlichkeit wiederbelebt.[22] Zentren dieser neuen Schriftlichkeit waren die Skriptorien der Klöster Luxeuil, Corbie und Chelles, die ein wichtiges Vorbild für die von Karl dem Großen initiierten Reformen abgaben.

Damit sind wir wieder auf dem Boden des ehemaligen

21 Das *Book of Durrow* datiert auf 680, das *Book of Kells* auf 800. Vgl. Schmitz, *Deutsche Bibliotheksgeschichte*, S. 17.

22 Wendehorst, »Wer konnte im Mittelalter lesen und schreiben?«, S. 12f.

Römischen Reiches in der Provinz Gallien, in der die siegreichen Franken gegen Ende des 5. Jahrhunderts die letzten
Reste der römischen Herrschaft beseitigt hatten. Auch hier
bewirkte die Herrschaft der Germanen keinen gänzlichen
Bruch mit der römischen Tradition, wohl aber bildete sich
ein deutliches kulturelles Süd-Nord- und West-Ost-Gefälle
aus, das gekennzeichnet war durch eine »Civitas«-Zone im
Süden, wo in den Städten die antike Zivilisation zunächst
noch weiterbestand, und eine »Pagus«-Zone im Norden, in
der die antike Kultur relativ rasch bis auf wenige kulturelle
Inseln (Trier) zerstört wurde.[23] Das Christentum, in der
Antike als Hochreligion vor allem an die Städte mit ihren
kulturellen Möglichkeiten gebunden, wurde daher im Süden weniger als im Norden beeinträchtigt, und dieser Grad
der Christianisierung ist zugleich der Maßstab für das kulturelle Niveau während des Frühmittelalters: Daß in den
ehemaligen römischen Städten Maastricht, Köln und Mainz
durch die Eroberungen der Franken die Bischofssukzession
unterbrochen wurde und erst Mitte des 6. Jahrhunderts
wieder einsetzte, ist Zeichen eines kulturellen Abstandes,
der die germanisch eroberten Gebiete nunmehr von der
lateinischen Welt trennte. Es waren die erwähnten Missionsreisen der irischen und angelsächsischen Mönche, die
die Germanen auf dem Kontinent mit der christlich-antiken
Schriftkultur in Kontakt brachten, deren Zentrum die Bibel
war. Während sich also der Einflußbereich der antiken
Kultur immer mehr in den Süden zurückzog, um allmählich zu verschwinden, breitete sich von Norden her die
neue Kultur der christianisierten Germanen aus. Das Resultat dieser Bewegung ist, daß das Ende der sich auf ein
System von Schulen und Bibliotheken stützenden antiken
Bildung im ehemaligen Gallien in der Mitte des 6. Jahrhunderts[24] Schriftlichkeit zu einer Sache ausschließlich der Klö-

23 Angenendt, *Das Frühmittelalter*, S. 169 ff.
24 Ebd., S. 201 f.

ster werden läßt, in deren Skriptorien der Kanon des Abendlandes erschrieben wird.

Mit dem Namen Karls des Großen (768–814) verbindet sich ein weitreichendes Reformprogramm. Um seine Reformen zu verstehen, muß man sich vor Augen halten, daß bereits die Missionstätigkeit der Iren und Angelsachsen mit dem Ziel unternommen worden war, durch Missionierung der heidnischen Germanen zugleich die merowingische Herrschaft spirituell abzusichern. An diese von den Merowingern gesetzten Ziele konnten Karls Reformen anschließen, die sich an der Idee des Augustinischen Gottesstaates orientierten, d. h. eine Theokratie beabsichtigten, die aus der Pfalz Aachen ein Neues Rom, Neues Athen und Neues Jerusalem zugleich machen wollte, in dem Macht (Rom), Wissenschaft (Athen) und Religion (Jerusalem) eine Synthese eingingen. Zu diesem Zweck zog er von überall her Gelehrte an seinen Hof (u. a. kam, wie wir sahen, Alkuin aus York), die bei der Anpassung der mündlichen germanischen an die schriftliche christliche Kultur hervorragende Dienste leisteten und damit der Legitimierung der Herrschaft Karls vorarbeiteten, die sich nun auch auf die Religion stützen konnte. Die Erarbeitung korrigierter religiöser und juristischer Texte (die Verbesserung der *Vulgata* durch Alkuin), die Schriftreform (die Einführung der karolingischen Minuskel), die Anweisung, nur diejenigen zu Geistlichen zu weihen, die ein Mindestmaß an Schriftkenntnissen vorweisen konnten, und schließlich die Aufforderung, in Domstiften und Klöstern Schulen nach dem Vorbild der Hofschule einzurichten – alle diese Maßnahmen sind nicht als Reformbestrebungen eines Bildungsbegeisterten zu lesen, sondern als Maßnahmen zur Durchsetzung staatlicher Machtansprüche, die sich der Kirche bedienten.[25]

Die Gelehrten an Karls Hof waren daher nicht nur Lehrer

---

25 Fleckenstein, *Die Bildungsreform Karls des Großen als Verwirklichung der norma rectudinis.* Vgl. auch Pattison, *On literacy,* S. 75 ff.

an der Hofschule, sondern zugleich Berater des Königs und seine Beauftragten, so daß die Hofschule viel mehr und anderes war, als der Name »Schule« suggeriert: Sie war als Bildungszentrum des Reiches zugleich der Ort, an dem der zukünftige Verwaltungsbeamte und Kleriker seine Ausbildung erhielt. Die Hofbibliothek war daher nicht nur der Ort gelehrter theologischer Studien, sondern zugleich sichtbarer Ausdruck des imperialen Machtanspruchs: Hier wurde nicht einfach die überlieferte religiöse und profane Literatur in maßgeblichen Ausgaben gesammelt und bereitgestellt, vielmehr wurden im Skriptorium der Hofbibliothek die korrigierten Texte abgeschrieben, die sodann als autoritativ sanktionierte Texte ihren Weg in die Klosterbibliotheken des Reiches antreten konnten.[26]

Die Verschiebung von der Papyrusrolle zum Pergamentkodex lag zum Beginn der Herrschaft Karls des Großen bereits 400 Jahre zurück. Seither war ein Rückgang der Buchproduktion eingetreten, über dessen historische Hintergründe wir im letzten Kapitel einiges erfahren haben. Dieser Rückgang der Buchproduktion war mit einer Verschiebung des Kanons auf spezifisch christliche Werke einhergegangen, so daß mit dem erneuten Aufschwung der Buchproduktion unter den Karolingern die antike durch die christliche Tradition abgelöst worden war. Man kann dies schlaglichtartig daran ablesen, daß die Begriffe »Bibel« und »Bibliotheca« nun mitunter synonym gebraucht wurden.[27] Wenn »Bibliothek« und »Bibel« aber identisch werden, wird alle Schrift zu einer Vorschule der Heiligen Schrift, deren genuiner Ort die Kirchen- und Klosterbibliothek war, die

---

26 Eine Rekonstruktion der Aachener Hofbibliothek findet sich bei Bischoff, »Die Hofbibliothek Karls des Großen«. Dort auch weiterführende Literatur.

27 Zwei Beispiele unter vielen: der St. Gallener Bibliothekskatalog aus der Mitte des 9. Jahrhunderts (UB Genf Cod. lat. 21) und das Verzeichnis der auf der Reichenau von Abt Erlebald (822–838) geschriebenen und gebrauchten Bücher, MBK I, S. 71 und 253.

die überwiegende Zahl der Laien von ebendieser Schrift
ausschloß – und sei es nur deshalb, weil der Besitz von
Büchern für die meisten unerschwinglich war. Um nämlich
einen Pergamentkodex herstellen zu können, bedurfte es
einer ganzen Herde von Kälbern oder Schafen, so etwa für
Platos *Timaios* 16 Häute, für den Beda zugeschriebenen
Kommentar *De musica* ganze 35 Häute, für Augustins *De
anima* immerhin noch 6 Häute.[28] Für den Codex Amiatinus,
eine anglo-sächsische Bibel aus der Wende vom 7. zum
8. Jahrhundert, mußten gar 520 Kälber ihr Leben lassen.[29]
Der Besitz von Pergamentkodizes gab und gibt jedoch nicht
nur Auskunft über den Wohlstand seines Besitzers oder
Auftraggebers, vielmehr gehorchte die Herstellung eines
Kodex neben ökonomischen auch theologischen Bedingungen: Die prächtige Ausstattung eines Kodex sollte seinen
religiösen Wert reflektieren, indem z.B. Goldschrift auf
purpurfarbenem Hintergrund die göttliche Herrschaft oder
der Juwelenbesatz des Einbandes die himmlische Pracht und
Herrlichkeit symbolisierten.[30] Kurz: Der Kodex war nicht
einfach mehr Gegenstand der Lektüre, sondern schon durch
seine Ausstattung Träger einer religiösen Bedeutung, die
sich auch all denen mitzuteilen vermochte, die selbst nicht
lesen, sondern die Kodizes nur betrachten oder berühren
konnten. Wenn Bücher aber durch ihre Ausstattung irdi-
scher und himmlischer Schatz zugleich waren, dann nimmt
es nicht wunder, daß sie wie ein Schatz verwahrt und wie
eine Reliquie verehrt wurden, zumal für die Mehrheit der
illiteraten Bevölkerung das Buch nur als Sakralobjekt eine
Rolle spielte.[31]

Die eminente weltliche und geistliche Bedeutung dieser

---

28 McKitterick, *The Carolingians and the written word*, S. 140.
29 Dinzelbacher, »Die Bedeutung des Buches in der Karolingerzeit«, Sp. 262.
30 Ebd. Sp. 262 und McKitterick, *The Carolingians and the written word*, S. 147.
31 Dinzelbacher, »Die Bedeutung des Buches in der Karolingerzeit«, Sp. 274–279.

Schätze mußte das Bedürfnis nach ihrer Sicherung aufkommen lassen. Die Tatsache, daß ganze Klosterbibliotheken vor heranrückenden Armeen oder Wikingerschiffen in geschütztere Klöster in Sicherheit gebracht werden mußten, hat dazu beigetragen, daß man den Buchbesitz in Inventaren registrierte, um nach der Rückführung einer Bibliothek in ihr Heimatkloster ihre Vollzähligkeit überprüfen zu können. Indem sich die Inventarlisten, in denen außer Büchern der gesamte wertvolle Besitz (Ländereien, Gebäude, Vieh usw.) verzeichnet wurde, auszudifferenzieren begannen und selbständige Verzeichnisse allein für die Kodizes entstanden,[32] gliederten sich diese Kataloge nach dem Maß des sakralen Wertes der Kodizes. In der Regel heißt das, daß die Bibliotheksinventare oder -kataloge[33] mit der Bibel und/oder ihren Teilen begannen. An diese schlossen sich die Werke der Kirchenväter an, gefolgt von denen der zeitgenössisch-mittelalterlichen Theologen und der antiken Autoren. Den Abschluß bildeten Werke der Artes liberales.[34] Das

32 Das bedeutet nicht, daß diese Bibliotheksinventare auch in einem eigenen Kodex Platz fanden. Der eigenständige Katalogband taucht vielmehr erst im 12. Jahrhundert auf. Siehe das folgende Kapitel.

33 In der Literatur wird oft nicht zwischen Katalog und Inventar unterschieden. Diese Redeweise führt solange nicht in die Irre, als man sich klarmacht, daß die mittelalterlichen »Kataloge« als Inventare anzusehen sind, die nichts mit den modernen Bibliothekskatalogen gemein haben. Ein sachlicher Grund ist dabei die Tatsache, daß es noch keine bibliographischen Standards für die Beschreibung der Kodizes gab. Dies wiederum hängt natürlich damit zusammen, daß die Kodizes noch kein modernes Titelblatt kannten, so daß es in der Tat schwierig war zu entscheiden, welche Angaben über einen Kodex oder eine Sammelhandschrift von Bedeutung waren. Außerdem war es bei den geringen Beständen dem Bibliothekar jederzeit möglich, aus eigener Kenntnis die gesuchten Texte zu finden, so daß die Kataloge/Inventare neben der Verzeichnung des Besitzes lediglich die Funktion hatten, als Gedächtnisstütze zu dienen. Zur mittelalterlichen Katalogisierungspraxis im Detail vgl. Schreiber, »Quellen und Beobachtungen zur mittelalterlichen Katalogisierungspraxis«.

34 Christ, Das Mittelalter, S. 271. Sehr schöne Beispiele für diese Reihenfolge bieten der Reichenauer Bibliothekskatalog von 821/822 und der St. Gallener Katalog aus der Mitte des 9. Jahrhunderts, beide abgedruckt in MBK I, S. 244–254 bzw. S. 71–82.

Vorbild all dieser Kataloge dürften dabei Isidors von Sevilla *De viris illustribus* und sein *De libris recipiendis* gewesen sein, denen man zwar nicht im Detail, aber zumeist in der großen Linie folgte. Auf diese Weise entstanden nicht einfach Bibliothekskataloge im Sinne von Verzeichnissen vorhandener Kodizes, vielmehr wurde hier eine autoritative Tradition fortgeschrieben, die den einzelnen Werken ihren historischen Ort zuwies: Wer auch immer Isidor las, kannte die wichtigen Werke und wußte daher, welche Bücher eine gute Klosterbibliothek ausmachten.[35] Die Bibliothekskataloge geben also den Rahmen für die literarische Bildung zur Zeit der Karolinger an, d. h. sie sind Verzeichnis vorhandener Werke und Vorschrift für zu erwerbendes Wissen zugleich.[36]

Die auf diese Weise in den Katalogen festgeschriebene kirchliche Tradition wird in den Klöstern noch in anderer Weise fortgeführt. Während nämlich die Kataloge vorhandene und noch zu erwerbende Kodizes notierten, wurde in den Skriptorien der Klöster Literatur kopiert. Nachdem nicht nur der Buchbesitz in Laienhand, sondern die gesamte Buchproduktion in merowingischer Zeit stark zurückgegangen war, nahm die Buchproduktion unter den Karolingern einen enormen Aufschwung,[37] der sich praktisch ausschließlich den Skriptorien der Klöster verdankte und fast ebenso ausschließlich nur den Klöstern zugute kam, deren Bibliotheksbestände rasch wuchsen. Dabei darf man sich auch die Tätigkeit der Skriptorien und die Arbeit der Bibliothekare nicht einfach als mechanische Tätigkeiten des Schreibens und Verzeichnens vorstellen, sondern muß sich vor Augen

---

35 McKitterick, *The Carolingians and the written word*, S. 205.

36 Ebd., S. 209 f.

37 Dieser Aufschwung ist daran abzulesen, daß aus der karolingischen Zeit rund 7000 Kodizes überliefert sind, vgl. McKitterick, *The Carolingians and the written word*, S. 163. McKitterick zitiert B. Bischoff, der den Gesamtbestand der in der Karolingerzeit hergestellten Kodizes auf rund 50000 geschätzt hat.

halten, daß diese Arbeiten höhere Zwecke beabsichtigten: die Fortschreibung der göttlichen Schrift. Daher herrschte in den Skriptorien Redeverbot,[38] das nicht nur die Konzentration der kopierenden Mönche fördern sollte, sondern die mechanische Tätigkeit durch das Verstummen gleichsam der irdischen Kommunikation entzog. Hierher gehört auch, daß viele Mönchsorden das Amt des Bibliothekars mit dem Amt des Kantors verbanden. Der Kantor-Bibliothekar wurde damit zur wichtigsten Person des Klosters nach dem Prior: Er leitete Gottesdienst und Kirchengesang, bestimmte den Text der Tischlesung, verteilte die Wochenämter und führte die Totenliste.[39]

Die auf diese Weise zusammengetragenen Bibliotheken waren, gemessen an den Bibliotheken der Antike, bescheiden. Der Reichenauer Katalog von 821/22 nennt rund 400 Kodizes, von denen allerdings viele Sammelhandschriften waren, also mehrere Werke enthielten. Weniger wohlhabende Klöster besaßen erheblich weniger Kodizes, so etwa das 730 gegründete Benediktinerkloster Pfävers, wo ein unvollständiges Verzeichnis aus dem 10. Jahrhundert mit den Worten schließt: *Libri omnes ex toto fiunt XLII* (»Insgesamt macht das 42 Bücher«).[40] Für uns sind jedoch weniger die reinen Quantitäten von Interesse als die Tatsache, daß auch die kleinste Bibliothek in ihrem Buchbesitz Wohlstand und Bezug zum Göttlichen zugleich zum Ausdruck brachte – und daß dies fast ausschließlich den Klöstern vorbehalten war. Zwar ist es keine Frage, daß auch Laien Bibliotheken besaßen, aber deren Zahl ist im Vergleich zu den Klöstern

---

38 Christ, *Das Mittelalter*, S. 280.
39 Ebd., S. 262.
40 MBK I, S. 483. Vgl. Buzas, *Deutsche Bibliotheksgeschichte des Mittelalters*, S. 140: »Im allgemeinen kann man sagen, daß eine Sammlung der karolingisch-ottonischen Zeit mit 200 bis 300 Bänden eine gute und mit 500 bis 600 Bänden eine sehr gute Bibliothek war.« Das Lorscher Inventar aus der 2. Hälfte des 9. Jahrhunderts und das Fuldaer Inventar aus dem 9. Jahrhundert sind abgebildet in: *Bibliotheca Palatina. Bildband*, S. 82f.

unbedeutend.[41] Schwieriger zu beantworten ist die Frage, inwiefern Laien überhaupt Bildung erwerben konnten. Sicher ist, daß es auch in karolingischer Zeit gebildete Laien aus der Schicht der *potentes* oder *nobiles* gab, die ihre Bildung in der Regel auf Klosterschulen erwarben, vielleicht aber auch im Elternhaus von der Mutter, die ihre Bildung wiederum im Kloster erhalten hatte, literarisch erzogen worden waren.[42] Wie wenig diese Laienbildung sich unseren modernen Vorstellungen fügt, vermag das nicht ganz nebensächliche Detail zu illustrieren, daß Lese- und Schreibfähigkeit getrennt waren, so daß es zahlreiche überlieferte Fälle durchaus gebildeter Personen gibt, die lesen, aber nicht schreiben konnten. Das bedeutet, daß Bildung über Bücher vermittelt werden konnte, ohne daß damit zugleich eine völlige Alphabetisierung der gebildeten Kreise verbunden war. Völlig alphabetisiert und literalisiert waren wohl nur Kleriker, hochstehende Verwaltungsbeamte und Händler. Die Tatsache der Laienbildung – in welchem Maßstab auch immer – kann daher nicht übersehen machen, daß sie in komplizierter Weise von den Klöstern abhing und damit letzlich eine Funktion religiöser Bildung war.

Die Umstrukturierung des literarischen Kanons und die umfassend nur noch in den Klöstern tradierten Lese- und Schreibkenntnisse bedeuteten damit insgesamt, daß die Kirche nach dem Ende der Karolinger mit ihren Schriften, deren wichtigste das Attribut »Heilig« trägt, zur einzigen und allumfassenden Bildungsinstitution geworden war. Die Klöster und ihre Bibliotheken waren jetzt nicht mehr Zeichen weltlicher, sondern Zeichen kirchlicher Macht.

---

41 Vgl. die Übersicht bei Buzas, *Deutsche Bibliotheksgeschichte des Mittelalters*, S. 121–134.
42 Thompson, *The literacy of the laity in the Middle Ages*, S. 82 ff. und McKitterick, *The Carolingians and the written word*, S. 211 ff., bes. S. 223 ff. zur Rolle der Frau. Siehe auch Buzas, *Deutsche Bibliotheksgeschichte des Mittelalters*, S. 85 ff. zu den Frauenklöstern.

Hoch- und Spätmittelalter

Im 9. Jahrhundert zerfiel das Reich der Karolinger, deren Nachfolge die sächsischen Kaiser antraten. Zugleich wuchs die äußere Bedrohung: die Normannen gefährdeten die Grenzen von Norden, im Osten kam es zu wiederholten Einfällen slavischer Völkerschaften, und von Südosten stießen die Ungarn mehrfach auf Reichsgebiet vor. Die Hinterlassenschaft dieser Einfälle waren nicht nur geplünderte und zerstörte Städte und Dörfer, sondern auch zerstörte Bibliotheken.[1] Die unter den sächsischen Kaisern erfolgte Sicherung des Reiches führte zu einer erneuten Blüte (»ottonische Renaissance«) der Klosterkultur im 11. und 12. Jahrhundert, wobei neue Klöster zu Ruhm kamen, alte Klöster aus dem Blick schwanden, in einigen Fällen (St. Gallen, Reichenau, Trier) aber auch von einer kontinuierlichen Entwicklung auszugehen ist.[2] Schließlich veränderten jedoch die großen (kirchen-)politischen Ereignisse die überlieferte Klosterkultur. Die Kirche hatte sich im Laufe der Zeit immer mehr zu einem Element des Feudalsystems entwickelt. Kirchliche Güter und Ämter waren zu Lehen geworden und die Bischöfe zu Vasallen. Gegen diese Zunahme der kirchlichen Macht setzten sich die weltlichen Fürsten dadurch zur Wehr, daß sie Eigenkirchen auf ihren Territorien errichteten, in denen sie allein die Oberhoheit ausübten. Damit war ein immer heftiger werdender Konflikt zwischen weltlicher und geistlicher Macht vorprogrammiert, ein Konflikt, der zum einen in den Investiturstreit mündete, zum andern aber neben der Entstehung häretischer Sekten eine innerkirchliche Re-

---

1 Christ, *Das Mittelalter*, S. 377 f.

2 Prinz, *Grundlagen und Anfänge*, S. 354. Christ, *Das Mittelalter*, S. 381, spricht dagegen von einem »goldenen Zeitalter« St. Gallens unter den Karolingern und von einem »silbernen Zeitalter« im 10. Jahrhundert.

formbewegung auslöste, die schließlich zur Gründung neuer Orden führte.

Vor allem diese neuen Orden sind für uns von Interesse; zu den bekanntesten zählen die Kartäuser (gegr. 1084), die Zisterzienser (gegr. 1098), die Franziskaner (gegr. 1209) und die Dominikaner (gegr. 1212). Bereits im 10. Jahrhundert hatte sich erster Widerstand gegen die zunehmende Verweltlichung der Kirche geregt. Dieser Widerstand kulminierte schließlich in der von dem fränkischen Kloster Cluny ausgehenden Reformbewegung, die nicht nur eine Wiederherstellung der strengen Klosterzucht beabsichtigte, sondern auch jeglichen Einfluß von Laien bei der Besetzung kirchlicher Ämter verhindern wollte, um die Klöster wieder unter die unmittelbare Gewalt des Papstes zu bringen. Das Ziel war dabei kein geringeres als die Unterordnung der staatlichen Gewalt unter die kirchliche Herrschaft.[3] Indem die neuen Orden an diese Bewegung anknüpften und eine innere Reform durch Rückkehr zu den strengen Regeln der Klosterzucht beabsichtigten, stellten sie eine Antwort der Kirche auf die zahlreichen Sekten (Katharer, Albigenser, Waldenser) dar, die gegen die Verweltlichung der Kirche eine Rückkehr zu den wahren Idealen des Christentums propagierten. Zugleich wurden die neuen Orden unmittelbar politisch eingesetzt: Zum einen dienten sie neben der Seelsorge der Mission,[4] zum andern waren sie Instrument der Inquisition, mit der die Dominikaner ab 1231 betraut wurden.

Die innerkirchliche Reformbewegung und die Gründung der neuen Orden brachten bedeutsame Veränderungen für das noch immer kirchlich dominierte Bibliothekswesen mit sich. Zum einen bewirkten sie eine weitere Verengung des Literaturkanons hin zu einem spezifisch christlichen Ka-

---

3 Thompson, *The Middle Ages*, Bd. 1, S. 410.

4 Die neuen Orden missionierten besonders im Norden und Osten. Ein bedeutendes Feld der Kolonisierung und Missionierung war dabei Österreich, das 1156 Herzogtum wurde. Die Ostgrenze des Reiches stand damit fest.

non.[5] Diese Verengung des Literaturkanons entspricht natürlich der Tatsache, daß die neuen Orden die Funktion von Literatur vor allem im Rahmen der christlichen Unterweisung und Predigt sahen. Einem Orden wie den Kartäusern, die einem strengen Schweigegebot unterlagen, galt das Schreiben gar als Ersatz für die ihnen unmögliche Predigt. Daß dieses in höchstem Maße heilige Schreiben dann auch am Sonntag stattfinden durfte,[6] wo alle Arbeit sonst zu ruhen hatte, ist nur konsequent, handelte es sich doch weniger um Arbeit als vielmehr um Gottesdienst.

Zum andern aber brachte die kirchliche Reformbewegung durch die Gründung zahlreicher Klöster eine »Dezentralisierung der Bildung«[7] mit sich, die sich von der kaiserlichen Residenz vollends gelöst hatte und durch die zahlreichen Neugründungen von Klöstern auch bisher wenig alphabetisierte Gegenden (Niedersachsen, Österreich, Böhmen) mit der Schriftkultur in Kontakt brachte.[8] Ein weiteres Element dieser Dezentralisierung ist die Einrichtung von Domschulen an den Bischofssitzen zur Ausbildung der dort tätigen Kleriker,[9] wobei natürlich auch die Domschulen mit einer Bibliothek ausgestattet wurden. Die große Zeit dieser Dombibliotheken war das 11. bis 13. Jahrhundert, als die Skrip-

---

5 Während die Klöster cluniazensischer Provenienz nur wenige Schriften römisch-heidnischer Autoren besaßen – für Cluny selbst werden Cicero, drei Handschriften von Ovid, vier von Juvenal, zwei von Horaz und drei von Terenz sowie eine von Äsops Fabeln genannt (Christ, *Das Mittelalter*, S. 400) – und die Klöster Hirsauer Provenienz ebenfalls profane Schriften vernachlässigten, um statt dessen einen Schwerpunkt in der Patristik zu setzen, zeigen die Klöster des Gorzer Reformkreises eine gewisse Vorliebe für heidnische Autoren zuungunsten der Kirchenväter (Schmitz, *Deutsche Bibliotheksgeschichte*, S. 33).

6 Christ, *Das Mittelalter*, S. 402.

7 Prinz, *Grundlagen und Anfänge*, S. 349 f.

8 Bischoff, *Paläographie des römischen Altertums und des abendländischen Mittelalters*, S. 271

9 Obwohl einige deutsche Bistümer (Köln, Mainz, Speyer, Worms, Trier) bis ins 3. Jahrhundert zurückreichen, haben wir von ihren Bibliotheken erst aus karolingischer Zeit Nachricht (Buzas, *Deutsche Bibliotheksgeschichte des Mittelalters*, S. 96).

torien der Dombibliotheken neben die Klosterbibliotheken und -skriptorien als Lieferanten von Manuskripten traten und von den französischen Domschulen die gotische Schrift verbreitet wurde.[10] Warum war trotz dieser vom Kaiserhof emanzipierten und dezentralisierten Bildung der Bestand der Klosterbibliotheken seit der Karolingerzeit nicht gewachsen und betrug auch im 12. Jahrhundert im Durchschnitt nicht mehr als rund 300 Handschriften?[11] Die Antwort darauf liegt zum einen sicherlich in der Schreibleistung eines klösterlichen Skriptoriums, das kaum mehr als einen Band pro Jahr abschreiben konnte, wenn es seine Kapazität nicht überschreiten und auf externe Schreiber zurückgreifen wollte.[12] Zum andern aber bedeuten die vielen Klostergründungen durch die neuen Orden, daß jedes neue Kloster zunächst einmal die wichtigen Werke – die Bibel, die Kirchenväter und die liturgischen Schriften – herstellen mußte, wobei es unter den damaligen produktionstechnischen Bedingungen Jahre und Jahrzehnte brauchte, den benötigten Grundstock aus anderen Klöstern zu leihen und zu kopieren.[13]

Die geringen Bestände machen außerdem verständlich, daß es auf dem Gebiet ihrer Verzeichnung keine Veränderungen gegeben hatte. Die vorhandenen Schriften wurden weiterhin lediglich inventarisiert, wobei es für uns schwierig ist, von den Inventaren auf die tatsächlich vorhandene Literatur zu schließen, weil zum einen bei Aufzählungen oft nicht zwischen den vorhandenen einzelnen Büchern als bibliographischen Einheiten und den vorhandenen Kodizes als katalogtechnischen Einheiten unterschieden wird, während

---

10 Sprandel, *Gesellschaft und Literatur im Mittelalter*, S. 45 f. Zu einzelnen Dombibliotheken siehe Buzas, *Deutsche Bibliotheksgeschichte des Mittelalters*, S. 95 ff.

11 Olsen, »Le biblioteche nel XII secolo«, S. 156 ff.

12 Ebd., S. 151.

13 Johanek, »Klosterstudien im 12. Jahrhundert«, schildert S. 53 ff. diesen Prozeß am Beispiel des Zisterzienserklosters Heilsbronn.

es zum andern eine Fülle pauschaler Angaben gibt, aus denen man kaum Schlüsse ziehen kann (so gibt es in einem Inventar aus Corbie die Angabe: »Super psalterium plura volumina«).[14] Auch die Form der Inventare war nicht weiterentwickelt worden: Sie befanden sich zumeist auf leeren Blättern am Anfang bzw. am Ende von Manuskripten, und erst im 12. Jahrhundert gibt es allmählich Beispiele dafür, daß man das Inventar in einem eigenen Buch verzeichnete.[15]

Die kirchliche Reformbewegung führte schließlich den Niedergang der klösterlichen Bildung herbei, als 1130 der Papst im Zuge der Trennung von weltlichem und geistlichem Bereich das Studium der Medizin und der *leges* für Mönche und Regularkanoniker verbot.[16] Durch dieses Verbot zog sich die Kirche aus den weltlichen Studien zurück, die zur Domäne der entstehenden Universitäten wurden. Damit verbunden war ein geographisch-sozialgeschichtliches Faktum von größter Tragweite: Während die monastischen Wissenschaften in der Abgeschiedenheit des Klosters gepflegt worden waren, war der Ort des Universitätsstudiums nunmehr die Stadt. Die Klöster wurden sozial und geographisch isoliert.[17] Das erklärt die erwähnte wachsende Bedeutung der Domschulen und -bibliotheken in dieser Zeit: Da sie sich, anders als die Klöster, in den städtischen Zentren befanden, nahmen sie an der Entwicklung der Städte teil und konnten die Klosterschulen als Bildungsfaktor in den Hintergrund drängen. Während die spezifisch klösterliche Bildung gegen Ende des 12. Jahrhunderts all-

---

14 Olsen, »Le biblioteche nel XII secolo«, S. 156.
15 Ebd., S. 143 f. Laut Olsen befinden sich die meisten Inventare am Ende von Manuskripten (40%), während nur 6% der überlieferten Inventare am Anfang von Manuskripten stehen. In Passau und Würzburg finden sich Beispiele für Inventare, die sowohl auf den Anfang als auch das Ende eines Manuskripts verteilt sind. Weitere Details bei Schreiber, »Quellen und Beobachtungen zur mittelalterlichen Katalogisierungspraxis besonders in deutschen Kartausen«.
16 Johanek, »Klosterstudien im 12. Jahrhundert«, S. 39.
17 Ebd., S. 47.

mählich versiegte und die Klosterschulen nur noch den Elementarunterricht versahen,[18] folgte die Wissenschaft in den Universitätsstädten ganz anderen Gesetzen. Hier nämlich traf der Wißbegierige auf eine Vielzahl von Magistern, die Texte wurden nicht mehr mühsam und sorgfältig in der Stille eines Skriptoriums kopiert, sondern von Lohnschreibern abgeschrieben oder von den Studenten nach dem Diktat notiert, kurz: hier bildete sich auch für die Wissenschaften ein Markt.[19]

Diese Universitäten dürfen wir uns nicht nach dem Bild der modernen Massenuniversität vorstellen, sie waren vielmehr eher bescheidene Lehr- und Forschungsbetriebe, deren größte, Paris, kaum 2000 Studenten zählte.[20] Ihr institutionelles Vorbild waren die Domschulen, die durch besondere Pfründe finanziell abgesichert worden waren.[21] Diesem institutionellen Modell folgten die entstehenden Universitäten, indem die frühen Gründungen des 11. und 12. Jahrhunderts (Bologna 1088, Paris um 1150) sich bemühten, durch Privilegien ihre korporative Autonomie zu sichern, ein Prozeß, der bisweilen bis ins 13. Jahrhundert dauerte.[22] Waren diese ersten Gründungen noch ohne staatliche Initiative gleichsam von unten entstanden (*studia ex consuetudine*), so waren die späteren Gründungen insbesondere im Deutschen

---

18 Ebd., S. 67f.

19 Vgl. ebd., S. 43: »*Lectio* und *meditatio* sind demnach die Grundlagen einer monastischen Theologie, einer ›théologie admirative‹ mit einer letztlichen Tendenz zur mystischen Versenkung, [...] In einer solchen Theologie hat die *disputatio* mit ihren *sophismata*, wie sie der scholastische Wissenschaftsbetrieb pflegte, keinen Platz. Die *disputatio* hat nach einer solchen Auffassung ihre Wurzel in der *curiositas*, in einer *turpis curiositas*, die nach Bernhard von Clairvaux dem rechten *modus sciendi* schadet.«

20 Miethke, »Die Kirche und die Universitäten im 13. Jahrhundert«, S. 288, wonach Oxford bis ins 14. Jahrhundert hinein zwischen 1600 und 1800 Studenten zählte, Cambridge und Bologna im 13. Jahrhundert etwa 1300 Studenten hatten und auch Paris nur etwas mehr Studenten als Oxford aufzuweisen hatte.

21 Ebd., S. 309ff.

22 Ebd., S. 289f.

Reich allesamt von vorneherein mit Privilegien ausgestattete (*studia ex privilegio*) Fürstengründungen (Prag 1348, Wien 1365, Heidelberg 1386) bzw. Weiterentwicklungen der Ordenshochschulen (Köln 1388).[23] Dieses fürstliche Interesse an Universitäten erklärt sich dadurch, daß durch den Niedergang der klösterlichen Bildung das zuvor von Kaiser und Kirche monopolisierte Herrschaftsattribut Schrift gleichsam frei geworden war und nun in der Gründung einer Universität der Herrschaftsanspruch des Fürsten in Konkurrenz zu Kaiser und Kirche zum Ausdruck gebracht werden konnte. Dabei kam ein weiterer Impuls zur Universitätsgründung von den Städten, die infolge des neu einsetzenden Fernhandels zu Reichtum gekommen waren, für ihre komplexer werdende Verwaltung einen gestiegenen Bedarf an Juristen und Lehrern hatten und somit den Absolventen der Universitäten einen Arbeitsplatz auch außerhalb kirchlicher Institutionen boten.[24]

Dabei waren Paris und Bologna wirkmächtige Vorbilder für die deutschen Universitäten, die ihre Studenten mit den gleichen Privilegien ausstatteten, wie sie von Paris und Bologna bekannt waren (z. B. Unterstellung der Angehörigen der Universität unter kaiserlichen Schutz, das heißt: Entkoppelung der universitären von der örtlichen Justiz),[25] und die Gliederung in vier Fakultäten – Theologie, Jurisprudenz, Medizin und Philosophie (Artistenfakultät), wobei der theologischen Fakultät der höchste Rang zukam – übernahmen. Diese Gliederung in Fakultäten bedeutete für das universi-

23 Zur Geschiche der Universitäten siehe Denifle, *Die Entstehung der Universitäten des Mittelalters bis 1400;* Prahl, *Sozialgeschichte des Hochschulwesens;* Ellwein, *Die deutsche Universität.* Zur Heidelberger Universität vgl. jetzt Moraw, »Heidelberg: Universität, Hof und Stadt im ausgehenden Mittelalter«.

24 Zunächst scheint freilich die Kirche selbst der bedeutendste Abnehmer für die in den Universitäten Ausgebildeten gewesen zu sein; vgl. Miethke, »Die Kirche und die Universitäten im 13. Jahrhundert«, S. 319.

25 Denifle, *Die Entstehung der Universitäten des Mittelalters bis 1400,* S. 48 ff.; vgl. dazu Prahl, *Sozialgeschichte des Hochschulwesens,* S. 57 ff.

täre Bibliothekswesen[26] zunächst, daß zumeist keine eigenen
Universitätsbibliotheken entstanden, sondern nur Bibliotheken der verschiedenen Fakultäten oder »Nationen«, worunter eine Art landsmannschaftlicher Gliederung der Studentenschaft zu verstehen ist (so in Prag oder Köln).[27] Als sich
aber allmählich aus den bedeutenderen Fakultätsbibliotheken Universitätsbibliotheken als Bibliotheken für die Lehrenden aller Fakultäten herausbildeten (so in Wien oder
Heidelberg), war die Einteilung in Fakultäten das Modell,
dem die Buchaufstellung folgte – ein Modell, das bei aller
Verfeinerung, die es im Laufe der Jahrhunderte erfahren
sollte, für die Aufstellung der Bibliotheksbestände geradezu
kanonisch wurde.

Daß die Bestände dieser universitären Bibliotheken äußerst bescheiden waren, überrascht uns nach dem, was wir
von den Klosterbibliotheken wissen, kaum. In Prag besaß
das Collegium Carolinum im Jahre 1367 ganze 114 Kodizes,
und ein Jahrhundert später (1474) hatte es die Bibliothek der
Artistenfakultät in Köln auf 342 Kodizes gebracht.[28] Diese
langsame Entwicklung der Bestände hängt mit einem merkwürdigen Phänomen zusammen: Während an französischen
oder italienischen Universitäten bei Buchhändlern (den *stationarii*) die Normalexemplare der für den Unterricht benötigten Texte deponiert wurden, die alsdann von Berufsschreibern partienweise abgeschrieben wurden, wurde in
Deutschland die benötigte Literatur überwiegend von den
Studenten nach dem Diktat der Magister selbst erschrieben,[29] so daß es keinen Bedarf an einem Buchhandel mit

---

26 Zu den entstehenden Universitätsbibliotheken siehe Schmitz, *Deutsche Bibliotheksgeschichte*, S. 56 ff. und Christ, *Das Mittelalter*, S. 427 ff.

27 Denifle, *Die Entstehung der Universitäten des Mittelalters bis 1400*, S. 84 ff.

28 Heidelberg, wo 1432 bereits 874 Handschriften vorhanden waren und man 1461 1600 Werke in 841 Bänden zusammen, scheint mit diesem Bestandszuwachs eher eine Ausnahme gewesen zu sein. Siehe Christ, *Das Mittelalter*, S. 436 und 438.

29 Bischoff, *Paläographie des römischen Altertums und des abendländischen Mittelalters*, S. 60 f. und 283 und Christ, *Das Mittelalter*, S. 434.

seinen stimulierenden Wirkungen gab. Diese Form des Unterrichts war nur deshalb möglich, weil es während des Studiums nicht um den Erwerb neuester Erkenntnisse ging, sondern um die Vermittlung bekannten Wissens. Dies ist auch daran ablesbar, daß die Universitätsbibliotheken in der Regel den Studenten verschlossen waren. Dennoch machte sich die neue Zeit in den Bibliotheken dadurch bemerkbar, daß die Kodizes nicht mehr in Schränken, Nischen oder Truhen verwahrt, sondern auf Pulten ausgelegt und angekettet wurden.[30] Offenbar handelte es sich dabei um den Versuch, die Texte einer Öffentlichkeit zugänglich zu machen. Solche Kettenbücher finden sich zeitgleich nicht nur in den Bibliotheken der Bettelorden und Universitäten, sondern auch in manchen italienischen Städten, die die Kodizes mit den städtischen Statuten in mehrfacher Kopie an verschiedenen festgelegten Orten zu festgesetzten Zeiten auslegten und mit Ketten sicherten (*statutum catenae*).[31] Diesem neuen Umgang mit den Texten entspricht eine zunehmende Verkleinerung der Formate[32] sowie eine wachsende Bedeutung der Volkssprache, die außerhalb des universitären Bereichs besonders von den »Brüdern vom gemeinsamen Leben« für ihre Buchproduktion verwendet wurde.[33]

Der Übergang der Bildung von den Klöstern in die Städte bedeutete einen qualitativen Sprung in der Entwicklung der Schriftkenntnis: Die Schrift eroberte ganz neue Lebensberei-

---

30 Vgl. Schmitz, *Deutsche Bibliotheksgeschichte*, S. 40. Zahlreiche Beispiele für Kettenbücher bei Buzas, *Deutsche Bibliotheksgeschichte des Mittelalters* unter dem Registereintrag »Kettenbücher«.

31 Keller, »Oberitalienische Statuten als Zeugen und als Quellen für den Verschriftlichungsprozeß im 12. und 13. Jahrhundert«.

32 Bischoff, *Paläographie des römischen Altertums und des abendländischen Mittelalters*, S. 40. Auch die Bibel wird jetzt kleiner: Die »Taschenbibeln« des 13. Jahrhunderts haben im allgemeinen ein Format von etwa 14,5 × 10 cm (ebd.). Daneben unterscheidet man nun deutlich Text und Kommentar durch verschiedene Schriftgrade (ebd., S. 44).

33 Christ, *Das Mittelalter*, S. 454 f.

che, die zuvor auch ohne Schrift organisiert worden waren.[34] Hierzu gehörte vor allem, daß die Schrift in die Privatwirtschaft und die sich langsam ausbildende öffentliche Verwaltung eindrang und Geschäftsbücher und öffentlich einsehbare Gesetzessammlungen (die erwähnten *statuta catenae*) entstehen ließ.[35] Damit einher ging eine auch rein quantitative Ausbreitung der Schriftkenntnis, indem zuvor nicht alphabetisierte Bevölkerungskreise – die Fürsten, der Adel, einzelne Privatiers bzw. die Städte – begannen, sich der Schrift zu bedienen, wobei sie in der Schrift nicht mehr nur ein Vehikel zur Verbesserung der mündlichen Kommunikation sahen, das man getrost den Fachleuten, den Schreibern und Sekretären, überlassen konnte, sondern den Eigenwert der schriftlichen Mitteilung erkannten. Der neue Umgang mit Geschriebenem war daher statt des Diktierens und Sich-vorlesen-Lassens das Selber-Schreiben und Selber-Lesen, d. h. der Ersatz des Hörens und des Sprechens als der wichtigsten Kommunikationsmittel durch das Sehen.[36] Es war diese Verschiebung der Wahrnehmung vom Ohr auf das Auge, die die in immer größerer Zahl außerhalb des kirchlichen Bereichs entstehenden Bibliotheken möglich machte: Die Texte sollten gesehen und gelesen werden, denn nicht mehr das Hören und die Erinnerung garantierten für ihre Wahrheit, sondern einzig der Blick, der über die Seiten streift, ihr ästhetisches Arrangement beurteilt und den Text in seiner Bedeutung entziffert.

Mögen diese ersten Schritte zu privaten Sammlungen auch noch so bescheiden gewesen sein, daß man in vielen Fällen kaum von einer Bibliothek sprechen möchte,[37] so

---

34 Keller, »Oberitalienische Statuten als Zeugen und als Quellen für den Verschriftlichungsprozeß im 12. und 13. Jahrhundert«, S. 288
35 Keller, »Oberitalienische Statuten als Zeugen und als Quellen für den Verschriftlichungsprozeß im 12. und 13. Jahrhundert« und Wendehorst, »Wer konnte im Mittelalter lesen und schreiben?«, S. 28 f.
36 Vgl. Giesecke, *Der Buchdruck in der frühen Neuzeit*, S. 34 ff.
37 Beispiele solcher ersten Versuche von Fürstenbibliotheken bei Christ, *Das Mittelalter*, S. 469 ff. und bei Buzas, *Deutsche Bibliotheksgeschichte des*

geben sie doch beredtes Zeugnis für den Niedergang des kirchlichen Bildungsmonopols und das Eindringen der Schrift in zuvor schriftlose Lebensbereiche. Wie groß dieser Sprung war, mag man daran ablesen, daß 70% aller erhaltenen Handschriften aus dem 15. Jahrhundert stammen und daß der Anteil der Lesefähigen zu Beginn der Reformation auf 10 bis 30% der städtischen Bevölkerung geschätzt wird.[38] Die gelegentliche Klage über die mit dieser Papierflut verbundene Schriftverwilderung[39] übersieht, daß sich gegenüber dem Standard der Buchschrift ein Bereich einer eher alltäglichen Schrift herauszubilden begann – ein Prozeß, der seinen Abschluß in der Ersetzung der skriptographischen durch die typographische Buchschrift Gutenbergs fand.

Mittelalters, S. 122 ff. Buzas hat mit Recht bemerkt, man könne von Fürstenbibliotheken »im eigentlichen Sinne« »im Mittelalter im deutschen Sprachgebiet noch nicht sprechen« (ebd.). Die Zahl der Privatbibliotheken war äußerst gering: Oft genannt werden die Bibliothek Hugos von Trimberg (1235–1313), die Bibliothek Püterichs von Reichertshausen (1400–69) und die Bibliothek von Michael de Leone (gest. 1355). Beispiele von Gelehrtenbibliotheken bei Buzas, *Deutsche Bibliotheksgeschichte des Mittelalters*, S. 129 ff.

38 Ebd., S. 31 f.
39 Christ, *Das Mittelalter*, S. 434.

VII
Humanismus und Reformation

Drei Entwicklungen wurden am Beginn der Neuzeit für das Bibliothekswesen wichtig: der von Italien ausgehende Humanismus, der neue Schriftträger Papier und insbesondere der Buchdruck mit beweglichen Lettern. Wir wollen zunächst diese drei Entwicklungen je für sich betrachten, um danach ihre Auswirkungen auf die Bibliotheken zu untersuchen.

Zu Beginn des 15. Jahrhunderts wurde die Lage in dem vom Osmanischen Reich bedrängten Byzanz immer kritischer. Der Fall Konstantinopels im Jahre 1453 bedeutete das Ende des Oströmischen Reiches und zugleich den Beginn des Humanismus, der unter anderem durch die nach Italien fliehenden und sich vor allem in Florenz ansiedelnden griechischsprachigen byzantinischen Gelehrten ausgelöst wurde.[1] Die Humanisten entdeckten jedoch nicht nur das Griechische neu, sondern mit ihm zugleich die griechisch-römische Antike,[2] so daß der bislang geltende Kanon der christlichen Literatur aufgebrochen und in den Humanistenkreisen durch die neuentdeckten Texte der klassischen Antike verdrängt wurde. Dadurch richtete sich der Blick auf die historische Bedingtheit der Tradition, so daß es nun darauf ankam, sich diese Tradition als historische anzueignen. Sollte die Antike aber aus den Quellen kennengelernt werden, mußte man ebendiese Quellen finden und erschließen. Das erklärt nicht nur die nun einsetzende Suche nach alten Handschriften, sondern auch die Sammlung von Handschriften und Kodizes in immer größer werdenden Bibliotheken und die beginnende Neuedition dieser »vergessenen« Texte.[3]

---

1 Burckhardt, *Die Kultur der Renaissance in Italien*, S. 225.
2 Ebd., S. 201 ff.
3 Ebd., S. 217 ff. über die ersten großen Büchersammler in Italien. Dieser

In China im 2. Jahrhundert v. Chr. erfunden, kam das Papier über die Araber im Spätmittelalter zuerst nach Italien und Spanien – in diejenigen Länder also, die mit den Arabern besonders engen Kontakt hatten.[4] Dabei benutzte man im 9. Jahrhundert zunächst importierte Papiere, bis man in Spanien und Italien im 12. Jahrhundert zur eigenen Papierherstellung überging. Die erste deutsche Papiermühle wurde schließlich in Nürnberg von Ulman Stromer (Stromeir, Stromeier) in den Jahren 1389/90 errichtet. Der Erfolg des neuen Schriftträgers ist dabei eng mit der durch Ulman Stromer repräsentierten gesellschaftlichen Schicht verknüpft. Während nämlich vor allem die auf »Ewigkeit« bedachten Institutionen Kirche und Staat in ihren Skriptorien und Kanzleien dem neuen Material zunächst ablehnend gegenüberstanden und seine mangelnde Haltbarkeit kritisierten, benötigten in den Städten Universitätsangehörige und Patrizier für Vorlesungen, Buchhaltung und Handelskorrespondenz eine Unmenge des neuen billigen Produktes.

Der am Beginn der Neuzeit einsetzende technische Innovationsprozeß führte u. a. zu der bahnbrechenden Erfindung Gutenbergs. Den gewandelten Anforderungen und dem größeren Bedarf an Kodizes hatten zunächst kommerziell arbeitende Handschriftenproduzenten und Schreibbüros entgegenzukommen versucht, die in vielen Fällen an die Stelle der klösterlichen Skriptorien traten.[5] Während die

geistesgeschichtliche Bruch läßt sich auch als Aufkommen eines kulturellen Gedächtnisses beschreiben, das im Gegensatz zur Tradition den Entscheidungsspielraum vergrößert, weil verschiedene historische Entwicklungen präsent gehalten werden. Vgl. die Beiträge des Sammelbandes *Kultur und Gedächtnis*. Zur Editionstätigkeit siehe Widmann, *Geschichte des Buchhandels vom Altertum bis zur Gegenwart*, S. 55 f.

4 Zum Aufkommen des Papiers in Europa siehe Wattenbach, *Das Schriftwesen im Mittelalter*, S. 139 ff. Zur Geschichte des Papiers siehe Bayerl/Pichol, *Papier*, S. 38–51. In Kühn/Michel, *Papier* findet sich S. 47 eine Karte zur Ausbreitung des Papiers. Vgl. außerdem Febvre/Martin, *L'Apparition du livre*, S. 27 ff.

5 Erwähnenswert ist hier die Werkstatt Diebolt Laubers, der im elsässischen Hagenau ab 1427 Handschriften nicht nur auf Bestellung, sondern auch in

Produktionen der kommerziellen Schreibbüros zumeist aber noch dem überlieferten Modell der Produktion auf Bestellung gehorchten und sich darüber hinaus lediglich an das adlige Publikum der Kodizes wandten,[6] das allein sich diese Werke leisten konnte, beschritt der von Gutenberg in den 1440er Jahren erfundene Buchdruck neue Wege.[7] Das Wesentliche dieser Erfindung lag nicht im Vorgang des Druckens begründet; das konnte man schon seit längerem (Holztafeldruck). Es lag auch nicht darin, daß man nun »lesbarere« Texte herstellen konnte; die Drucktechnik ahmte vielmehr die graphische Gestaltung der Handschriften exakt nach.[8] Das Wesentliche lag im Druck mit *beweglichen Lettern*, die es zum erstenmal in der Geschichte erlaubten, einen Text aus der atomischen Einheit von Buchstaben zusammenzusetzen und nach der Produktion wieder in den Setzkasten aufzulösen. Dadurch konnte man mit dem gleichen Typeninventar jeden beliebigen Text herstellen – und

ökonomisch kalkulierter Absicht im voraus herstellen ließ. Siehe Christ, *Das Mittelalter*, S. 483 f.

6 Die adlige Lektüre dieser Zeit besteht nach Kramm, *Deutsche Bibliotheken unter dem Einfluß von Humanismus und Reformation*, S. 138 aus mittelhochdeutscher Epik, französischen Romanen, juristischen Werken inkl. römischem Recht und Theologie.

7 Zu Gutenberg siehe Kapr, *Johannes Gutenberg*. Probeläufe der Druckmaschine fanden wohl schon in Straßburg in den Jahren 1440–44 statt. Seit 1448 ist der Betrieb einer Druckwerkstatt in Mainz nachgewiesen. 1450 folgte dann der Kooperationsvertrag mit Johann Fust, dessen berühmtestes Resultat die 42zeilige Bibel ist. Der älteste Druck ist freilich die lateinische Grammatik des Aelius Donatus, der wahrscheinlich in den 1440er Jahren in Straßburg stattfand. Zu diesen und weiteren Angaben siehe Giesecke, *Der Buchdruck in der frühen Neuzeit*, S. 210 ff.; vgl. Geldner, *Inkunabelkunde*, S. 30–33; Kapr, *Johannes Gutenberg*, S. 61–96 über Gutenbergs Straßburger Zeit, S. 150 zu den Donaten. Den neuesten Überblick über die Gutenberg-Forschung findet man bei Geldner, »Alte und neue Wege der Gutenberg-Forschung«.

8 Giesecke, a.a.O., S. 134 ff. legt überzeugend dar, daß es Gutenberg um eine Innovation des Schreibens in dem Sinne ging, daß der in den Handschriften erreichte ästhetische Standard verbessert werden sollte, indem man lediglich den beim menschlichen Schreiben waltenden Unsicherheitsfaktor ausschaltete.

zugleich wurde das Verhältnis zum Geschriebenen in gravierender Weise verändert: lange vor der industriellen Revolution des 19. Jahrhunderts war Schrift zum ersten Gegenstand serienmäßiger technischer Produktion geworden, die sich vom alten Schreiberhandwerk abgelöst hatte.[9] Nun erst war es möglich, absolut identische Drucke in großen Auflagen zu verbreiten. »Große Auflage« ist dabei natürlich ein relativer Begriff. Man schätzt, daß bis zum 1. Januar 1501 an die 30000 verschiedene Titel (sogenannte Wiegendrucke oder Inkunabeln) bei einer durchschnittlichen Auflage von 300 bis 400 Exemplaren produziert wurden.[10] Diese für uns geringen Auflagen müssen freilich im Vergleich mit den in den damaligen Universitäts- und Klosterbibliotheken vorhandenen Beständen gesehen werden, die in der Regel bei 300 vorhandenen Kodizes schon zu den bedeutenderen gehörten.[11]

Für die Bibliotheken bedeuteten diese Veränderungen, daß mit der Menge der hergestellten Bücher natürlich auch die Bestände wuchsen, die immer mehr papierene Bücher statt Kodizes aus Pergament umfaßten. Wichtiger aber als diese Konsequenzen waren die strukturellen Veränderungen, vor allem die Auflösung der jahrtausendealten Verbindung von Bibliothek und Skriptorium,[12] so daß Sammlung

---

9 Detaillierte Beschreibungen der Gutenbergschen Erfindung bei Kapr, *Johannes Gutenberg*, S. 121 ff., Giesecke, *Der Buchdruck in der frühen Neuzeit*, S. 77 ff. und Geldner, *Inkunabelkunde*, S. 44–66.

10 Geldner, *Inkunabelkunde*, S. 1 zum Terminus »Inkunabel« und zur zeitlichen Beschränkung auf die Druckwerke bis zum 1. Januar 1501, S. 156 zur durchschnittlichen Auflagenhöhe und S. 235 f. zur Anzahl der Inkunabeldrucke.

11 Die Veränderungen der Schreibtechnik in einem geistesgeschichtlichen Kontext beleuchtet Ong, *Oralität und Literalität*. Zu den Veränderungen, die durch den Buchdruck bewirkt wurden, siehe Eisenstein, *The printing press as an agent of change* und Giesecke, *Der Buchdruck in der frühen Neuzeit*. Eisensteins These, die Drucktechnik habe einen radikalen Bruch der überlieferten Schriftkultur bedeutet, wird relativiert von *Printing the written word*.

12 Natürlich verschwanden die klösterlichen Skriptorien nicht über Nacht.

und Produktion von Büchern getrennte Tätigkeiten wurden. Die Produktion der Bücher wurde jetzt ein kommerzielles Unternehmen, zu dem sich Drucker und Verleger außerhalb der Bibliotheken in der Absicht zusammentaten, ihre Produkte auf einem Markt abzusetzen. Die Bibliotheken fanden sich damit unversehens auf der Seite der Konsumenten und mußten plötzlich mit anderen zahlungskräftigen Käufern um den Besitz von Büchern konkurrieren.[13] Zugleich veränderte der neue Sammelgegenstand »Buch« (statt Kodex) den Charakter der Bibliotheken. Waren diese bisher Bibliothek *und* Archiv gewesen, d. h. Sammelstätten alles handschriftlich Geschriebenen, wurde nun zwischen Handschriftlichem und Gedrucktem unterschieden, wobei die Bibliothek zum Reich der gedruckten Bücher wurde, während dem Archiv die Aufgabe zufiel, die handschriftlichen Hinterlassenschaften zu sammeln.[14]

Hinzu kam, daß die Humanisten an das antike Vorbild des Museions anknüpften, in dem sie das Modell einer öffentlich zugänglichen wissenschaftlichen Bibliothek sahen, das die überlieferten Kulturgüter konzentrierte, so daß unökonomische Bibliotheksreisen entfallen konnten.[15] Da für sie außerdem eine kirchliche Tätigkeit nicht mehr in Frage

Eine sehr interessante Zwischenstufe der Entwicklung bedeutet die Einrichtung von Klosterdruckereien, die teilweise neben und mit den Skriptorien existierten. Die vielleicht bedeutendste Klosterdruckerei ist die des Augsburger Klosters St. Ulrich und Afra. Siehe dazu Schmidt, *Reichenau und St. Gallen*, S. 56 ff. Zu weiteren Klosterdruckereien Schmitz, »Klösterliche Buchkultur auf neuen Wegen?«

13 Die neue Zeit der Marktgesetze ist übrigens von Beginn an mit Gutenbergs Erfindung verbunden, denn der erste von ihm gedruckte Text, die Grammatik des Aelius Donatus, war ein Schulbuch, für das ständige Nachfrage bestand. Auf die Donate folgte der Druck der zyprischen Ablaßbriefe in den Jahren 1454/55 (vgl. Kapr, *Johannes Gutenberg*, S. 187 ff. und den Forschungsüberblick bei Ing, »The Mainz Indulgences of 1454/5«, zur gleichen Zeit, als der Druck der 42zeiligen Bibel unternommen wurde.

14 Kramm, *Deutsche Bibliotheken unter dem Einfluß von Humanismus und Reformation*, S. 210.

15 Ebd., S. 242 f.

kam, da es galt, die wahre Antike ohne christliche Beimischung wiederzuentdecken,[16] blieben einzig die Fürstenhöfe als Alternative zur Kirche übrig, so daß mit der Renaissance die Fürstenbibliothek zum wichtigsten Bibliothekstyp avancierte. Ihre »Sammlungen sind für die Angehörigen des intellektuellen und künstlerischen Milieus Arbeitsinstrumente und Insignien sozialer Zugehörigkeit, für die Machthaber dagegen Insignien ihrer Überlegenheit und Instrumente, die der Beherrschung dieses Milieus dienen«.[17] Zugleich waren die Humanisten Katalysatoren des Buchdrucks, indem sie als Spezialisten für Texte die überlieferte Literatur für den Buchdruck neu edierten[18] und dadurch einer neuen Haltung zum Geschriebenen zum Durchbruch verhalfen. War bisher der autoritative Text derjenige gewesen, dessen Autorität institutionell verbürgt war, führten die Humanisten als neues Kriterium zur Beurteilung der Texte deren Überlieferungsgeschichte ein. Nicht mehr die Kirche sollte über die Gültigkeit eines Textes entscheiden, sondern der Text selbst bzw. seine Überlieferungsgeschichte.

Schließlich führte die rapide Zunahme des Geschriebenen und Gedruckten in den Bibliotheken selbst zu zwei bahnbrechenden Neuerungen: dem Katalog und der Signatur. Hatte das Mittelalter nur Inventare der Bibliotheken gekannt, die sich zudem in einem der Kodizes auf leeren Blättern befanden, und waren diese Inventare erst ab dem 12. Jahrhundert allmählich in einem eigenen Band erfaßt worden, bringt die frühe Neuzeit den Übergang vom Inventar zum Katalog. Mit zunehmenden Bibliotheksbeständen genügten nämlich die Inventare den Bedürfnissen nicht mehr: Auch der geübteste Bibliothekar konnte sich immer weniger nur auf sein Gedächtnis verlassen, wenn es festzustellen galt, ob in der Bibliothek eine bestimmte Schrift

16 Pomian, *Der Ursprung des Museums*, S. 55 und Burckhardt, *Die Kultur der Renaissance in Italien*, S. 210 ff.
17 Pomian, *Der Ursprung des Museums*, S. 62.
18 Giesecke, *Der Buchdruck in der frühen Neuzeit*, S. 322.

überhaupt vorhanden war. Deshalb behalf man sich zunächst damit, daß man systematische oder alphabetische Indizes zu den Inventaren anlegte, so daß man über diese Indizes rasch Aufschluß über ein gesuchtes Buch erhalten konnte. Als sich diese Indizes im 14. Jahrhundert in großem Umfang zu verselbständigen begannen, war der Übergang zum Katalog erreicht.[19]

Damit war aber die Frage noch nicht gelöst, wie man das im Katalog verzeichnete Buch auch tatsächlich in der Bibliothek finden konnte. Zwar waren während des gesamten Mittelalters die Kodizes nach im weitesten Sinne sachlichen Gesichtspunkten – gemäß ihrem theologischen Rang – aufgestellt worden, aber ebendiese sachliche Aufstellung konnte mit den immer größer werdenden Beständen ihre Funktion nicht mehr erfüllen, jedes Buch ohne Katalog auf Anhieb auffindbar zu machen. Was man nun brauchte, war ein eindeutiger Hinweis im Katalog auf den Standort der Bücher. Diesen eindeutigen Hinweis lieferte die Signatur. Die Einführung der Signatur ist ein geistesgeschichtlicher Schritt von größter Bedeutung, der nur unter großen Mühen vollzogen wurde, denn hinter der Signatur verbirgt sich nichts anderes als die Idee der Individualität, die mit dem Beginn der Neuzeit eng verknüpft ist.

Wiederholt hat man festgestellt, daß die Signatur im 14. Jahrhundert sporadisch, im 15. Jahrhundert jedoch fast überall eingeführt wurde,[20] ohne jedoch auf den Zusammenhang zwischen Buchdruck und Signatur aufmerksam zu werden. Im Unterschied zu den Büchern, wie wir sie heute überall sehen, kamen die Kodizes und Papyrusrollen in der Regel ohne die Angabe eines Verfassers aus, und wo man sie dennoch einmal für nötig hielt, brachte man sie in der

19 Vgl. Hamel, »Medieval library catalogues«, bes. S. 16 und Schreiber, »Quellen und Beobachtungen zur mittelalterlichen Katalogisierungspraxis besonders in deutschen Kartausen«, S. 117.
20 Buzas, *Deutsche Bibliotheksgeschichte des Mittelalters*, S. 146; Leyh, »Aufstellung und Signaturen«, S. 688–693.

Schlußformel, dem Kolophon, unter. Zumeist jedoch liefer-
ten nicht die Kodizes selbst, sondern nur die die Kodizes
verzeichnenden Inventare vage Angaben über einen »Verfasser«, der sich in den meisten Fällen nicht als Verfasser,
sondern als konventionelle Benennung eines überlieferten
Werkes entpuppte.[21] Der mit der Renaissance aufkommende
Gedanke der Individualität jedoch führte dazu, daß man
Bücher zunehmend über den Autornamen identifizierte und
sich im Laufe der Zeit ein Titelblatt entwickelte, das Autorname, Titel, Verleger, Druckort und Erscheinungsjahr ent-
hielt.[22] Mit dem Autornamen trugen nun aber alle Bücher
eine Signatur im Sinne einer Unterschrift, die für die Wahrheit des Textes einzustehen hatte. Für den Wahrheitsgehalt
eines Textes war also nicht mehr die Zurechnung ebendieses
Textes zu einer bestimmten Tradition oder »Schule« aus-
schlaggebend, wobei der Autorname diese Zurechnung
höchstens noch einmal zu beglaubigen hatte, vielmehr war
jetzt jeder mit einem Namen gezeichnete Text ein individu-
eller Text eines individuellen Autors, der zunächst in seinem
eigenen Wahrheitsgehalt erfaßt werden wollte, ehe man ihn
einer Tradition zurechnen konnte. Mit dem Autornamen
war also eine individuelle Adresse des Geschriebenen einge-

21 Giesecke, *Der Buchdruck in der frühen Neuzeit* bringt S. 317 ein Beispiel
von E. P. Goldschmidt (*Medieval texts and their first appearance in print*,
London 1943), wonach eine Katalogangabe wie *Sermones Bonaventurae*
folgende Bedeutungen haben konnte: a) Predigten, die vom hl. Bonaventura verfaßt worden waren, b) Predigten, die von irgendeinem Schreiber
namens Bonaventura verfaßt worden waren, c) Predigten, die von einem
Mönch namens Bonaventura niedergeschrieben worden waren, d) Predigten, die ein Mönch namens Bonaventura gehalten hatte, e) ein Predigtband,
der einmal einem Mönch namens Bonaventura gehört hatte, f) ein Predigtband, dessen erster Text von einem Mönch namens Bonaventura verfaßt
worden war und der deshalb in der Bibliothek unter dem Namen »Bonaventura« eingestellt worden war.
22 Frühe Beispiele sind das Monogramm Albrecht Dürers und die Schutz-
marke Luthers. Siehe Giesecke, *Der Buchdruck in der frühen Neuzeit*,
S. 420 ff., bes. S. 458 f. Zum Problem eines sich bildenden Selbstbewußtseins
der Autoren siehe den Beitrag von Cynthia J. Brown in *Printing the written
word*, S. 103–142.

führt, mit der es möglich war, die Menge des Gedruckten zu beherrschen, konnte man doch hinfort alle Texte nach Maßgabe der Autornamen in alphabetischer Reihenfolge in den Katalogen (oder in den alphabetischen Registern zu systematischen Katalogen) verzeichnen. Da die Bibliotheken jedoch vor der Erfindung des Autornamens sachlichen Gesichtspunkten bei der Aufstellung der Bücher gefolgt waren, ergab sich für sie das Problem der Zuordnung von sachlicher Aufstellung und alphabetisch nach Autorennamen geordneten Katalogen. Die Lösung dieses Problems brachte die bibliothekarische Signatur, indem sie jedes Buch, das durch den Autornamen bereits eine Signatur besaß, noch einmal mit einer Signatur versah, die das im Katalog erfaßte Buch erneut mit einer Adresse ausstattete, durch die es in der Bibliothek auffindbar wurde. Kurz: Der Autorname als alphabetische Signatur des Buches diente seiner eindeutigen *Identifizierung,* die bibliothekarische Signatur mittels eines alphanumerischen Codes seiner eindeutigen *Lokalisierung bzw. Archivierung.*[23] Hier waren allerdings viele historische Zwischenschritte nötig, ehe das Prinzip verstanden war. Zunächst gab es nur sogenannte Pultsignaturen, d. h. man bezeichnete im Katalog nicht den genauen Standort eines Buches, sondern nur das Pult oder Gestell, auf dem es zu finden war. Erst relativ spät entwickelten sich dann sogenannte Individualsignaturen, die präzise den Standort des jeweils vorhandenen Exemplars bezeichneten und sowohl im Katalog notiert als auch auf (und/oder in) den Büchern angebracht wurden.[24]

Wir wollen nun die allgemeinen Folgen der Erfindung des Buchdrucks an einigen herausragenden Beispielen illustrieren und präzisieren. Die neue Technik blieb ja nicht auf

---

23 Zum Problem der Archivierung und Signierung vgl. in diesem Zusammenhang Wetzel, *Die Enden des Buches oder die Wiederkehr der Schrift,* S. 7 f.

24 Für Details der Entwicklung siehe Leyh, »Aufstellung und Signaturen«, S. 688–693 und Buzas, *Deutsche Bibliotheksgeschichte des Mittelalters,* S. 146 f.

einen gesellschaftlichen Bereich beschränkt, sondern verbreitete sich in relativ kurzer Zeit im Deutschen Reich und im Ausland. Zunächst fand sie in der katholischen Kirche keineswegs einen Gegner, sondern einen Befürworter,[25] sahen die Bischöfe in dem neuen Medium doch die Möglichkeit, den Geistlichen ihres Bistums sorgfältig edierte Texte an die Hand zu geben, deren Einheitlichkeit keine Abweichungen vom verbindlichen Ritus mehr erlauben würde.[26] Dies fand seinen Ausdruck nicht nur in der Tatsache, daß sich die frühen Druckereien vor allem an Bischofssitzen ansiedelten[27] und in einigen Fällen gar mit den klösterlichen Skriptorien koexistierten,[28] sondern auch darin, daß die Drucker mit den kirchlichen Institutionen kooperierten und z.B. der 1459/60 erfolgte Druck der 36zeiligen Bamberger Bibel eine direkte Auftragsproduktion der Kirche war.[29]

Die Reformation bringt dann eine erhebliche Ausweitung der Buchproduktion und erneut gravierende Veränderungen für die Bibliotheken mit sich. Bereits Luthers 95 Thesen zeigen das enge Verhältnis von Reformation und neuer Drucktechnik. Das Ungewöhnliche lag dabei nicht darin, daß Luther im Jahre 1517 seine Thesen an eine Kirchentüre in Wittenberg nagelte; das war vielmehr akademischer

25 In dem ältesten von einer kirchlichen Institution erlassenen Zensuredikt für das Erzbistum Mainz aus dem Jahre 1485 heißt es: »Weil jedoch der Anfang der Ausübung der Buchdruckerkunst in diesem unserem goldenen Mainz [...] durch göttliche Eingebung aufgekommen ist und heute in dieser Stadt in ansprechendster und völlig fehlerfreier Form fortbesteht, wird die Ehre dieser Kunst mit vollem Recht von uns verteidigt werden« (zit. nach: Giesecke, *Der Buchdruck in der frühen Neuzeit*, Anm. 170 zu S. 163).

26 Auf dem Baseler Konzil war Nikolaus von Kues mit einer Schrift aufgetreten, die die Mißstände der Kirche kritisierte und u.a. eine Reform des Meßbuchs befürwortete, das im Laufe der Überlieferung von vielen Fehlern entstellt worden war. Kapr, *Johannes Gutenberg*, S. 57 ff. sieht in der möglichen Bekanntschaft zwischen Kues und Gutenberg ein wesentliches Motiv für Gutenbergs Arbeit am Buchdruck.

27 Vgl. die Übersicht bei Corsten, »Der frühe Buchdruck und die Stadt«, S. 10.

28 Siehe Anm. 12.

29 Giesecke, *Der Buchdruck in der frühen Neuzeit*, S. 229.

Brauch der Theologieprofessoren, die durch das Anschlagen ihrer Thesen an der Kirchentür, einem der Orte der (spät-) mittelalterlichen Öffentlichkeit, zur Disputation über ebendiese Thesen einluden. Das Ungewöhnliche lag in der sofortigen Verbreitung der Thesen durch den Druck, wodurch sie eine ungeahnte Popularität unter den Gebildeten erlangen konnten. Die Form der Öffentlichkeit hatte sich damit grundlegend gewandelt: War der Thesenanschlag zuvor die Einladung zu einer mündlichen Disputation gewesen, deren Wirkung sich folglich auf den engen Kreis der dabei Anwesenden beschränkte und erst danach mühsam durch mündlichen Bericht oder Handschriften weiter verbreitet werden konnte (aber nicht mußte), so wendete sich der Druck der Thesen an eine im Prinzip anonyme Öffentlichkeit der Lesefähigen, die weit größer war als der enge Kreis der Disputierenden.[30] Die enorme Wirkung der Reformation und das Scheitern der Kirche bei dem Versuch, diese Bewegung auszuschalten, gründeten wesentlich im neuen Distributionsmittel des Druckes, das verhinderte, daß die häretische Meinung durch physische Vernichtung des Häretikers ausgelöscht werden konnte.[31]

Neben dieser Verstärkung der Bewegung von der gebildeten hin zu einer literarischen Öffentlichkeit war die Reformation für das Bibliothekswesen deshalb von Bedeutung, weil Luther die klösterliche Lebensweise verwarf, so daß in den Ländern, die zum protestantischen Glauben übergingen, die Klöster säkularisiert wurden und ihre Bestände zum Teil in Nachfolgeeinrichtungen Platz fanden, zum Teil aber auch zerstört wurden. Neben dieser Umstrukturierung des Bibliothekswesens war die Reformation produktiv durch die Einführung eines neuen Bibliothekstyps: der Gemeinde-

---

30 Laut Engelsing, *Analphabetentum und Lektüre,* S. 20 und 32 betrug der Anteil der Lesefähigen an der Gesamtbevölkerung Deutschlands im 15. und 16. Jahrhundert 3–5%; in den Städten lag der Anteil der lesefähigen Männer bei maximal 30%.

31 Eisenstein, *The printing press as an agent of change,* S. 303 ff.

oder Stadtbibliothek. Dieser neue Bibliothekstyp war deshalb notwendig geworden, weil die Reformation die am Ende des Mittelalters in den Städten aufgekommene literarische Öffentlichkeit verstärkte, indem sie eine Ablösung von der von der katholischen Kirche mündlich überlieferten Tradition und zugleich eine Hinwendung zur privaten häuslichen Lektüre, besonders zur Bibel, mit sich brachte.[32] Dieses neue Modell der privaten Lektüre mußte durch entsprechende Vorkehrungen abgesichert werden: Sollte der Hausvater aus der Bibel vorlesen, mußte er lesen können und eine Bibel besitzen; und dies konnte er nur, wenn die entsprechenden Bildungseinrichtungen auf lokaler Ebene vorhanden waren. Auf diese Weise traten an die Stelle der alten Kloster- und Domschulen nun die Gemeindeschulen – und die Kloster- und Dombibliotheken wurden entsprechend von den Gemeinde- und Stadtbibliotheken abgelöst.

Die durch die Humanisten begonnene Auflösung des überkommenen literarischen Kanons wurde durch die Reformation wesentlich verstärkt. In seiner Schrift *An die Ratsherren aller Städte deutsches Lands, daß sie christliche Schulen aufrichten und halten sollen* schrieb Luther, er wolle den »mist gantz ausstossen«, der für ihn in »aller Juristen comment, aller Theologen Sententiarum und aller Philosophen Questiones und aller Müniche Sermones« bestand.[33] Statt dessen sollten in den Bibliotheken der von ihm geplanten christlichen Schulen »rechtschaffene bücher« stehen, nämlich: die Bibel auf Lateinisch, Griechisch, Hebräisch und Deutsch und anderen verfügbaren Sprachen; die besten Exegeten (auf griechisch, hebräisch und lateinisch); Sprachlehrbücher bzw. solche Literatur der Poeten und antiken Rhetoren, die für das Sprachenlernen wichtig waren.

---

32 Zu den unterschiedlichen Lektürehaltungen der katholischen und der protestantischen Seite vgl. Giesecke, *Der Buchdruck in der frühen Neuzeit*, S. 159ff.

33 Luther, »An die Ratsherren aller Städte deutsches Lands, daß sie christliche Schulen aufrichten und halten sollen«, S. 51.

»Denn aus solchen mus man die Grammatica lernen. Darnoch sollten seyn die bücher von den freyen künsten und sonst von allen anderen künsten. Zu letzt auch der Recht und Ertzeney bücher [...].«[34] Dies ist weniger ein Programm zur Volksbildung als vielmehr ein Programm zur institutionellen Absicherung der reformatorischen Bildung, wobei die Einrichtung von Bibliotheken mit einem reformatorischen Zuschnitt wesentlich war. Hier waren vor allem die »grossen stedte« gefragt, »die solichs wol vermügen«.[35]

Dabei konnte man natürlich an die bereits vorhandenen Ratsbibliotheken anknüpfen und deren Bestände, die auf die Bedürfnisse der Verwaltung ausgerichtet waren, um Bücher aus aufgehobenen Klöstern, um reformatorische Schriften und solche Literatur, wie Luther sie gefordert hatte, erweitern.[36] So geschah es mit den Ratsbüchereien in Nürnberg, Braunschweig, Hannover, Leipzig und vielen anderen großen Städten, während in Magdeburg und Augsburg Rats- und Stadtbüchereien überhaupt erst durch die Übernahme von Beständen säkularisierter Klöster entstanden (die Magdeburger Bibliothek wurde 1525, die Augsburger 1537 gegründet). Diese Ablösung der klösterlichen Bildung durch eine Bildung auf der Ebene der Gemeinden war im einzelnen nicht unproblematisch, bedeutete insgesamt jedoch einen Schritt hin zur Kommunalisierung der Bibliotheken, die der Willkür kirchlicher und dynastischer Interessen enthoben wurden[37] und, indem sie den Bürgern und Beamten der Stadt zur Verfügung standen, zugleich die Freiheit der Stadt und den neuen Glauben sichern halfen.

Neben dieser Sicherung der reformatorischen Bildung auf

---

34 Ebd., S. 52.
35 Ebd., S. 49.
36 Zu den Rats- und Stadtbibliotheken siehe Bömer/Widmann, »Von der Renaissance bis zum Beginn der Aufklärung«, S. 572–575. Buzas, *Deutsche Bibliotheksgeschichte der Neuzeit* bringt S. 66 ff. weitere Beispiele für städtische Bibliotheken, deren Entwicklung er bis ins 18. Jahrhundert verfolgt.
37 Vgl. Kramm, *Deutsche Bibliotheken unter dem Einfluß von Humanismus und Reformation*, S. 227.

der Ebene der Gemeinden war man natürlich auch um pro-
testantische Universitäten bemüht, die eine institutionelle
Ergänzung zu den Gemeinde- und Stadtbibliotheken bildeten. Auf diese Weise entstanden Marburg und Königsberg
(1544), Jena, Helmstedt (1576) und Gießen (1607).[38] Die
Ausstattung der Bibliotheken dieser Neugründungen dürfen
wir uns allerdings nicht als zu üppig vorstellen, wobei es nur
ein geringer Trost ist, daß die Lage an den katholischen
Universitätsbibliotheken kaum besser war: »Obwohl sich
gerade bei den protestantischen Neugründungen die Idee
einer zentralen Universitätsbibliothek durchsetzte, waren
diese in der frühen Neuzeit wie im Mittelalter kein Ruhmes-
blatt des deutschen Bibliothekswesens. Nebenamtlich verwaltet durch einen Professor der Universität (Professorenbibliothekar), der dieses Amt häufig aus Gründen des
Gelderwerbs ausübte, unzureichend untergebracht, schlecht
katalogisiert, wenig benutzt und mit einem kleinen Etat
versehen, kamen sie nicht recht voran. Eine kontinuierliche
Erwerbung von Neuerscheinungen war nicht möglich; [...]
Nicht unerheblich war der Zugang durch die von den Uni-
versitätsangehörigen selbst gefertigten Arbeiten (z. B. Dis-
sertationen). Im Grunde war dieser desolate Zustand der
Universitätsbibliotheken nur so lange möglich, wie der
überkommene Lehrbetrieb weiterbetrieben wurde und der
wissenschaftliche Literaturkanon so klein blieb, daß ihn die
Professoren selbst in zureichendem Maße erwerben konnten.«[39]

Indessen brachte die Reformation nicht einfach eine Ausbreitung der Kenntnisse des Lesens und Schreibens mit sich
und eine verstärkte Gründung von Bibliotheken auf refor-
matorischer wie gegenreformatorischer Seite. Sie zog vielmehr die Bibliotheken – die privaten, städtischen, kirchli-

38 Vorstius/Joost, *Grundzüge der Bibliotheksgeschichte*, S. 28. Ebd. wird
Wittenberg als evangelische Universität genannt. Wittenberg war aber bereits 1502, also noch in vorreformatorischer Zeit, gegründet worden.

39 Schmitz, *Deutsche Bibliotheksgeschichte*, S. 74.

chen und die Fürstenbibliotheken – massiv in die geistigen und dann auch militärischen Auseinandersetzungen hinein, indem sie als Waffen im weltanschaulichen Kampf entdeckt wurden. Wir werden das exemplarisch anhand der Bibliotheken der Fugger und der Bibliotheca Palatina zeigen.

Der Aufstieg der Patrizierfamilie der Fugger[40] ist eng an die erwähnten Innovationsprozesse geknüpft, stammt ihr Vermögen doch aus Fernhandel, Bergwerksbesitz und Bankgeschäften. Hans Jakob (1516–75) war der erste Fugger, der eine große Privatbibliothek aufbaute (u. a. erwarb er dafür die Bibliothek Hartmann Schedels), die er jedoch, durch die Käufe finanziell erschöpft, an Herzog Albrecht V. von Bayern verkaufen mußte, wo sie zum Grundstock der heutigen Bayerischen Staatsbibliothek wurde. Sein Bruder Ulrich (1526–84) war gleichfalls ein eifriger Büchersammler, und wie sein Bruder übernahm er sich dabei. Finanzielle Probleme und konfessionelle Streitigkeiten – Ulrich war Protestant geworden, während die Mehrheit der Familie katholisch blieb[41] – führten schließlich dazu, daß er sich mit der Familie überwarf, verhaftet wurde und Hab und Gut, außer der Bibliothek, verkaufen mußte. Nach seiner Haft konnte der Kurfürst Friedrich von der Pfalz Ulrich dazu bewegen, mitsamt seiner Bibliothek nach Heidelberg umzuziehen (1567). Ulrichs Bibliothek ging nach seinem Tod in den Besitz des Kurfürsten in Heidelberg über, wo sie bis zur Wegführung der Palatina nach Rom blieb. Diese Übernahme ist deshalb von Interesse, weil sie nicht nur die historischen Umstände *in nuce* widerspiegelt, sondern weit in die Zukunft weist. Eine Spiegelung der historischen Umstände

40 Ich folge hier Lehmann, *Eine Geschichte der alten Fuggerbibliotheken*. Dort S. 41–73 über Hans Jakob, S. 73–192 über Ulrich Fugger.
41 Daß Ulrich der einzige Protestant der Familie Fugger war, wie Schmitz, *Deutsche Bibliotheksgeschichte*, S. 69 und Bömer/Widmann, »Von der Renaissance bis zum Beginn der Aufklärung«, S. 578 schreiben, ist nicht ganz korrekt. Nach Lehmann, *Eine Geschichte der alten Fuggerbibliotheken*, S. 166 war auch Ulrichs Schwester Jacobaea zum evangelischen Glauben übergetreten.

ist die Übernahme der Fuggerbibliothek insofern, als Ulrich, der ganz im humanistischen Sinne gesammelt hatte, sich zu seiner und seiner Bibliothek Sicherheit nach Heidelberg begeben mußte, wo die Bibliothek Ulrichs mit der Fürstenbibliothek verschmolzen wurde. Dies wirkt wie ein ironischer Kontrapunkt zu der von den Humanisten erhofften Wiedererstehung der antiken Museions-Bibliothek. Indessen ist solche Ironie völlig fehl am Platz, denn in der Tat sollten sich aus den Fürstenbibliotheken im 19. Jahrhundert die öffentlichen Landesbibliotheken entwickeln. Das heißt, daß mit der Übernahme der Fuggerbibliothek eine Öffnung der Bestände stattfand, indem Ulrichs Bücher zunächst Teil der »öffentlichen Palatinabibliothek« wurden,[42] die als fürstliche Bibliothek wiederum historisch auf die dann im modernen Sinne »öffentliche« Landesbibliothek vorausweist. Aber auch von der Verwaltungsseite deutet die Übernahme der Fuggerschen Humanistenbibliothek durch den Kurfürsten in die Zukunft, insofern der Kurfürst zur Verwaltung der Bibliothek den bekannten Gelehrten Paul Schede (Melissus) anstellte, nachdem zuvor schon Herzog Albrecht V. den gesamten Diener- und Mitarbeiterstab Hans Jakob Fuggers in seine Dienste übernommen hatte.[43] Dieses Modell einer Anlehnung der Gelehrten an den Fürstenhof sollte bis ins 19. Jahrhundert in Geltung bleiben, als man die Verleihung von Bibliotheksämtern als Sinekuren zu beklagen und speziell ausgebildetes Verwaltungspersonal zu fordern begann.

Das Beispiel der berühmten kurfürstlich-pfälzischen Bibliothek in Heidelberg,[44] in deren Bestände die Bibliothek Ulrich Fuggers integriert wurde, zeigt, daß die Bibliotheken

---

42 Kramm, *Deutsche Bibliotheken unter dem Einfluß von Humanismus und Reformation*, S. 144 hat auf den »öffentlichen« Charakter der Palatina aufmerksam gemacht und zugleich die Problematik dieses Begriffs kurz gestreift.

43 Ebd., S. 224.

44 Zum Folgenden siehe Bömer/Widmann, »Von der Renaissance bis zum

der Fürsten auch eine unmittelbar politische Bedeutung erlangen konnten. Die Pfälzischen Kurfürsten hatten schon im frühen 15. Jahrhundert begonnen, Kodizes zu sammeln. Aber erst der Kurfürst Ottheinrich (1502–59) initiierte die ausgedehnte Büchersammlung, die schließlich als Bibliotheca Palatina (Pfälzische Bibliothek) Weltruhm erlangen sollte.[45] Ottheinrich war zunächst Pfalzgraf von Pfalz-Neuburg gewesen, wo er sich in der Nachahmung italienischer Renaissancefürsten eine kostbare Bibliothek zugelegt hatte, die seine finanziellen Mittel jedoch überstieg, so daß er zeitweise das Land und die Regierung den Landständen verpfänden mußte. 1542 war er zum neuen Glauben übergetreten und bemühte sich seither, neben der Anschaffung von Büchern zu repräsentativen Zwecken auch solche Literatur zu sammeln, die für die religiöse Auseinandersetzung von Wert war. 1556 wurde er schließlich Kurfürst von der Pfalz und überführte seine Neuburger Bibliothek ins Heidelberger Schloß. In Heidelberg selbst befanden sich bereits wichtige Bibliotheken: die Bibliothek der Artistenfakultät, die Bibliothek der Universitas und die Bibliothek des Heiliggeiststiftes. Diese letztere Bibliothek war bereits 1553 um die Privat-(Kammer-)Bibliothek Ottheinrichs vermehrt worden, und 1556 kam die Schloßbibliothek hinzu, die Ottheinrich von seinen Vorgängern übernommen hatte. Dieser Bibliothek, die nun als Kurfürstliche oder »Landes-Bibliothek« bzw. Bibliotheca Palatina firmierte, kam besonders zugute, daß Ottheinrich einen festen jährlichen Etat für den Buchkauf eingerichtet hatte, dessen Mittel auf das nächste Jahr übertragbar waren – eine absolute Besonderheit des damaligen Bibliothekswesens. Außerordentlich bedeutend war aber der Zuwachs, den die Palatina 1567 erfuhr, als sie die Bibliothek des nach Heidelberg unter den Schutz des

Beginn der Aufklärung«, S. 576–578 und Weisert, »Geschichte der Universitätsbibliothek Heidelberg«.

45 Einen Eindruck von den Beständen verschafft der Ausstellungskatalog *Bibliotheca Palatina*.

Kurfürsten Friedrich III. (1515–76, Kurfürst von der Pfalz seit 1559) geflüchteten Ulrich Fugger aufnahm. Durch die bei Ulrichs Flucht mitgebrachten Bücher war Heidelberg zum wichtigsten geistigen Zentrum der Reformation geworden, die hier all die Literatur fand, die sie für die religiösen und politischen Auseinandersetzungen brauchte, die inzwischen nicht nur mit der Gegenreformation, sondern auch innerhalb der verschiedenen reformatorischen Richtungen auszufechten waren.

Während des Dreißigjährigen Krieges wurde die Palatina dann zum militärischen Ziel.[46] Friedrich V. von der Pfalz (1596–1632, Kurfürst von der Pfalz seit 1610), das Haupt der protestantischen Union, wurde 1619 zum König von Böhmen erhoben, unterlag gegen die kaiserlichen Truppen in der Schlacht vom Weißen Berg und mußte nach Holland fliehen. Seine Residenz Heidelberg wurde 1622 von Tilly, dem Feldmarschall des katholischen Bayernherzogs Maximilian, erobert. Schon vor dieser Eroberung hatte es hinter den Kulissen ein Tauziehen um die Palatina gegeben, für die es drei Interessenten gab: Maximilian von Bayern (in München), den habsburgischen Kaiser Ferdinand II. (in Wien) und Papst Gregor XV. (in Rom). Hinter dem Rücken Maximilians nahm der Papst mit dem Kaiser und dem Feldmarschall Tilly Kontakt auf, um auf eine Herausgabe der Palatina an ihn zu drängen. Und obwohl Maximilian die Palatina gerne seiner Münchner Bibliothek einverleibt hätte, blieb ihm zuletzt nichts anderes übrig, als sich dem päpstlichen Druck zu beugen. Als Hauptgrund fiel dabei ins Gewicht, daß er vom Papst, der seine militärischen Unternehmungen mit bedeutenden monatlichen Hilfszahlungen unterstützte, finanziell abhängig war.

Lange hat man in der Forschung über die Gründe gestrit-

46 Ich folge bei meiner Darstellung Keunecke, »Maximilian von Bayern und die Entführung der Bibliotheca Palatina nach Rom«.

ten, warum der Papst in den Besitz der Palatina kommen wollte. Jüngst hat man auf das Sammelinteresse des Papstes verwiesen und der älteren Argumentation, wonach der Papst in den Besitz der »geistigen Waffen« des Protestantismus gelangen wollte, widersprochen.[47] Indessen bleibt doch zu bedenken, daß sich die Sammelleidenschaft des Papstes auf Bücher im allgemeinen und auf die Palatina im besonderen (später, unter einem neuen Papst, auch auf die Bibliothek in Fulda) erstreckte, in der ja außer theologischen Schriften eine Fülle von nicht-theologischen Handschriften aufbewahrt war. Diese Sammelleidenschaft ist nicht als persönlicher Charakterzug des Papstes zu verstehen, den er zufällig mit dem Kaiser, dem Bayernherzog, dem Kurfürsten von der Pfalz und vielen anderen Potentaten der Zeit teilte, sondern als Kennzeichen des humanistischen Typus, der sich aus historischem Interesse den Altertümern zuwandte und sie möglichst vollständig zu sammeln beabsichtigte. Während man kurz nach der Erfindung des Buchdruckes noch unsicher im Umgang mit alten Handschriften war und sie gelegentlich, nachdem sie gedruckt waren, als unnütz wegwarf, kam den überlieferten Altertümern nun ein eigener Wert zu, der sie begehrens- und erhaltenswert machte. Dieser Wert der Altertümer lag nicht nur darin, daß sie ein neues historisches Selbstverständnis ermöglichten, sondern gerade auch darin, daß sie von einer vergangenen Zeit kündeten, die nicht mehr war, von einem Abwesenden also, das von ähnlicher Art ist wie der unsichtbare Gott. In der Tat ging es bei der Inbesitznahme der Palatina also weniger um den Erhalt theologischer geistiger Waffen – das wäre angesichts der Möglichkeiten der Drucktechnik ein vergebliches Unterfangen gewesen, denn die beschlagnahmten Bücher hätten ja jederzeit an einem anderen Ort reproduziert werden können. Vielmehr ging es um den Besitz bedeutsamer Gegenstände, deren Bedeutung aus ihrer Historizität und

47 Ebd., Sp. 1424.

ihrer Beziehung zum unsichtbaren Göttlichen resultierte.[48] Der Erhalt der Palatina bedeutete daher die Vermehrung der vatikanischen Bibliothek um einen wahrhaft göttlichen Schatz. Am 14. Februar 1623 machte sich der päpstliche Legat Allacci (Allatius) mit einem der berühmtesten Buchtransporte der Geschichte von Heidelberg nach Rom auf:[49] Von einer Eskorte geschützt, transportierten 50 Frachtwagen in 196 Kisten rund 3500 Handschriften und 5000 Drucke, von denen man die Einbände entfernt hatte, um Gewicht zu sparen. Am 9. August wurde vom Kustos der Bibliotheca Apostolica Vaticana in Rom der Empfang der Heidelberger Bibliotheca Palatina quittiert.

Selbstverständlich war die Wegführung der Palatina nicht der einzige Bibliotheksverlust, der durch den Dreißigjährigen Krieg zu beklagen war. Andere Bibliotheken wurden dezimiert (München, Würzburg), ebenfalls komplett verschleppt (Mainz) oder müssen als verschollen gelten (Fulda). So sehr man diese Verluste im einzelnen beklagen muß, die langfristigen Folgen des Krieges waren für die deutschen Bibliotheken gravierender als diese Verluste. Durch die Kriegszerstörungen fiel Deutschland ökonomisch hinter die anderen europäischen Staaten zurück, und das bedeutete vor allem einen Rückgang der Bedeutung der Städte, in denen sich die Schulen und Universitäten mit ihren Bibliotheken angesiedelt hatten und Rats- bzw. Stadtbibliotheken entstanden waren. Das wirtschaftliche Gewicht verschob sich nun auf die Fürstenhöfe, die sich gegenüber der kaiserlichen Zentralgewalt verselbständigten und zu jenem Flickenteppich von rund 300 separaten Territorien führten, der bis zur

---

48 Die Theorie von der Sammlung als dem Sammeln von Bedeutungsträgern, die dem ökonomischen Kreislauf entzogen und dem göttlichen Auge dargeboten werden, wurde entwickelt von Pomian, *Der Ursprung des Museums*.

49 Bömer/Widmann, »Von der Renaissance bis zum Beginn der Aufklärung«, S. 622 nennt den 4. Februar 1623 als Abreisedatum Allaccis. Vgl. dagegen Keunecke, »Maximilian von Bayern und die Entführung der Bibliotheca Palatina nach Rom«, Sp. 1421.

Reichseinigung unter Bismarck für Deutschland prägend bleiben sollte. Hier an den Fürstenhöfen und nicht an den Universitäten wurden denn auch die Bibliotheken eingerichtet und ausgebaut, an denen bedeutende Gelehrte von nun an arbeiteten und forschten.

VIII

Barock und Aufklärung

Infolge des Dreißigjährigen Krieges erstarkten in Deutschland die Fürstenhöfe, die mit einem Ausbau und einer Zentralisierung ihrer Verwaltung die Autonomie der Städte, die durch den Krieg zumeist bereits wirtschaftlich geschwächt waren, beschränkten und in der Hofhaltung der Residenz ihre neue Macht repräsentativ zur Schau stellten.[1] Dabei stellt sich für uns die Frage, warum ausgerechnet die Bibliotheken zu einem Element der fürstlichen Repräsentation wurden. Sicherlich ist es richtig, daß die barocke Sammlung ein Versuch ist, angesichts der eigenen Sterblichkeit in einer als unsterblich gedachten Sammlung weiterzuleben, wobei man die Kontinuität der Sammlung durch eine Stiftung oder testamentarische Bestimmungen zu sichern trachtete.[2] Und richtig ist zweifellos auch, daß dieses Bewußtsein der eigenen Sterblichkeit gerade im Barock besonders ausgeprägt war, in einer Zeit, die tiefsinnige Spekulationen über die Melancholie anstellte und über lauter Grübeln die Welt vergaß, um sie in den Büchern wiederzufinden.[3] Dennoch ist es sonderbar, daß sich die Sammler gerade auf Bücher warfen, wenn sie der Sterblichkeit entfliehen wollten. Hier ist in der Tat eine merkwürdige Auffassung festzustellen: Die überlieferten Trümmer der Vergangenheit wurden dem barocken Auge zu Zeugnissen eines Untergangs, der einzig die Bücher ausspart: »In bedenckung dessen, das die Pyramides, Seulen und Büldnussen allerhand materien mit der zeit schadhaft oder durch gewalt zerbrochen werden oder wol gar verfallen [...] das wol gantze Städt versuncken, vntergangen vnd mit wasser bedeckt seien, da hergegen die Schrifften vnd Bücher dergleichen vntergang befreyet, dann was jrgendt in einem

1 Endres, »Die Stadt«.
2 *Barocke Sammellust*, S. 9.
3 Vgl. Benjamin, »Ursprung des deutschen Trauerspiels«, S. 317ff.

Landt oder Ort ab vnd vntergehet, das findet man in vielen andern vnd vnzehlichen orten vnschwer wider, also das, Menschlicher weiß davon zu reden, nichts Tauerhaffters vnd vnsterblichers ist, als eben die Bücher.«[4]

Damit steht das Paradigma fest: Dem Überfluß der Welt, der den Untergang einzelner Kulturgüter verschmerzen läßt, weil es ähnliche auch anderswo gibt, kontrastiert das Buch, das als einzelnes und seltenes alle Untergänge überlebt. In diesem Überleben aber kündet das Buch von all den Untergängen, die es überlebt hat, während die Trümmer nichts sind als Trümmer, deren Bedeutung sich erst in Büchern enthüllt. Dadurch aber wird das Buch, das seltene zumal, zu einem Zeugnis des permanent drohenden Untergangs, der in den Büchern verzeichnet und zugleich gebannt ist – wobei es freilich irrelevant ist, die Bücher auch zu lesen; es genügt ihre bloße Präsenz, um sie als Zeugen der Zeit gegen die vergehende Zeit aufzurufen und in ihrem Schicksal, nicht in ihrem Text, zu lesen.[5]

Wenn es jedoch nicht auf die Lektüre der Bücher ankam, sondern nur auf ihre Präsenz, dann reduzierte sich das Problem der Sammlung auf eine die Schau nicht störende Aufbewahrung der Bücher. Zum Ort einer solchen Schau wurde im Barock das Kabinett, das all die alten Münzen, Naturalien, Bücher und anderen seltenen Dinge versammelte. Der Name »Kabinett« zeigt dabei bereits, auf was es ankommt: Während »Bibliothek« den Aufenthaltsort von Büchern markiert, meint »Kabinett« nur noch eine räumliche Absonderung. Offen bleibt dabei, was in den je besonderen Räumen geschieht: da mag es dann Minister oder Münzen oder Naturalien oder Bilder oder Bücher oder alles zusammen geben. Mit »Kabinett« ist also nichts weiter als ein Ort gemeint, der verschiedene Funktionen erfüllen kann, wobei nun auch der Funktion der Nicht-Funktion ein Ort zuge-

4 Jacob Ayrer, *Dramen*. Bd. 1. Stuttgart 1865, S. 4, zit. nach: Benjamin, »Ursprung des deutschen Trauerspiels«, S. 320.

5 Vgl. auch Benjamin, »Ich packe meine Bibliothek aus«.

wiesen werden kann. Dieser Raum, in dem nichts geschieht, in dem nicht entschieden, geliebt oder geschlafen, sondern nur betrachtet wird, ist als Bücherkabinett zugleich Münz- und Naturalienkabinett, d. h. die Versammlung seltener und funktionsloser oder funktionslos gewordener Gegenstände. Die barocke Sammlung ist gänzlich um diese Funktionslosigkeit herum gruppiert, denn all die alten Münzen, ausgestopften Tiere, merkwürdigen Kristalle und vergilbten Bücher sind unnützer Abfall vergangener Generationen oder zufällige geologische, biologische, ethnologische usw. Überbleibsel, die, aus ihrem ursprünglichen Zusammenhang gelöst, nur noch *eines* sind: selten.[6]

In diesen Kabinetten ist nun ein völlig neuer Menschenschlag tätig: der Sammler, der seine Sammlung desto mehr pflegt und hegt, je weniger die Sammelobjekte einen Wert haben und je seltener sie sind.[7] Insofern sich der Sammler mit Büchern befaßt, heißt dieser neue Typus »bibliophil«, und, wie wir sahen, tut dieser Freund der Bücher eines ganz gewiß nicht mit ihnen – sie lesen. Denn was ihn zur Zusammenstellung seiner Sammlung treibt, sind diejenigen Aspekte, die ein am Inhalt eines Buches interessierter Leser sonst kaum wahrnimmt oder als Äußerlichkeiten abzutun gewohnt ist: schöne Einbände, bestimmte Formate, die Drucke kleiner Druckereien und anderes mehr. Ein solches Verhalten, das die Dinge nicht sofort »liest«, sondern zunächst bei ihren Äußerlichkeiten verweilt, war bei Naturalien nicht nur angebracht, sondern geradezu innovativ, insofern diese »Spekulationsabstinenz« den neuzeitlichen empi-

---

6 Vgl. auch die Beschreibung bei Bömer/Widmann, »Von der Renaissance bis zum Beginn der Aufklärung«, S. 600, die freilich keine begriffliche Klärung des Verhältnisses von Bibliothek und Kabinett bringt. Vgl. auch Fechner, »Die Einheit von Bibliothek und Kunstkammer im 17. und 18. Jahrhundert«.

7 Pomian, *Der Ursprung des Museums*, S. 84 f. hat darauf aufmerksam gemacht, daß man streng zwischen dem materiellen und dem semiotischen Aspekt des Sammelobjekts unterscheiden muß: Sammelobjekte sind materiell wertlos, haben dafür aber um so mehr Bedeutung für den Sammler.

rischen Wissenschaften die Bahn brach gegen die Scholastik, die die Welt bereits in fertigen Lehrgebäuden, die man nur noch lesen mußte, verzeichnet hatte.[8] Bei Büchern aber, die doch offensichtlich zum Lesen bestimmt sind, mußte eine solche Spekulationsabstinenz, die sich als Leseabstinenz darstellte, befremden. Die Zeitgenossen hatten darum für dieses abweichende Verhalten schnell den Namen »Bibliomanie« (Büchersucht) parat,[9] denn das Nichtlesen will immer neue Bücher, weil die Lust des Besitzes grenzenlos ist und mit jedem neuen Objekt, das der Bibliophile in seinen Besitz gebracht hat, der Wunsch nach den ungezählten noch nicht besessenen Büchern wächst.[10]

Wo dieser besessene Besitzwunsch sich mit dem nötigen Kapital paarte, wie das bei den Fürstenhöfen der Fall war, entstanden Hofbibliotheken, die sich nicht mit singulären Aspekten des Sammelguts abzugeben brauchten, sondern das Ziel verfolgen konnten, die Fülle und Ordnung des Kosmos in der Bibliothek einzufangen. Dabei kam zum Aspekt der Serialität der Sammlung, der den Sammler nach immer neuen Objekten suchen ließ, besonders bei Bibliotheken ein »kosmologischer« Aspekt hinzu. Dieser Aspekt lag darin, daß das Buch von alters her eine besondere Wertschätzung erfahren hatte, die es nicht nur zum Sakralobjekt werden ließ, sondern besonders in der Bibel die gesamte Schöpfung und ihre Geschichte notiert sah.[11] Aber nicht nur das einzelne Buch war Abbild der Schöpfung, sondern auch die vielen Bücher, sofern sie durch ihre Anordnung in den Bi-

---

8 Cahn, »Das Schwanken zwischen Abfall und Wert«, S. 679.

9 Die Bibliomanie bleibt bis ins 19. Jahrhundert ein wichtiges Thema, vgl. Jochum, *Bibliotheken und Bibliothekare*, S. 45 ff.

10 Cahn, »Das Schwanken zwischen Abfall und Wert«, S. 687 hat gegen Benjamin und Heidegger mit Recht die serielle Struktur des Sammelns betont.

11 Zu kabbalistischen Spekulationen über Bibel und Schöpfung siehe Scholem, *Zur Kabbala und ihrer Symbolik*. Natürlich gibt es auch umgekehrt eine lange Tradition, die Natur als Buch zu lesen, siehe Rothacker, *Das »Buch der Natur«*.

bliotheksregalen der Ordnung der Schöpfung folgten. Dabei wurde die Bibliothek, deren Ordnung der Systematik der Wissenschaften gehorchte, in einen genauen Bezug zum Herrscherhaus gesetzt: Der hierarchischen Gliederung der Welt vom Allgemeinen (Gott) zum Besonderen korrespondierte die hierarchisch vom Allgemeinen (Bibel) zum Besonderen gegliederte Bibliothek, wobei zwischen beide vermittelnd der Fürst trat, der in dieser Welt das Allgemeine repräsentierte und über die Ordnung der Bibliothek wachen ließ, wie er auch sonst über die Ordnung des Staates wachte.

Die beiden großen Residenzen Wien und München beleuchten dies im Detail. Beide Sammlungen waren im 16. Jahrhundert entstanden, zu einer Zeit also, als die Idee des Museums allgemein Gestalt annahm.[12] Die Wiener Bibliothek soll um 1600 bereits 9000 Bände gezählt haben, die Münchner Bibliothek hatte sich im Jahre 1571 bereits die über 10000 Bände starke Bibliothek Hans Jakob Fuggers einverleibt (siehe Kap. VII).[13] Wie sehr es dabei um den Sammel- und nicht um einen Benutzungsaspekt ging, zeigt die von beiden Bibliotheken überlieferte Tatsache, daß eine Ausleihe der Bücher durch andere als Angehörige des Hofes generell nicht möglich war und daß in Wien für eine Ausleihe nach auswärts sogar die Erlaubnis des Kaisers eingeholt werden mußte.[14] Besonders die Übernahme der Bibliothek Hans Jakob Fuggers durch Herzog Albrecht V. für seine Münchener Hofbibliothek ist für uns auch deshalb von Interesse, weil zusammen mit der Bibliothek ihr Bibliothekar,

---

12 Vgl. Hüllen, »*Their Manner of Discourse*«, S. 114 ff.; Pomian, *Der Ursprung des Museums*.

13 Vgl. Bömer/Widmann, »Von der Renaissance bis zum Beginn der Aufklärung«, S. 600 ff.

14 Leyh, »Die deutschen Bibliotheken von der Aufklärung bis zur Gegenwart«, S. 35 (über Wien); Bömer/Widmann, »Von der Renaissance bis zum Beginn der Aufklärung«, S. 608 (über München). Allerdings scheint in Wien der Bibliothekar Blotius (gest. 1608) sich über diese Restriktionen hinweggesetzt zu haben (Bömer/Widmann, »Von der Renaissance bis zum Beginn der Aufklärung«, S. 602).

der Belgische Humanist und Sammler Samuel von Quiccheberg, und die von ihm ausgearbeitete Systematik übernommen wurden.[15] Darin zeigt sich ein dreifacher Grundzug der damaligen Zeit: zum einen das Zusammenspiel von Humanist und Fürst, zum andern die Nähe von Bibliothek und Museum, denn Quiccheberg war nicht nur Bibliothekar, sondern auch der erste Theoretiker des Museums,[16] und zum dritten schließlich der theologische Akzent, insofern in der Bibliothek die *Libri theologici* und im Museum die *Tabulae sacrarum historiarum* an erster Stelle standen.[17] Das Zusammenspiel von Humanist und Fürst war dabei ein für beide Seiten profitabler Vorgang: Der Fürst stellte dem Gelehrten nicht nur seine Bibliothek als Arbeitsinstrument zur Verfügung, sondern erhöhte durch die Bereitstellung von Arbeitsmöglichkeiten an der fürstlichen Bibliothek auch das gesellschaftliche Ansehen des Gelehrten, der nicht nur die benötigten seltenen Bücher, sondern auch ein reichliches Auskommen fand.[18] Dafür begaben sich die Gelehrten zugleich in die Abhängigkeit des Fürsten, der mit ebendiesen Gelehrten und Bibliotheken ein Machtinstrument erhielt, in die immer wichtiger werdenden Verwaltungsvorgänge einzugreifen.

Ein Jahrhundert nach Quiccheberg zeigt gerade die bibliothekarische Tätigkeit von Leibniz (1646–1716) in Han-

15 Bömer/Widmann, »Von der Renaissance bis zum Beginn der Aufklärung«, S. 606. Quiccheberg wird oft auch Quichelberg (so Bömer/Widmann) oder Quickeberg geschrieben.

16 Hüllen, *»Their Manner of Discourse«*, S. 121 ff.

17 Die Bibliothekssystematik Quicchebergs bei Bömer/Widmann, »Von der Renaissance bis zum Beginn der Aufklärung«, S. 606; der Museumsplan bei Hüllen, *»Their Manner of Discourse«*, S. 121 ff.

18 Aus diesen Gründen ist es keine Skurrilität der Bibliotheksgeschichte, daß Hugo Blotius, der erste Bibliothekar der Wiener Hofbibliothek, in einer Schrift aus dem Jahre 1579 für den Bibliothekar nicht nur die Würde eines Kaiserlichen Rates, sondern auch die Erhebung in den Adelsstand forderte (Bömer/Widmann, »Von der Renaissance bis zum Beginn der Aufklärung«, S. 602).

nover und Wolfenbüttel,[19] wie sehr die an der Idee eines
Kuriositätenkabinetts orientierte Vorstellung von einer Bibliothek mit der Idee der Verbesserung der Staatsverwaltung
verbunden werden konnte. Leibniz lebte seit 1676 in Hannover, wo er als Hofrat zugleich Hofbibliothekar war und
eine Bibliothek von lediglich 3310 Bänden zu betreuen hatte,
für deren Ausbau er sich mit Eingaben und Entwürfen an die
Herzöge Johann Friedrich und Ernst August einsetzte. Dabei hat man gerne auf die modern wirkenden Leibnizschen
Forderungen nach einem regelmäßigen Etat für Neuerwerbungen, auf sein Eintreten für Kataloge (alphabetischer, systematischer, Schlagwort- und chronologischer Katalog waren von ihm gefordert worden) u. a. m. aufmerksam gemacht,[20] ohne sich darüber völlig Rechenschaft zu geben,
daß diese Forderungen keineswegs aus einem modernen
Verständnis der Bibliothek resultierten, sondern gänzlich
barocken Vorstellungen folgten.

Das barocke Moment der Leibnizschen Vorstellungen
zeigt sich zunächst darin, daß er die Bibliothek ganz selbstverständlich im Zusammenhang mit einer Kunstkammer,
einem Naturalienkabinett, einem technischen und chemischen Labor und einem Archiv sah, so daß er einmal sogar
kurz und bündig von einer »Fürstl. Kunstkammer und *Bibliothec*« spricht.[21] Dies konnte er, weil der Wert einer

---

19 Zu Leibniz im allgemeinen siehe Finster/Heuvel, *Gottfried Wilhelm Leibniz*. Seine Tätigkeit als Bibliothekar wurde bisher am umfassendsten dargestellt von Lackmann, »Leibniz' bibliothekarische Tätigkeit in Hannover«.

20 Lackmann, »Leibniz' bibliothekarische Tätigkeit in Hannover« und Schmitz, *Deutsche Bibliotheksgeschichte* gehen davon aus, daß Leibniz' Überlegungen richtungweisend für das Bibliothekswesen gewesen seien, etwa so: »Leibniz vertrat das moderne Programm der Aufklärung: Die Bibliothek war für ihn die Sammelstätte alles Wissenswerten, Nützlichen und Brauchbaren. Er forderte einen Etat für regelmäßige Neuerwerbungen« (Schmitz, S. 85 f.). Oder so: »Wie auf vielen anderen Gebieten waren seine Gedanken über Wesen, Wert und Organisation der Bibliothek richtungsweisend. Seine Erkenntnisse [...] haben die Jahrhunderte überdauert und sind auch heute noch nicht veraltet« (Lackmann, S. 341).

21 Leibniz, *Sämtliche Schriften und Briefe* I/3, Nr. 17, S. 19.

Bibliothek für ihn eben nicht nur in der brauchbaren Literatur bestand, die es aus der Fülle der vorhandenen Bücher und der Neuerscheinungen klug auszuwählen galt, sondern gerade auch aus den seltenen Büchern und Manuskripten: »Doch will nur dieses aniezo gedencken, daß Uns vornehmlich Manuscripta mangeln; in welchen doch sonderlich der *Bibliotheken rarität* bestehet.«[22] Noch seine Verbesserungsvorschläge für die Benutzung (Kataloge) und den Bestand meinen keine Öffnung der Hofbibliothek für ein größeres Publikum, sondern eine Dienstbarmachung der Bibliothek für die Zwecke des Staates: Sie sind gedacht als Maßnahmen zur staatlichen Wohlfahrt und Verbesserung der *staatlichen* Infrastruktur – nicht der wissenschaftlichen – und können deshalb in einem Atemzug genannt werden mit der Einrichtung einer fürstlichen Druckerei, die u. a. Formulare für die Kanzleien drucken sollte, sowie mit der Einrichtung einer Zensurbehörde, die das Brauchbare vom Unbrauchbaren und Unerwünschten zu trennen hatte, »Immaßen offtmahls allerhand ungereimte dinge heraus kommen«.[23]

Wenn man die ungereimten Dinge kurzerhand aus der Bibliothek aussperrt, darf man sich wie Leibniz in der Illusion wiegen, die auf diese Weise zustande gekommene Bibliothek gleiche einer »Enzyklopädie oder Universalwissenschaft, die in drei oder vier Zimmer eingeschlossen ist und in der man alles erhalten kann, was von Nutzen ist«.[24] Was hier in der Tat eingeschlossen wurde, war die Wissenschaft selbst, die für Leibniz offenbar noch einem Kanon gültiger Erkenntnisse verpflichtet blieb, auch wenn sie einer unendlichen Perfektibilität unterliegen mochte. Daher war die Bibliothek im Grunde auch gar nicht zum Lesen da: Sie war

---

22 Ebd., S. 16 f.
23 Ebd., Nr. 40, S. 57.
24 Ebd., IV/3, Nr. 30, S. 350. Die Stelle lautet im französischen Original: »Mon dessein dans l'amas d'une Bibliotheque seroit de donner une encyclopedie, ou science universelle enfermée en trois chambres, dans laquelle on peut tout avoir qui fut d'usage.«

Archiv des Vergangenen, das sie als Kuriosum aufbewahrte, so daß man sich ihrer nur gelegentlich als Inventar des Geistes bediente, wenn etwas in Vergessenheit geraten war: »Genauso wie ein Archiv ist eine Bibliothek nicht dazu da, gelesen zu werden. Denn sie darf nur als Inventar dienen.«[25]

Während Leibniz an den Nutzen einer Bibliothek für die Staatsverwaltung dachte, widmete sich sein Nachfolger Lessing (1729–81) während seines Wolfenbütteler Bibliothekariats, das er von 1770 bis zu seinem Tode ausübte, wieder mehr der gelehrten Arbeit, was ihm den Vorwurf eintrug, ein schlechter Bibliothekar gewesen zu sein.[26] Eine solche Argumentation übersieht jedoch, daß wissenschaftliche und Bibliotheksarbeit noch nicht getrennt waren, daß es vielmehr im Interesse der Fürsten selbst lag, Gelehrte für ihre Bibliotheken zu finden, die durch ihren Ruf das Ansehen des Fürstentums heben sollten. Ein berühmter Brief Lessings bringt das zum Ausdruck: »Eigentliche Amtsgeschäfte habe ich dabei keine andere, als ich mir selbst machen will. Ich darf mich rühmen, daß der Erbprinz mehr darauf gesehen, daß ich die Bibliothek, als daß die Bibliothek mich nutzen soll.«[27] Freilich war ihm das Bibliotheksamt je länger je mehr eine Last, und die wissenschaftlichen Arbeiten, die er in Wolfenbüttel veröffentlichte, nach eigenem Zeugnis nichts anderes als »trockne Bibliothekar-Arbeit«, die »sich so recht hübsch hinschreiben läßt, ohne alle Teilnehmung, ohne die geringste Anstrengung des Geistes«.[28] Daß er unter dieser trockenen Arbeit stöhnte und ihr, die seine ökonomische Basis bildete, dennoch nicht entfliehen konnte, macht

---

25 Ebd., S. 353: »Or comme un Archif de même une Bibliotheque n'est pas pour estre lûe. Car elle ne doit servir que d'inventaire.«
26 Leyh, »Die deutschen Bibliotheken von der Aufklärung bis zur Gegenwart«, S. 46 ff. Eine bibliothekarische Ehrenrettung Lessings hat jüngst Hillesheim, »Eine Station der Aufklärung« versucht.
27 Lessing, *Gesammelte Werke*, Bd. 9, S. 367 (Brief an den Vater vom 27. Juli 1770).
28 Ebd., S. 552 (Brief an den Bruder vom 28. Oktober 1772). Vgl. im übrigen die lesenswerte Darstellung bei Rilla, *Lessing und sein Zeitalter*, S. 293 ff.

die ganze Problematik des im Übergang befindlichen Biblio-
thekarsberufes deutlich, der noch kein reiner Verwaltungsberuf (mit eigener Ausbildung) war, aber auch keine reine
Sinekure mehr für Intellektuelle, die der Fürst an seinen Hof
binden wollte.[29] Freilich war hier noch nichts geregelt. Ge-
nausowenig wie eine feste Bibliotheksordnung gab es in
Wolfenbüttel klare Vorgaben für Lessings Tätigkeit als Bibliothekar. Daß er sich trotzdem in die Pflicht genommen
fühlte und im Sommer 1772 mit der Umsystematisierung der
Bibliothek begann, ehrt ihn als Bibliothekar, auch wenn er
die Arbeit nicht mehr zu Ende brachte.[30] Daß er es nicht
ohne Stöhnen tat, ist ein Vorbote der neuen Zeit, in der sich
Verwaltung, Gelehrtendasein und Kunst voneinander zu
trennen begannen und in den Bibliotheken die speziell ausgebildeten Bibliothekare die Schriften der an den Universitäten arbeitenden Gelehrten und die Romane der Schriftsteller
aufbewahrten und in Katalogen verzeichneten.

Nicht wesentlich anders lagen die Verhältnisse an den
unzähligen kleineren Höfen und Residenzen, wo man je
nach den wirtschaftlichen Verhältnissen und dem Ge-
schmack des Landesherrn Bibliotheken aufbaute, die oft nur
wenige Tausende oder gar Hunderte von Bänden zählten.[31]
Immerhin führte der konsequente Ausbau der Sammlungen
bis zum Ende des 18. Jahrhunderts zu enorm gestiegenen

---

29 Lessing wurde 1776 der Hofratstitel verliehen. Die großen Höfe konnten
  sich da ganz anderes leisten. Maria Theresia beschäftigte an ihrer Wiener
  Hofbibliothek aus Repräsentationsgründen einen Präfekten als Leiter der
  Bibliothek. Diesem waren unterstellt ein Direktor, drei Kustoden, vier
  Schreiber, drei Bibliotheksdiener und noch einige Hausknechte. Der Per-
  sonaletat betrug im Jahre 1785 17400 fl., wogegen für den Ankauf von
  Büchern 1791 lediglich 6000 fl. zur Verfügung standen (Leyh, »Die deutschen Bibliotheken von der Aufklärung bis zur Gegenwart«, S. 35).
30 Leyh, »Die deutschen Bibliotheken von der Aufklärung bis zur Gegenwart«, S. 47.
31 1687 hinterließ Herzog Ferdinand Albrecht von Braunschweig-Lüneburg
  eine Bibliothek von rund 3000 Bänden. Die Bibliothek des Grafen Johannes
  von Nassau-Idstein, eines bekannten Sammlers und Mäzens, zählte gerade
  127 Werke (*Barocke Bücherlust*, S. 13).

Bestandszahlen vor allem bei den großen Hofbibliotheken (Wien: 170000 Bände; München: 103000 Bände), denen die kleineren Höfe nacheiferten.[32] Neben der quantitativen Zunahme der Bestände vorhandener Bibliotheken ist freilich auch eine Ausbreitung der Idee der Bibliothek zu beobachten, die sich nicht auf die Höfe beschränkte, sondern gerade auch im Bürgertum Fuß faßte. Natürlich fanden sich private Bibliotheken als Arbeitsinstrumente bei den Gelehrten der Zeit,[33] aber diese waren jetzt Teil einer allgemeineren Tendenz, die Adel und Bürgertum gleichermaßen zu Büchersammlern werden ließ,[34] wobei sie von den Hofbibliotheken die Konzeption der Bibliothek als Kuriositätenkabinett übernahmen.

Die Tatsache, daß die bürgerlichen Besitzer von Bibliotheken nun auch auf Bibliotheksreisen gingen,[35] hat zu der Vermutung verleitet, diese Reisen seien unternommen worden, um durch Mitteilungen über die in den besuchten Bibliotheken vorhandenen Bestände einen Beitrag zur Gelehrsamkeit zu leisten.[36] Dagegen spricht jedoch, daß nur ein

32 Buzas, *Deutsche Bibliotheksgeschichte der Neuzeit*, S. 19 und 22. Hier einige Zahlen zu kleineren Hofbibliotheken (nach Buzas, ebd, S. 16ff.); angegeben sind der Bestand und in Klammern das Erfassungsjahr: Berlin 72000 (1786), Dresden 170000 (1800), Gotha 60000 (1783), Karlsruhe 30000 (1799), Kassel 38000 (1791), Mannheim 50000 (1782), Stuttgart 4000 (1744) und 100000 (1793), Weimar 40000 (1797).

33 Siehe den Überblick bei Buzas, *Deutsche Bibliotheksgeschichte der Neuzeit*, S. 86ff.

34 Die Bibliotheken des Frankfurter Schöffen und Bürgermeisters Zacharias Konrad von Uffenbach (1683–1734) und des Grafen Bünau (1697–1762) in Dresden zählten beide rund 40000 Bände und konkurrierten so mit den großen Hofbibliotheken. Die Angaben über die im 18. Jahrhundert vorhandenen Privatbibliotheken schwanken zwischen über 200 und über 1000, vgl. Buzas, *Deutsche Bibliotheksgeschichte der Neuzeit*, S. 86.

35 Zu den Bibliotheksreisen im 18. Jahrhundert siehe Becker, »Bibliotheksreisen in Deutschland im 18. Jahrhundert«. Darin zu Uffenbachs Reise Sp. 1391–1408. Zu den Reiseberichten siehe auch Bömer/Widmann, »Von der Renaissance bis zum Beginn der Aufklärung«, S. 594–599.

36 Das ist die Tendenz bei Becker, »Bibliotheksreisen in Deutschland im 18. Jahrhundert«, der gleichwohl viele der von ihm selbst gemachten Beobachtungen widersprechen.

Teil der bekannt gewordenen Reisen explizit als *Bibliotheks*reisen anzusehen ist, es vielmehr zumeist um die Besichtigung von Kuriositäten aller Art, darunter auch Büchern, ging. Demnach waren die »Bibliotheksreisen« nichts anderes als Reisen von Sammlern, die auf diesem Wege die für ihre Sammlungen geltenden Gesetze der Serie und der Vollständigkeit erfüllen wollten. Das Ungewöhnliche liegt nicht in dem, was die Reiseberichte erzählen, sondern darin, daß überhaupt über diese Reisen berichtet wird. Denn während der Sammler damit zufrieden ist, daß er allein ein bestimmtes Objekt besitzt, wobei das Argument der Nützlichkeit keine Rolle spielt,[37] bricht die Mitteilung über vorhandene Sammlungen mit dem jeder Sammlung innewohnenden solipsistischen Aspekt und macht sie *öffentlich*. Dieses Moment der Öffentlichkeit deutet auf die neue Zeit, in der sich Wissen und Gelehrsamkeit von den Höfen lösten, um in den Universitäten ihren Platz zu finden. Dieser Übergang wird bei Johann David Köhlers (1684–1755) *Anweisung für Reisende Gelehrte* deutlich, die der Auffassung verpflichtet ist, daß Bibliotheken einen Teil des gelehrten Besichtigungsprogramms bilden, zu dem freilich auch Kunst- und Naturalienkabinette usw. gehören.[38] Das Ungewöhnliche der *Anweisung für Reisende Gelehrte* liegt in der Tat darin, daß dieses Buch auf Köhlers Vorlesungen an der Göttinger Universität zurückgeht, die von seinem Sohn fortgesetzt

---

37 Vgl. Benjamin, »Ich packe meine Bibliothek aus«.
38 Zwar heißt es bei Köhler: »Bücher zu kennen ist allen Gelehrten unentbehrlich. Daher denn auf Reisen die Bibliothecken zuerst zu besuchen sind, wozu grosse Klugheit erfordert wird«. Dabei ist jedoch das »zuerst« nicht als »vor allem« zu lesen, sondern nur als Anweisung für eine einzuhaltende Abfolge, an deren erster Stelle die Bibliotheken stehen. Was der reisende Gelehrte noch besichtigen sollte, verrät der zumeist nur abgekürzt zitierte Titel des Köhlerschen Werkes: *Des Herrn Professors Johann David Köhlers Anweisung für Reisende Gelehrte, Bibliothecken, Münz-Cabinette, Antiquitäten-Zimmer, Bilder-Säle, Naturalien- und Kunst-Kammern, u.d.m. mit Nutzen zu besehen.*

und 1672 auf der Basis einer studentischen Mitschrift veröffentlicht wurden.[39]

Vielleicht ist es kein Zufall, daß Köhler seine Vorlesungen ausgerechnet in Göttingen hielt, an jener Universität also, deren Bibliothek sich als erste von der Idee der Sammlung löste und als erste moderne wissenschaftliche Gebrauchsbibliothek bezeichnet wurde.[40] Die Gründe für diese Änderung der Struktur der Universität und ihrer Bibliothek waren vielschichtig: Zum einen handelte es sich sicherlich um eine Konsequenz der Aufklärung, die die Universitäten aus dem mittelalterlichen Lehrbetrieb, der einem festen Kanon des Wissens verpflichtet war, herausführte; zum andern kam eine gestiegene Buchproduktion und ein neues Lektüreverhalten hinzu, das sich nicht mehr mit der Bibel und den wenigen klassischen Texten der Antike beschied, sondern immer mehr Bücher verlangte;[41] hinzu kamen veränderte Bedürfnisse der Staatsverwaltung, die immer mehr schreib- und lesefähige Beamte benötigte, um die immer komplexer werdenden Verwaltungsvorgänge beherrschbar zu halten (vgl. Kap. IX). Daher verfolgte der englische König Georg II. mit der 1737 eröffneten Universität Göttingen zunächst das Ziel, nicht nur das Ansehen seiner Erblande zu mehren, sondern für diese zugleich das zukünftige Verwaltungspersonal heranzubilden. Für die neugegründete Universität und ihre Bibliothek wurde dabei vor allem der Hannoversche Staatsminister Gerlach Adolph Freiherr von Münchhausen wichtig, der Göttingen nach dem Vorbild der Universität

---

39 Becker, »Bibliotheksreisen in Deutschland im 18. Jahrhundert«, Sp. 1380. Köhler war übrigens Historiker und vor seiner Göttinger Zeit an der Universität Altdorf tätig, wo er von 1712 bis zu seinem Weggang nach Göttingen im Jahre 1735 das Bibliothekariat versah. Vgl. Werner/Schmidt-Herrling, *Die Bibliotheken der Universität Altdorf*, S. 64–66.

40 Leyh, »Die deutschen Bibliotheken von der Aufklärung bis zur Gegenwart«, S. 116. Vgl. auch Fabian, »Göttingen als Forschungsbibliothek im achtzehnten Jahrhundert«.

41 Vgl. Engelsing, *Analphabetentum und Lektüre*.

Halle gestaltete,[42] wo man vom mittelalterlichen Modell der Vorleseuniversität abgekommen war, sich der Forschung widmete und die Vorlesungen in deutscher Sprache hielt.

Zunächst begann die Göttinger Bibliothek[43] wie viele ihrer Vorgängerinnen und Nachfolgerinnen damit, daß ihr Grundstock aus einer ehemaligen Gymnasialbibliothek, einem Nachlaß und überlassenen Dubletten gebildet wurde.[44] Während aber andere Bibliotheken auf gelegentliche Zuwendungen aus der Staatskasse angewiesen waren und infolgedessen eine sehr sprunghafte Anschaffungspolitik betreiben mußten, wurde für die Göttinger Bibliothek ein fester Etat von jährlich 400 Talern eingerichtet, der selbst keine großen Neuerwerbungen erlaubt hätte, wenn der Staatsminister von Münchhausen nicht noch außerdem jährlich rund 4000 Taler aus der Kasse der Hannoverschen Klosterkammer, die die säkularisierten Klöster verwaltete, zugunsten der Bibliothek entnommen hätte.[45] Dieser Vorgang ist in der Tat symptomatisch: Der Staat beginnt eigene Verwaltungsstrukturen auszubauen und zu festigen, wobei er sich insbesondere der zuvor nichtstaatlichen, privat und kirchlich getragenen Bildungseinrichtungen versichert. Das zeigt sich in Göttingen nicht nur in dem erstenmal in großem Stil durchgeführten staatlichen Finanzierung der Bibliothek, sondern auch in der staatlich gelenkten Anschaffung: Es war der Staatsminister Münchhausen persönlich, der die zu erwerbenden Bücher auswählte und nicht der Göttinger Bibliothekar Matthias Gesner, der vielmehr

42 Zur Universität Halle siehe Dyck, »Zum Funktionswandel der Universitäten vom 17. zum 18. Jahrhundert«.
43 Ich folge bei meiner Darstellung Kind-Doerne, *Die niedersächsische Staats- und Universitätsbibliothek Göttingen.* Vgl. ergänzend auch die ältere *Geschichte der Göttinger Universitäts-Bibliothek.*
44 Am bedeutendsten war der Nachlaß: die rund 9000 Bände und 2000 Karten und Tabellen umfassende Privatbibliothek Joachim Hinrichs von Bülow, siehe Kind-Doerne, *Die niedersächsische Staats- und Universitätsbibliothek Göttingen,* S. 10.
45 Ebd., S. 12f.

ebenso wie die Göttinger Professoren aufgefordert war, seine Vorschläge für neu anzuschaffende Bücher beim Staatsminister einzureichen.[46] Diese Anbindung der Bibliothek an die staatliche Verwaltung bedeutete eine tiefe Veränderung in ihrer Struktur. Dies kam weniger in einer neuen Aufstellung oder in neuen Katalogen zum Ausdruck – hier war Göttingen so konventionell wie andere Bibliotheken der Zeit[47] –, es kam vielmehr darin zum Ausdruck, daß die Bibliothek in ihrer Bucherwerbung ein Programm verfolgte, das nicht mehr auf die Anschaffung von (im antiquarischen Interesse) seltenen Werken zielte, sondern vor allem auf die wichtigen Neuerscheinungen, die die Wissenschaftler für ihre Arbeit benötigten. Die Bibliothek wollte kein Museum für seltene Bücher mehr sein, sondern Dienstleistung für die Forschung erbringen. Wie bahnbrechend dieses Konzept war, mag man auch daran ablesen, daß die *Göttingischen Gelehrten Anzeigen,* die die wichtigen wissenschaftlichen Neuerscheinungen besprachen, sich auf die Neuzugänge der Göttinger Bibliothek stützten – und daß Christian Gottlob Heyne (1729–1812) nicht nur ab 1763 Direktor der Universitätsbibliothek war, sondern ab 1770 als Sekretär der Gesellschaft der Wissenschaften zugleich die *Göttingischen Gelehrten Anzeigen* redigierte.[48]

Trotz dieser Neuerungen, die Göttingen über das sonst verbreitete antiquarische Wissenschaftsverständnis hinaushoben, zeigt das wichtige Detail der Finanzierung der Göttinger Bibliothek, daß wir noch weit von den modernen, durch regelmäßige Etatzuweisungen finanzierten Bibliothe-

---

46 Ebd., S. 14. Erst nach Münchhausens Tod (1770) konnte der Bibliothekar Heyne selbständig Bücher kaufen, siehe Leyh, »Die deutschen Bibliotheken von der Aufklärung bis zur Gegenwart«, S. 119.

47 Während der ersten 50 Jahre hatte die Göttinger Universitätsbibliothek keinen vollständigen Katalog, es gab vielmehr nur einen (unvollständigen) Akzessionskatalog, zu dem allerdings schon 1738 ein alphabetischer Index erstellt wurde. Über die Katalogprobleme in Göttingen siehe Kind-Doerne, *Die niedersächsische Staats- und Universitätsbibliothek Göttingen,* S. 49 ff.

48 Ebd., S. 19–28.

ken entfernt sind. Die Göttinger Bibliothek ist vielmehr durch die immer noch in großem Umfang *ad hoc* bereitgestellten Mittel und die staatliche Aufsicht auch über die Erwerbungen eng an die Interessen des Fürstenhauses gebunden. Erst mit der Verallgemeinerung dieser Interessen zu Interessen des Staates vollzieht sich später der Schritt zum modernen Bibliothekswesen.

IX

Von der Säkularisierung der Klosterbibliotheken zur Professionalisierung des Berufsstandes

Erst die Säkularisierung vollendete die Trennung von Bibliothek und Fürstenhaus, wie sie sich in Göttingen andeutete. Der Grund dafür lag wesentlich in der Aufhebung der geburtsständischen Gliederung der Gesellschaft, die seit der Französischen Revolution auch im Deutschen Reich durch Reformen durchgeführt wurde. Das Resultat war einerseits die Freisetzung des selbständig wirtschaftenden Bürgers, der nicht mehr durch Zunftregeln gebunden war, sondern nun für einen Markt produzierte. Andererseits benötigte der Staat zur Durchführung seiner Reformen einen effizienten Beamtenapparat, der nicht mehr aus den Adligen rekrutiert werden konnte, die den Staatsdienst bisher als Privileg betrachtet hatten; vielmehr brauchten die Fürsten für ihre Reformen, die ein Mehr an staatlicher Steuerung auch gegenüber lokalen adligen Interessen beabsichtigten, gerade das Bündnis mit den bürgerlichen Schichten, die sie dafür auch ausreichend versorgen mußten. Auf diese Weise entstand der unkündbare Beamte, der nicht durch Privileg seine Stellung innehatte, sondern erst ein strenges Prüfungssystem durchlaufen mußte, um seine Tauglichkeit für das Amt unter Beweis zu stellen, und dafür vom Staat über die Zeit des aktiven Dienstes hinaus durch eine Pension versorgt wurde.[1]

Die größte Herausforderung, die auf den entstehenden Berufsstand der Bibliotheksbeamten zukam, war die Bewältigung der Folgen der Säkularisation.[2] Als 1803 im Reichsdeputationshauptschluß die Auflösung der geistlichen Territorien verfügt wurde und diese Länder den weltlichen Fürsten

---

1 Wunder, *Geschichte der Bürokratie in Deutschland*, S. 21–68.
2 Siehe Leyh, »Die deutschen Bibliotheken von der Aufklärung bis zur Gegenwart«, S. 145 ff. und Schmitz, *Deutsche Bibliotheksgeschichte*, S. 107 ff.

zufielen, bedeutete dies die Aufhebung fast aller Klöster, deren Eigentum der Staat übernahm. Da zum Eigentum der Klöster vor allem in Süddeutschland große Bibliotheken gehörten, mußten diese Schätze von staatlichen Bibliotheken übernommen werden (in den norddeutschen Ländern waren die Klöster bereits während der Reformation säkularisiert worden).[3] Ein Vorbote dieser Entwicklung war die Aufhebung des Jesuitenordens im Jahre 1773, die in einer ersten Welle den Hofbibliotheken große Zuwächse brachte (die Hofbibliothek in Wien wuchs auf rund 200000 Bände an und wurde damit zur größten deutschen Bibliothek). Nach dem Reichsdeputationshauptschluß wurden dann allein in Bayern über 150 Klosterbibliotheken mit über 1,5 Millionen Büchern aufgelöst und den staatlichen Bibliotheken, vor allem der Münchener Hofbibliothek, einverleibt.[4] Die zu diesem Zweck unter dem Hofbibliothekar Freiherr von Aretin tätige Kommission wählte dabei für die Münchener Hofbibliothek diejenigen Stücke aus, die an der Hofbibliothek fehlten, ein anderer Teil der Klosterbibliotheken ging an die Universitätsbibliothek in Landshut und an Schulbibliotheken. Der größte Teil der Bücher aber wurde verkauft oder ging verloren. Ähnlich wie in Bayern ging man auch in anderen deutschen Ländern vor, wobei sich das Schema der

3 Die ehemaligen Hofbibliotheken wurden im 19. Jahrhundert allmählich zu staatlichen Bibliotheken, d. h. sie verloren ihre ausschließliche Bindung an den Hof und öffneten sich immer breiteren Benutzerschichten. Die Münchener Hofbibliothek hieß seit 1829 Hof- und Staatsbibliothek (Leyh, »Die deutschen Bibliotheken von der Aufklärung bis zur Gegenwart«, S. 181). Diese Umbenennungen fanden ihren Abschluß mit dem Ersten Weltkrieg: Seit 1918 heißt die ehemalige Münchener Hofbibliothek und spätere Hof- und Staatsbibliothek nur noch Bayerische Staatsbibliothek, die Berliner Königliche Bibliothek wurde zur Preußischen Staatsbibliothek, die Stuttgarter Königliche Bibliothek zur Württembergischen Landesbibliothek, die Dresdner Königliche Öffentliche Bibliothek zur Sächsischen Landesbibliothek. Die Wiener Kaiserliche Bibliothek wurde 1920 zur Nationalbibliothek (Schmitz, *Deutsche Bibliotheksgeschichte*, S. 120 ff.).

4 Leyh, »Die deutschen Bibliotheken von der Aufklärung bis zur Gegenwart«, S. 147.

Übernahme glich: Die Bestände aus den Klöstern wanderten in die Hofbibliotheken. Preußen wich davon insofern ab, als dort die Bestände der säkularisierten Klosterbibliotheken Schlesiens an die Universitätsbibliothek Breslau oder an andere preußische Universitätsbibliotheken kamen.[5]

Die Aufgabe der bayerischen Kommission, Bibliotheken und Kunst- und Wunderkammern gleichermaßen zu durchstöbern, orientiert sich dabei noch am alten Modell der Zusammengehörigkeit der verschiedenen Sammlungen. Als aber infolge der Übernahme säkularisierten Klosterguts der Bestand der Hofbibliothek binnen kurzem auf über 200 000 Bände anwuchs, deren Unterbringung und Katalogisierung große Probleme bereitete, mußten die Bibliothekare zwangsläufig mit einer Reflexion ihrer bibliothekarischen Praxis reagieren, wenn die Bibliotheken nicht unbrauchbar werden sollten. Daher wurde nun zum erstenmal versucht, die Bibliothek *als Bibliothek* zu bestimmen und nicht als Kunstkammer, Naturalienkabinett oder ähnliches. Es ist kein Zufall, daß ausgerechnet an der Münchener Hofbibliothek der ehemalige Benediktinermönch Martin Schrettinger, der nach der Aufhebung seines Klosters in den Staatsdienst gewechselt und an der Hofbibliothek Bibliothekar geworden war, die »Bibliothekswissenschaft« erfand und gleich noch das dazugehörende Lehrbuch schrieb: Mit seinem *Lehrbuch der Bibliothek-Wissenschaft* versuchte er, alle Momente der bibliothekarischen Praxis – das Anfertigen der Katalogzettel, des alphabetischen, systematischen und Schlagwortkatalogs u.a.m. – zu reflektieren und die bis dahin üblichen Umständlichkeiten durch begriffliche Klärung zu beenden. Nur wenn alle Momente der Bibliothek reflektiert und diese Reflexion in einem obersten Begriff der Bibliothek gesichert würde, könne die bisherige begriffslose Praxis wissenschaftlich begriffen und die praktische Arbeit dadurch überhaupt erst beurteilt werden, meint Schrettin-

5 Ebd., S. 145 ff.

ger. Dabei zeigt sein oberster Begriff der Bibliothek – jedes Buch müsse ohne unnötigen Zeitverlust gefunden werden können –, daß hier in der Tat die Bibliothek vom musealen Sammeln befreit und als Verwaltungseinrichtung verstanden wird.[6]

Die praktische Relevanz solcher Überlegungen zeigte sich darin, daß unter Schrettinger eine neue Aufstellung des gesamten Bestandes der Münchener Hofbibliothek durchgeführt wurde.[7] Zugleich mußte nach Mitteln gesucht werden, die übernommenen Bücher auch in den Katalogen sinnvoll zu verzeichnen. Und daß man dabei nicht einfach wie gewohnt verfahren konnte, ergab sich daraus, daß zur Bewältigung dieser Aufgaben zusätzliche Schreibkräfte als Tagelöhner eingestellt und angelernt werden mußten,[8] – und das konnte nur gelingen, wenn man ihnen möglichst klare Regeln für ihre Arbeit an die Hand geben konnte, nach denen alle zusätzlichen Kräfte gleichermaßen zu verfahren hatten. Das Resultat solcher Überlegungen waren die Münchener Katalogisierungsregeln, die um 1820 schriftlich fixiert wurden und damit die erste schriftliche Katalogisierungsordnung einer deutschen Bibliothek überhaupt sind. Die Münchener Katalogisierungsregeln waren jedoch nicht einfach die ersten Regeln dieser Art an einer deutschen Bibliothek, sondern wirkten weit in die Zukunft. So stützte sich der Breslauer Bibliotheksleiter Dziatzko bei der Erarbeitung der Breslauer Katalogisierungsregeln (gedruckt 1886) auf die Münchener Regeln, und die überarbeiteten Dziatzkoschen Regeln wurden zur Grundlage der 1899 veröffentlichten *Preußischen Instruktionen* (PI), die für alle preußischen Bibliotheken verbindlich waren und durch die *Berliner Titeldrucke* (ab 1892), dem ersten Versuch eines Gesamtkatalogs auf der Basis der Neuerwerbungen der Ber-

---

6 Jochum, *Bibliotheken und Bibliothekare 1800–1900.*

7 Haller, »Über die Beschreibung der Bücher««, S. 100.

8 Leyh, »Die deutschen Bibliotheken von der Aufklärung bis zur Gegenwart««, S. 178.

liner Königlichen Bibliothek, im Deutschen Reich weit verbreitet wurden.[9]

Doch die Reflexion bibliothekarischer Praxis und Kodifizierung spezifisch bibliothekarischer Regeln ist nur die eine Seite des Professionalisierungsprozesses. Die andere Seite dieses Prozesses ist die Ausformung des Berufsstandes durch zunehmende Einbindung der Bibliothekare in den entstehenden staatlichen Beamtenapparat. So wie der Beamtenapparat im allgemeinen durch strenge Reglementierung der Eingangsvoraussetzungen – Gymnasium und Abitur, Studium und Erstes Staatsexamen, Referendariat und Zweites Staatsexamen galten seit der Reform zu Beginn des 19. Jahrhunderts als Zugangsbedingungen zum Staatsdienst[10] – geformt wurde, so meldeten sich auch im Bibliothekswesen vermehrt Stimmen, die ebensolche Zugangsvoraussetzungen für den Bibliotheksdienst verlangten. Das Ziel war der Ausschluß von Außenseitern, wodurch man den neuen Berufsstand nach außen abschotten und dadurch zugleich nach innen einen *Esprit de corps* ausbilden konnte, der sich durch Kenntnis spezifisch bibliothekarischer Regeln und Verfahrensweisen legitimierte.

Das Resultat dieser Bemühungen waren »Bibliotheksbeamte«, von denen Friedrich Adolf Ebert in seiner programmatischen Schrift *Die Bildung des Bibliothekars* forderte, daß sie auf eigene literarische Arbeiten zu verzichten hätten. Hat sich der Bibliothekar durch das Verbot eigener literarischer Produktion von den literarisch produktiven Intellektuellen abgesondert, wofür ihm die Bibliothek zum Heiligtum werden darf, in dem er für Vor- und Nachwelt tätig wird, – hat sich der Bibliothekar auf diese Weise zum Priester im Dienst des überzeitlich Allgemeinen gemacht, darf er für dieses wichtige Amt auch staatliche Unterstützung for-

---

9 Haller, »Über die Beschreibung der Bücher««, S. 101 f. Über die Unterschiede der Münchener Regeln zu den Preußischen Instruktionen siehe ebd., S. 106–108.

10 Wunder, *Geschichte der Bürokratie in Deutschland*, S. 36.

dern: Zum einen sei für ein solches Amt nicht mehr jeder zuzulassen, vielmehr habe endlich auch dem Bibliothekariat eine Prüfung vorauszugehen; zum andern wird eine Besoldung gefordert, die es dem Bibliothekar erlaubt, ausschließlich von seiner Bibliothekarstätigkeit leben zu können.[11]

Der Konflikt, der in solchen Forderungen zum Ausdruck kam, war ein für die Entwicklung des Bibliothekswesens singulärer. Während sich die Akademisierung der höheren Beamtenschaft relativ problemlos vollzog, standen die im akademischen Bereich tätigen Bibliotheksbeamten in Konkurrenz zu den Akademikern, für die die Bibliothek ein Teil der Universität und damit ein möglicher Arbeitsplatz war. Diese Akademiker konnte man nicht einfach dadurch ausgrenzen, daß man das Abitur oder akademische Prüfungen für die Ausübung des Bibliothekaramtes verlangte, denn alle diese Voraussetzungen besaßen die Akademiker ja bereits. Also mußte man eine Grenze innerhalb der Akademikerschaft errichten, indem man den Akademiker zum Spezialisten und den Bibliothekar zum Anwalt eines Allgemeinen erklärte, um auf diese Weise akademische Voraussetzungen verlangen zu können und dennoch nicht jeden Akademiker in den Bibliotheken anstellen zu müssen. Dieser Abgrenzung dienten die entstehenden bibliothekarischen Lehrbücher, die dem akademischen Anspruch insofern verpflichtet blieben, als sie zunächst Lehrbücher einer Bibliotheks*wissenschaft* sein wollten, um diesen Anspruch mit der zunehmenden Festigung des Berufsstandes aufgeben zu können und zu Bibliotheks*kunden* oder *-lehren* zu werden. Indem diese Kunden und Lehren einen abprüfbaren Lehrstoff und keine Bibliothekstheorie darbieten wollten, dokumentierten sie die auf bibliothekarischer Seite vollbrachte Genese eines Berufsstandes, die in Julius Petzholdts *Katechismus der Bi-*

---

11 Zu Eberts Forderungen nach Prüfungen und ausreichender Besoldung siehe seine *Bildung des Bibliothekars*, S. 58–60. Vgl. dazu Jochum, *Bibliotheken und Bibliothekare 1800–1900*.

bliothekenlehre aus dem Jahr 1856 ihren Abschluß fand. Von nun an war weniger zu fragen als zu lernen, wenn man Bibliothekar werden, d. h.: die Prüfungen bestehen wollte.[12] Diese Prüfungen aber wurden vom Staat eingerichtet, der sich nun seinerseits für die Bibliothekare zu interessieren begann.

Am Beginn der staatlichen Normierung des Bibliothekarberufes standen nur vereinzelte Prüfungen für die Bewerber um ein Bibliotheksamt.[13] Zu den sich im 19. Jahrhundert mehrenden Stimmen, die Prüfungen für den Zugang zum Bibliotheksdienst verlangten, kamen Dienstordnungen dieser oder jener Bibliothek hinzu, in denen vom Bewerber bestimmte »Kenntnisse« verlangt wurden. So wurde 1811 in einer Dienstordnung der Münchener Hofbibliothek von den Bewerbern um ein Bibliotheksamt Kenntnisse in Sprachen, Handschriftenkunde, Diplomatik, altdeutscher Literatur und Wissenschaftskunde verlangt. Welche Kenntnisse das jeweils auch gewesen sein mögen, kennzeichnend bleibt für einige Jahrzehnte, daß jede Bibliothek die Frage der Voraussetzungen individuell regelte und von der Seite des Staates zunächst kein Bedarf bestand, hier normierend einzugreifen.[14] Erst als ab der Mitte des Jahrhunderts der Staat dazu überging, die Leistungsverwaltung (Bahn, Post) zu verstaatlichen,[15] kamen offenbar auch die Bibliotheken in den Blick der staatlichen Planer. Jedenfalls ist es wohl kaum ein Zufall, daß 1864 das bayerische Staatsministerium des Innern für Kirchen- und Schulangelegenheiten per Verordnung festlegte, daß von den Bewerbern für die Bibliothekarsausbildung Abitur, Universitätsstudium, Staatsexamen, Fremd-

12 Jochum, *Bibliotheken und Bibliothekare 1800–1900*, S. 41–44.
13 Leyh, »Der Bibliothekar und sein Beruf«, S. 1–15. Die erste bekannte bibliothekarische Prüfung fand 1793 in Wien statt, als es um die Besetzung der Stelle des Oberbibliothekars an der Universitätsbibliothek ging (Buzas, *Deutsche Bibliotheksgeschichte der Neuzeit*, S. 128).
14 Vgl. Buzas, *Deutsche Bibliotheksgeschichte der neuesten Zeit*, S. 107 ff. und Scholl, »Bibliothekar und Wissenschaft«.
15 Wunder, *Geschichte der Bürokratie in Deutschland*, S. 81 ff.

sprachenkenntnisse und eine gute Handschrift zu fordern sei. Diese Maßnahme hat zwar auf die Bibliotheken insofern gewirkt, als man nun auch andernorts, wie etwa in Dresden, dazu überging, strengere Maßstäbe bei der Auswahl der Bewerber anzulegen und sich dabei auf den bayerischen Vorgang berufen konnte, zu einer breiten juristischen Normierungsbewegung kam es jedoch fürs erste noch nicht.

Die Gründe dafür liegen im wesentlichen bei den beiden Hauptakteuren des Bibliothekswesens: dem Staat und den Bibliothekaren. Der Staat konnte zunächst keinen Handlungsbedarf erkennen, weil die Bibliotheksstellen entweder als Nebenamt und damit als kleines Zubrot für Professoren betrachtet wurden, deren finanzielle Ausstattung daher nicht reichlich zu sein brauchte, oder als willkommene Sinekuren für Privatdozenten, die anderswo nicht unterkamen und froh sein mußten, überhaupt eine Einnahmequelle zu haben. Genau deshalb hatten auch die in den Bibliotheken tätigen Professorenbibliothekare und Dozenten kein Interesse an einer Änderung dieser Zustände, die ihnen das tägliche Brot sicherten. Eine Professionalisierung mit zusätzlichen Auswahlkriterien außer denen, die sie als Akademiker bereits besaßen, mußte für sie entweder Arbeitslosigkeit oder Minderung des Einkommens bedeuten. Obwohl daher in der ersten Jahrhunderthälfte hier und da der Ruf nach einem hauptamtlichen Bibliothekar für die Universitätsbibliothek laut wurde, man z.B. 1820 Riemer, den Sekretär Goethes, nach Greifswald berufen wollte,[16] konnte sich ein solcher Ruf angesichts der beschriebenen Interessenlage zunächst nicht durchsetzen. Die Abkehr vom Professorenbibliothekar erzeugten vielmehr Verwaltungsprobleme an den Universitätsbibliotheken, die durch immer größer werdende Bestände ausgelöst wurden und die Professorenbibliothekare in einen Rollenkonflikt stürzten: Einerseits waren sie als Mitglieder des akademischen Lehrkörpers an ihrem aka-

demischen Fortkommen interessiert, auf das ein Zuviel an
Verwaltungstätigkeit für die Bibliothek nur hemmend wirken konnte, andererseits waren sie gegenüber dem akademischen Lehrkörper als Leiter der Universitätsbibliothek für
die zunehmenden Mißstände verantwortlich. Dieser Rollenkonflikt konnte nur durch Trennung dieser beiden Rollen
gelöst werden, und dazu mußte wiederum die staatliche
Verwaltung veranlaßt werden, die Bibliothekarsstellen finanziell aufzuwerten und den Zugang zu diesen Stellen zu
reglementieren, um durch Schaffung eines einheitlichen Ver-
waltungskörpers die Effizienz der Bibliotheken zu stei-
gern.[17]

Die Zeit war erst nach dem Deutsch-Französischen Krieg
1870/71 dafür reif, als durch zunehmende Industrialisierung
(Übergang zu den neuen Leitsektoren Chemie, Elektrotech-
nik und Motoren) und Verstädterung die finanziellen Mittel
erwirtschaftet wurden, mit denen ein wachsendes Beamten-
heer alimentiert werden konnte. Für die Bibliotheken wurde
der Bedarf an hauptamtlichen Bibliothekaren und Biblio-
theksleitern zunächst dadurch gedeckt, daß man aus dem
akademischen Lehrkörper am Bibliothekswesen Interessierte rekrutierte und ihnen eine der Universitätslaufbahn
vergleichbare Karriere anbot. Hierbei war die »Schule«
Friedrich Wilhelm Ritschls sehr bedeutsam, der in Bonn
Professor für klassische Philologie und zugleich Oberbibliothekar der Universitätsbibliothek war.[18] Zur Herstellung der

17 Der Konflikt des Professorenbibliothekars zwischen seinen beiden Rollen
   als Bibliothekar und Professor kommt sehr gut zum Ausdruck in einem
   1840 verfaßten Etatbericht des Tübinger Verwaltungswissenschaftlers und
   Bibliotheksleiters Robert von Mohl, worin dieser schreibt, die Stellung
   eines Oberbibliothekars sei für einen Professor nachteilig, »weil er nicht so
   viele Zeit auf sie verwenden kann, als wünschenswerth wäre; sie ist nachtheilig für die Universität, weil sie ihr einen Theil der Thätigkeit eines
   Lehrers entzieht; sie ist nachtheilig für ihn, weil sie ihn von literarischen
   Arbeiten abhält, ein Verlust an Namen und an Geld« (zit. nach: Ehrle,
   »Bibliothekspolitik im Vormärz«, S. 29).
18 Zu Ritschl siehe Buzas, *Deutsche Bibliotheksgeschichte der neuesten Zeit,*

Kataloge beschäftigte er 1854–65 eine große Zahl studentischer Hilfskräfte und Volontäre, aus deren Reihen die erste Generation hauptamtlicher Bibliotheksleiter stammte: 1871 wurde sein Schüler Anton Klette als Oberbibliothekar an die Universitätsbibliothek Jena berufen, 1872 folgte Karl Dziatzko einem Ruf auf die Stelle des Oberbibliothekars an die UB Breslau, 1873 ging Karl Zangemeister an die UB Heidelberg, 1875 August Wilmanns an die Göttinger Bibliothek. Durch diesen Generationswechsel im Bibliothekarsamt begann ein Ablösungsprozeß vom alten Professorenbibliothekar, wie ihn Ritschl noch darstellte, indem die personellen Ressourcen für die hauptamtlichen Bibliotheksleiter bereit gestellt wurden, wenngleich viele Universitäten am Doppelamt von Professor und Bibliothekar zunächst noch festhielten. Wie eng die Anbindung der neuen Generation hauptamtlicher Oberbibliothekare an das akademische Umfeld aber immer noch war, erkennt man daran, daß sie fast alle auch ausgewiesene Wissenschaftler waren und an der Tätigkeit des Bibliothekars als einer wissenschaftlichen Tätigkeit festhielten: Zangemeister z. B. war ein bedeutender Paläograph und Dziatzko Altphilologe (er schrieb u. a. den bedeutenden Artikel *Bibliotheken* in *Paulys Real-Encyclopädie der Classischen Alterthumswissenschaft*).

Die endgültige Ablösung vom Professorenbibliothekar brachte indessen der am 15. Dezember 1893 in Preußen veröffentlichte *Erlass, betreffend die Befähigung zum wissenschaftlichen Bibliotheksdienst bei der Königlichen Bibliothek zu Berlin und den Königlichen Universitäts-Bibliotheken*,[19] der wesentlich unter der Ägide Dziatzkos erarbeitet worden war, der seit 1886 den neugeschaffenen Lehrstuhl für Bibliothekhilfswissenschaften an der Universität Göttin-

---

S. 110; Scholl, »Bibliothekar und Wissenschaft«, S. 163 und Lohse, »Friedrich Ritschl und die Bonner Universitätsbibliothek«.

19 Der preußische *Erlass, betreffend die Befähigung zum wissenschaftlichen Bibliotheksdienst* ist abgedruckt im ZfB 11 (1894) S. 77–79. Ich zitiere nach dieser Veröffentlichung.

gen innehatte. Der Erlaß legt folgende Bedingungen für die
Zulassung zum Volontärdienst, dem heutigen Bibliotheksre-
ferendariat, fest:

> »a) das Reifezeugniss eines deutschen humanistischen Gymna-
> siums;
> b) der Nachweis, dass der Bewerber die erste theologische Prü-
> fung, die erste juristische Prüfung, die ärztliche Prüfung oder
> die Prüfung für das Lehramt an höheren Schulen mit gutem
> Erfolg bestanden oder an einer deutschen Universität den
> vorgeschriebenen Habilitationsleistungen genügt hat;
> c) der Nachweis, dass der Bewerber von einer deutschen Uni-
> versität auf Grund einer gedruckten Dissertation und münd-
> lichen Prüfung zum Doctor oder Licentiaten promovirt wor-
> den ist;
> d) ein Zeugniss über die bisherige Führung;
> e) eine ärztliche Gesundheitsbescheinigung;
> f) der Nachweis, dass dem Bewerber mindestens diejenigen
> Mittel gesichert sind, welche für seinen standesgemässen Un-
> terhalt während zweier Jahre erforderlich erscheinen.«

Indem der Erlaß außerdem festlegte, welche Kenntnisse von
den Bewerbern bei der Abschlußprüfung zu verlangen waren (Bibliotheksverwaltungslehre, bibliographische Hilfsmittel, allgemeine Literaturgeschichte, Englisch, Franzö-
sisch, Italienisch, allgemeine Bekanntschaft mit der Geschichte des Schrift- und Buchwesens; Kenntnisse auf dem
Gebiet der Paläographie und Inkunabelkunde sollten den
Bewerbern zur Empfehlung gereichen), hat er sicherlich den
»allgemeinen Mangel an Berufsgefühl«, den Georg Leyh für
diese Zeit konstatierte,[20] beseitigen helfen. Die Herstellung
eines »Berufsgefühls« gelang ihm freilich nur über rigide
Ausschlußmechanismen, die sich wie folgt darstellen:

Die Voraussetzung des Abiturs an einem deutschen humanistischen Gymnasium bedeutete den Ausschluß aller
Frauen, die ja sowieso von der Hochschulreife ausgeschlossen waren (erst 1893 wird in Baden das erste staatliche

20 Leyh, »Der Bibliothekar und sein Beruf«, S. 17.

Mädchengymnasium gegründet). Die Forderung nach dem
Abitur an einem humanistischen Gymnasium und die Forderungen nach theologischer, juristischer, ärztlicher Prüfung oder Prüfung für das Lehramt bedeutete den Ausschluß
all derer, die an Realgymnasien oder Oberrealschulen das
Abitur erworben hatten bzw. erwarben (die Oberrealschule
bot erst ab 1901 die Möglichkeit zum Abitur). Damit wurden im wesentlichen die Söhne der Mittelschicht (Handwer-
ker, Wirte, Kaufleute) ausgeschlossen, die sich verstärkt den
Realschulen zuwandten, um dort eine für die technischen
Berufe des industriellen Sektors brauchbare Schulbildung zu
erhalten. Das bedeutete, daß die demographische Bewegung
an den Universitätsbibliotheken vorbei ging, die sich durch
ihre Personalrekrutierung weiterhin an die überkommene
humanistische Tradition banden. Die Forderung nach einer
Promotion bedeutete zusammen mit der Forderung des
Nachweises eines standesgemäßen Unterhalts während der
Volontärszeit eine ökonomische Hürde, die mögliche Auf-
steiger aus den unteren Schichten vom Staatsdienst ausschloß.[21]

Neben solchen Ausschließungen gab es weitere organisatorische Maßnahmen, mit denen vor allem in Preußen von
staatlicher Seite ein »Berufsgefühl« erzeugt wurde. Hierher
gehört die bereits erwähnte Schaffung eines mit Karl
Dziatzko besetzten Lehrstuhles für »Bibliothekshilfswissenschaften« an der Universität Göttingen im Jahre 1886. Diesem Lehrstuhl kam insofern programmatische Bedeutung
zu, als mit ihm sowohl eine Reflexion über das Wesen von
Bibliotheken etabliert als auch eine Ordnung der Zugangsvoraussetzungen zu Ausbildung und Amt geschaffen wurde.
Dies kommt darin zum Ausdruck, daß Dziatzko 1888 zum
Leiter einer Kommission eingesetzt wurde, deren Aufgabe
die Auslotung von Möglichkeiten der Reform der wissen-

---

21 Zur sozialen Rekrutierung der Beamtenschaft vgl. Wunder, *Geschichte der
Bürokratie in Deutschland*, S. 75 f.

schaftlichen Bibliotheken war. Das Ergebnis der von dieser
Kommission angestellten Überlegungen war ein bereits im
Dezember 1888 vorgelegter *Vorschlag über die Festsetzung
von Bedingungen für die Zulassung zum Bibliotheksdienst*,
die Kenntnisse in griechischer, lateinischer und deutscher Paläographie, Kenntnisse der Druckgeschichte, der allgemeinen
Literaturgeschichte, der Bibliographie und der Bibliotheksverwaltungslehre forderten und in einem 1891 veröffentlichten Ergänzungsbericht um Kenntnisse der Literaturgeschichte
des Mittelalters erweitert wurden. Diese Forderungen wurden dann in dem bereits erwähnten preußischen Erlaß aus
dem Jahre 1893 – zum Glück für die Kandidaten – nicht
vollständig übernommen.[22]

Außerdem bot der Göttinger Lehrstuhl die Möglichkeit,
die verlangten Kenntnisse auch lehren zu lassen und diese
Lehre wiederum zum Bestandteil des Volontariats zu machen: Den preußischen Volontären wurde freigestellt, das
zweite Volontärjahr mit dem Studium der »Bibliothekshilfswissenschaften« in Göttingen zuzubringen.[23] Dabei deutet
bereits das Wort »Bibliothekshilfswissenschaften« darauf
hin, daß es nicht auf die Akademisierung wie immer zu
qualifizierender bibliothekarischer Kenntnisse und Probleme ankam, woraus eine »Bibliothekswissenschaft« im
Singular hätte entstehen können, sondern höchstens um ergänzende Kenntnisse für eine spätere Praxis, vor allem aber
um die Strukturierung der Zugangsbedingungen zum Beruf,
wobei normierte prüfbare Kenntnisse als Selektionskrite-
rium wirken konnten. Insofern ist der Göttinger Lehrstuhl
nichts weiter als die staatliche Antwort auf die innerbiblio-

22 Leyh, »Der Bibliothekar und sein Beruf«, S. 15 ff.
23 Im § 5 des *Erlasses, betreffend die Befähigung zum wissenschaftlichen
Bibliotheksdienst* heißt es über das zweite Volontariatsjahr: »Dem Volontär
steht es, auch wenn er bisher an einer anderen Bibliothek beschäftigt war,
frei, das zweite Volontärjahr an der Universitäts-Bibliothek zu Göttingen
zuzubringen, sofern er sich auf der dortigen Universität zugleich einem
zweisemestrigen Studium der Bibliothekshülfswissenschaften zu widmen
beabsichtigt.«

thekarische Tendenz, eine Bibliotheks*wissenschaft* zugunsten einer Bibliotheks*kunde* aufzugeben.[24]

Eine weitere organisatorische Maßnahme war die Gründung des *Zentralblatts für Bibliothekswesen* (ZfB) im Jahre 1884, die auf Anregung des Bibliotheksreferenten im preußischen Kultusministerium, Friedrich Althoff,[25] zustande kam. Vorgänger des ZfB waren der von 1856 bis 1886 erscheinende *Anzeiger für Literatur der Bibliothekswissenschaft* (herausgegeben von Petzholdt, dem Verfasser des *Katechismus der Bibliothekenlehre*) und das von 1840 bis 1870 erscheinende *Serapeum. Zeitschrift für Bibliothekswissenschaft, Handschriftenkunde und ältere Litteratur*. Von diesen Vorgängern unterscheidet sich das ZfB dadurch, daß es sich zum Organ des gesamten Berufsstandes der wissenschaftlichen Bibliothekare entwickelte und nicht mehr von einer überragenden Herausgeberfigur alleine abhing. Bis zum Ende des Zweiten Weltkrieges blieb das ZfB daher der Ort bibliothekarischer Selbstvergewisserung, in dem bedeutende Artikel aus Theorie und Praxis veröffentlicht wurden und den innerbibliothekarischen Auseinandersetzungen ein Forum geboten wurde, das die verschiedenen Meinungen zusammenführte und dadurch half, das von Leyh reklamierte Berufsgefühl zu schaffen.

Dieses Berufsgefühl fand seine Krönung in der Schaffung des Vereins Deutscher Bibliothekare (VDB), der auf dem ersten deutschen Bibliothekartag im Jahre 1900 in Marburg gegründet wurde. Bei der Gründung war man sicherlich inspiriert von dem von Nörrenberg im ZfB veröffentlichten

24 Schon Leyh, »Der Bibliothekar und sein Beruf«, S. 18 hatte festgestellt, daß es dem Lehrstuhlinhaber Dziatzko nicht gelungen war, die Fülle des verlangten Stoffes »in akademischer Form« vorzutragen. In den seither vergangenen Jahrzehnten hat sich die Lage nicht verändert, »Bibliothekswissenschaft« wurde vielmehr trotz aller akademischen Versuche die Domäne der Fachhochschulen, wo es explizit um prüfbares Wissen zur Absolvierung von Laufbahnprüfungen geht.

25 Zu Althoff siehe Brocke, »Hochschul- und Wissenschaftspolitik in Preußen und im Deutschen Kaiserreich 1882–1907: das ›System Althoff‹«.

Bericht über den 1893 in Chicago durchgeführten internationalen Bibliothekskongreß, in dem er auch die bereits 1876 erfolgte Gründung der American Library Association (ALA) und die 1877 gegründete Library Association of the United Kingdom erwähnt. Indem der VDB, dessen Gründung u. a. von Dziatzko betrieben worden war, als Vereinszweck die Pflege des Zusammenhanges unter den deutschen Bibliothekaren und die Förderung der Interessen des Bibliothekswesens nannte,[26] dokumentiert er die geglückte Schaffung eines Berufsstandes, der im VDB nicht nur nach außen hin geschlossen auftreten konnte, sondern auch nach innen durch die Einrichtung zahlreicher Vereinskommissionen strukturiert wurde.

Der Preis, der von den Bibliothekaren für die vom Staat unterstützte Schaffung ihres Berufsstandes zu zahlen war, hieß zunehmende staatliche Reglementierung, die sich bereits 1886 darin zeigte, daß die Zahl der Wochenstunden, die ein preußischer Bibliotheksbeamter in der Bibliothek zuzubringen hatte, von 30 auf 34 erhöht wurde.[27] Hinzu kamen in Preußen die erwähnte Ausbildungsordnung von 1893 und die Instruktionen für die alphabetischen Kataloge der preußischen Bibliotheken aus dem Jahr 1899, die vom Minister der geistlichen, Unterrichts- und Medizinal-Angelegenheiten genehmigt worden waren und zum erstenmal für ein deutsches Land verbindliche Katalogisierungsregeln für alle wissenschaftlichen Bibliotheken per Erlaß festschrieben.

Die von Ebert erhoffte Sakralisierung der Bibliotheken, in deren »Heiligthum«[28] der Bibliothekar sich wie ein Priester fühlen durfte, endete damit am Ausgang des 19. Jahr-

---

26 Die Gründungssatzung des VDB ist abgedruckt im ZfB 17 (1900), S. 423 f. Dort heißt es in § 1: »Der Verein hat den Zweck, den Zusammenhang unter den deutschen Bibliothekaren zu pflegen und die Interessen des Bibliothekswesens zu fördern.«

27 Leyh, »Die deutschen Bibliotheken von der Aufklärung bis zur Gegenwart«, S. 326.

28 Ebert, *Die Bildung des Bibliothekars,* S. 67.

hunderts mit der in allen Bereichen durchgeführten staatlichen Aufsicht über die Bibliotheken, die weder Priester noch relativ selbständig arbeitende Wissenschaftler übrig ließ, sondern durch die Forderung zusätzlicher Kenntnisse den akademischen Bibliotheksbeamten vom akademischen Universitätslehrer trennte. Durch die bei der Schaffung des Berufsstandes Hand in Hand arbeitenden bibliothekarischen Hoffnungen und staatlichen Bedürfnisse konnten die von Ebert vom Bibliothekar geforderten moralischen Eigenschaften problemlos vom Staat instrumentalisiert werden: Die »strenge Ordnungsliebe bis ins Einzelne herab« wurde zum Motor der Durchsetzung von Verwaltungsakten und die »literarische Selbstverläugnung und Uneigennützigkeit« zum Garanten ungeteilter Aufmerksamkeit während der Dienststunden.[29] Das Opfer, das Ebert schon früh von den Bibliothekaren erwartet hatte und das darin bestand, nicht selbst schreiben zu dürfen, sondern Geschriebenes verwalten zu müssen, dieses Opfer zeigt sich gegen Ende des 19. Jahrhunderts in bezeichnender Weise transformiert: Nun dürfen Bibliothekare schreiben – freilich keine Bücher für ein Publikum, sondern Akten für die vorgesetzte Behörde.

---

29 Ebert, *Die Bildung des Bibliothekars,* S. 51–56. Vgl. dazu Jochum, *Bibliotheken und Bibliothekare 1800–1900.*

X
Abschied von der Universalbibliothek

Während der Beginn des 19. Jahrhunderts von den Bestrebungen gekennzeichnet war, der systematischen Aufstellung und dem systematischen Katalog in den Bibliotheken zum Sieg zu verhelfen, änderte sich die Situation nach dem Deutsch-Französischen Krieg und der Reichseinigung unter Bismarck ab 1871 wesentlich. Die Bibliotheken gerieten zunehmend unter den Druck, ihre Verwaltungsstruktur zu ändern, und dieser Druck führte nicht nur zur Institutionalisierung des Berufsbibliothekars, wie wir sahen, sondern schließlich auch zum Bruch mit der systematischen Aufstellung, die bisher in der Sicht der Bibliothekare Kennzeichen der Universalität einer Bibliothek war.

Einer der Faktoren, die zu diesem Bruch führten, war sicherlich die Zunahme der Buchproduktion während des 19. Jahrhunderts, die durch die neuen technischen Möglichkeiten der Schnellpresse (ab 1812), des Rotationsdrucks (ab 1873) und in den 80er Jahren schließlich durch die Einführung der Monotype und Linotype gegeben war. Am 9. November 1867 erloschen im Deutschen Bund außerdem die sogenannten ewigen Verlagsrechte – von nun an galt eine urheberrechtliche Schutzfrist von 30 Jahren nach dem Tod eines Autors. Diese Regelung wurde 1870 vom Norddeutschen Bund übernommen und ab 1871 durch die Verfassung des neugegründeten Deutschen Reiches zum Reichsgesetz erhoben.[1] Die Folgen waren bedeutend: Auf einen Schlag wurden die Werke der Klassiker frei, so daß in der Folgezeit die Werke Schillers und Goethes in preiswerten Ausgaben erscheinen konnten. Programmatisch ist hier *Reclams Universalbibliothek*, die bereits im November 1867 mit Goethes *Faust* eröffnet wurde. 1874 wurde schließlich die Präventiv-

---

1 Vgl. Bosse, *Autorschaft ist Werkherrschaft.*

zensur abgeschafft. Diese neuen Freiheiten zusammen mit den neuen technischen Möglichkeiten führten zu einer ungeahnten Zunahme der Buchproduktion, die 1801 noch rund 4000 neue Bücher umfaßt hatte, 1851 auf über das Doppelte (8326) angestiegen war, um diese Zahl bereits 1885 wiederum zu verdoppeln (16305). Die Literatur aber wurde nicht einfach immer mehr, sondern veränderte sich auch qualitativ, indem der Anteil theologischer Werke an der Literaturproduktion kontinuierlich ab- und der Anteil der »Realien« (Landwirtschaft, Technik, Handel und Gewerbe usw.) kontinuierlich zunahm.[2]

Diese Entwicklung traf die Bibliotheken mit ganzer Wucht, ohne daß sie darauf vorbereitet gewesen wären. Natürlich hatte es früh schon Stimmen gegeben, die die Bibliotheken vor einer Zunahme der Buchproduktion gewarnt und Maßnahmen zur Bewältigung vorgeschlagen hatten.[3] Aber alle diese Stimmen trafen auf einen bibliothekarischen Konsens, der davon ausging, daß das beste Ordnungsmittel einer Bibliothek die systematische Aufstellung der Bestände sei, der ein systematischer Katalog als Sachkatalog (neben dem alphabetischen Verfasserkatalog) zuzuordnen sei, so daß sich Buchaufstellung und systematischer Sachkatalog genau entsprächen. Dies war nicht nur bibliothekarische Theorie, sondern bis zum Jahrhundertende auch bibliothekarische Praxis. So ordnete Zangemeister, als er 1873 die Leitung der UB Heidelberg übernahm, die Bestände nach einem System, das bis heute seinen Namen trägt. Und Dziatzko nutzte seine überragende Position, um für die systematische Aufstellung Partei zu ergreifen.[4]

Ein wesentlicher Grund für diesen breiten bibliothekari-

---

2 Siehe Rarisch, *Industrialisierung und Literatur*, S. 61 ff. Zur Zensur siehe Breuer, *Geschichte der literarischen Zensur in Deutschland*.

3 Mahnende Stimmen waren Kayser und Schrettinger gewesen, die für eine klare Trennung von Aufstellung und Katalog plädiert hatten, aber beide von ihren Fachkollegen ignoriert oder bekämpft wurden.

4 Leyh, »Aufstellung und Signaturen«, S. 715.

schen Konsens lag seit dem Beginn der Neuzeit in der An-
nahme, daß eine Bibliothek die Ordnung des Wissens und
der Wissenschaften durch ihre Buchaufstellung abzubilden
habe und erst in dieser Abbildung von Ordnung benutzbar
sei – und sei es im Sinne eines Museums, so daß Gräsel 1890
in seinen *Grundzügen der Bibliothekslehre* immer noch
schreiben konnte: »Ohne die Wichtigkeit guter Kataloge zu
verkennen, [...] möchten wir doch mit Ebert fragen, warum
man Bildergalerien, Naturalien- und Münzsammlungen
nach ihren Klassen und Einrichtungen ordne, Bibliotheken
aber eine Ausnahme erlaube, warum gerade die Bücher ohne
innere Ordnung beisammen stehen sollen lediglich mit der
Entschuldigung, daß man sie schon im wissenschaftlichen
Katalog nach ihren Klassen aufgeführt habe?«[5] Dabei muß
man sich darüber im klaren sein, daß es bei dieser Frage im
wesentlichen nicht um die Benutzbarkeit der Bestände ging,
sondern um die Wahrung eines »Bücherschatzes«, der gebraucht, aber nicht verbraucht werden solle, wie Gräsel
ebenfalls schrieb.[6] Das Argument des systematisch geordneten Bücherschatzes zum besten der Wissenschaft übersah
allerdings, daß es eben eine solche Wissenschaft im Singular
nicht mehr gab, sondern nur noch viele Wissenschaften,
die kaum mehr auf den gemeinsamen Nenner eines verbindlichen Systems zu bringen waren. Dieser Sachverhalt war zu
Zeiten geringerer literarischer Produktion vernachlässigbar
gewesen, nun aber mußte die enorme Buchproduktion die
Bibliotheken in eine Krise treiben.[7]

Diese Krise ist daran abzulesen, daß die Bibliothekare auf
die Zunahme der Buchproduktion dadurch antworteten,
daß sie streng nur noch die »nützliche« Literatur für die
Bibliotheken auswählen wollten, ohne freilich exakte Krite-

---

5 Gräsel, *Grundzüge der Bibliothekslehre mit bibliographischen und erläuternden Anmerkungen*, S. 216.
6 Ebd. S. 300.
7 Vgl. die Darstellung bei Leyh, »Aufstellung und Signaturen«, S. 702–720
  und Jochum, *Bibliotheken und Bibliothekare*.

rien für ebendieses »Nützliche« nennen zu können. Das Ergebnis war, daß man weiterhin versuchte, die Bibliotheken möglichst zu komplettieren, wodurch aber die systematische Aufstellung zusehends unbrauchbarer wurde, weil es immer schwerer fiel, die Neuanschaffungen in den Bücherregalen an den richtigen Stellen unterzubringen und die Signaturen, die sowohl die Systemstelle als auch das individuelle Buch exakt angeben mußten, immer komplizierter wurden und dadurch ihre Brauchbarkeit gefährdet war. Schließlich geriet die Idee der Systematik auch durch statistische Untersuchungen unter Druck, die belegten, daß von den umfangreichen Beständen der Bibliotheken je nach Fach nur zwischen 15 und 34% genutzt wurden, so daß mindestens die Hälfte der in einer Bibliothek vorhandenen Bücher als »tot« betrachtet werden mußte. Wenn aber der überwiegende Teil der Bücher einer Bibliothek nicht genutzt wurde, dann ergab es nur noch wenig Sinn, diese Masse toter Literatur immer wieder nach dem gerade neuesten wissenschaftlichen System umzustellen. Die mangelnde Nutzung dieses Buchkosmos deutete nun darauf hin, daß das Ideal einer universalen systematisch aufgestellten Büchersammlung antiquiert und den wissenschaftlichen Bedürfnissen nicht angemessen war.[8]

Daß der Kosmos des Wissens zerstört war, manifestierte sich schließlich auf organisatorischer Ebene in der 1910 erfolgten Gründung der Kaiser-Wilhelm-Institute, aus denen

8 Die systematische Aufstellung wurde Anfang des 20. Jahrhunderts von Georg Leyh in bahnbrechenden Artikeln kritisiert: »Das Dogma von der systematischen Aufstellung« bildete die Initialzündung, auf die sein kurzer Aufsatz »Systematische oder mechanische Aufstellung« folgte, in dem er für die Königliche Bibliothek in Berlin folgende Nutzungsstatistik für die Jahre 1910/11 aufstellte: Von der Technik und Ökonomie wurden nur 13% des Bestandes benutzt, von der Theologie 15%, von der Medizin und den Orientalia je 16%, Naturwissenschaften 17%, Literaturgeschichte 18%, Rechts- und Staatswissenschaften sowie Geschichte und Geographie 21%, Mathematik und Astronomie 22%, Neuere Sprachen 25%, Kunst 27%, Philosophie und Pädagogik 29%, Allgemeine und Klassische Philologie 34% (Anm. 2, S. 403).

später die Max-Planck-Institute hervorgingen. Dies war jedoch nur der letzte Schritt einer Entwicklung, die schon früher begonnen hatte: Im Jahr 1906 wurden in Preußen 367 »Anstaltsbibliotheken« (Bibliotheken universitärer Seminare, Institute, Laboratorien, Kliniken, Museen, Sammlungen usw.) gezählt, von denen zwei Drittel nach 1870, also nach der Reichseinigung, gegründet worden waren.[9] Ursprünglich waren diese Institutsbibliotheken nichts anderes als die Privatbibliotheken und Handapparate der Professoren der entsprechenden Institute gewesen, die sich allmählich ausgeweitet und zu eigenen Fachbibliotheken entwickelt hatten. Damit nahm eine für das Bibliothekswesen verhängnisvolle Entwicklung ihren Lauf. Waren die ausgebauten Handbibliotheken die Antwort auf die Etatknappheit der Universitätsbibliotheken, die angesichts der Spezialisierung längst nicht mehr jedes wichtige Buch anschaffen konnten und obendrein den Zugang zu ihren Beständen bürokratisch erschwerten, so bedeutete der Ausbau dieser Hand- zu richtigen Fachbibliotheken, daß die sowieso schon knappen Etatmittel nun auf zentrale Universitätsbibliothek und dezentrale Fachbibliotheken verteilt werden mußten. Die Fachbibliotheken profitierten dabei von der Spezialisierung insofern, als sie die spezielle Forschungsliteratur anschafften und ohne große Hindernisse den Benutzern zur Verfügung stellten, während die zentrale Universitätsbibliothek eher für das Allgemeine zuständig und dadurch prompt für die Spezialisten immer unattraktiver wurde.[10]

Zwar versuchte man in Preußen per Erlaß vom 15. Oktober 1891,[11] die Zusammenarbeit von Instituts- und Universitätsbibliotheken zu regeln, aber diese Zusammenarbeit ließ sich in der Praxis nicht realisieren: Der vorgeschriebene

9 Siehe Naetebus, »Über die Bibliotheken der Preußischen Universitätsinstitute«.

10 Vgl. auch die Rekonstruktion dieser Vorgänge bei Stoltzenburg, »Ein Rückblick nach vorn«.

11 Der Erlaß ist abgedruckt im ZfB 8 (1891) S. 550f.

Gesamtkatalog für die »Anstaltsbibliotheken« und die Universitätsbibliothek eines Universitätsortes wurde nicht verwirklicht. Die Auseinanderentwicklung von Instituts- und Universitätsbibliotheken hielt vielmehr an und verfestigte sich zum sogenannten zweischichtigen Bibliothekssystem, das bis heute in Deutschland dominiert. Daneben ist es eine besondere Pointe dieser Entwicklung, daß die gerade institutionalisierte bibliothekarische Laufbahn an ebendiesen Instituts- und Seminarbibliotheken unterlaufen wurde. Denn während an den Universitätsbibliotheken nur staatlich geprüfte Bibliothekare tätig sein durften und sogar eine Differenzierung der Laufbahnen einsetzte, war an den Seminar- und Institutsbibliotheken ehrenamtliches oder schlecht bezahltes studentisches Personal tätig, das naturgemäß an den innerbibliothekarischen Entwicklungen kaum interessiert war. Der Vorwurf der professionellen Bibliothekare, daß eine ordnungsgemäße Verwaltung der Instituts- und Seminarbibliotheken ohne geprüftes bibliothekarisches Personal nicht gegeben sei, hat freilich das Wachstum der Instituts- und Seminarbibliotheken bis heute nicht beeinträchtigt.

Insgesamt bedeutete diese Entwicklung also eine Abkehr von der *universitas litterarum* und eine Spezialisierung der Forschung, die, gefördert von der Industrie,[12] in die Kaiser-Wilhelm-Institute abwanderte, wo sie ideale Forschungsbedingungen auch ohne – bibliothekarisch gesehen – ideale Bibliotheken vorfand. Dieser Entwicklung korrespondierte die Einrichtung technischer Hochschulen mit eigenen Bibliotheken, die wie eh und je von den Professoren ohne die Hilfe bibliothekarischen Fachpersonals verwaltet wurden. Man mag sich diese Phänomene damit erklären, daß an den eher naturwissenschaftlich ausgerichteten Instituten und Fachhochschulen das Buch gegenüber der Zeitschrift für die Forschung keine große Rolle spielte. Aber man muß auch

---

12 Daß die Kaiser-Wilhelm-Institute im wesentlichen von der deutschen Industrie unterhalten wurden, hatte schon Leyh, »Die deutschen Bibliotheken von der Aufklärung bis zur Gegenwart«, S. 311 nicht unerwähnt gelassen.

zugeben, daß Wohl und Wehe der Forschung keineswegs so sehr von den Bibliotheken abhängen, wie Bibliothekare sich das oft wünschen. Vielmehr zeigte schon die Geschichte der (spät-)mittelalterlichen Universität und nun die Geschichte der Universität am Ende des 19. Jahrhunderts, daß es zwischen qualitativ hochwertigen Bibliotheken und qualitativ hochwertiger Forschung durchaus keinen Kausalzusammenhang gibt. Diese Erkenntnis mußte für die Bibliotheken eine Kränkung bedeuten. Die von ihnen so lange beschworene *universitas litterarum* entpuppte sich als eine Fiktion, um die sich die innovativen Wissenschaften nicht mehr scherten. Die Universitätsbibliotheken drohten daher ins Abseits zu geraten, wenn sie nicht endlich auf diese Vorgänge reagierten.

Die Lösung dieser Probleme lag für die Bibliotheken darin, sich vom Dogma der systematischen Aufstellung zu trennen und Buchaufstellung und Sachkatalog zu entkoppeln, also einen standortfreien Sachkatalog zu schaffen. Sie zogen damit die Konsequenz aus der wissenschaftlichen Spezialisierung, die zu ständig neuen Wissenschaftsfächern und Forschungsgebieten geführt und besonders in den Naturwissenschaften den Zeitschriften, die sich einer Systematisierung wesentlich entzogen, eine völlig neue Rolle gebracht hatte. Statt mit einer systematischen Aufstellung den Mutationen der Wissenschaften zu folgen, bedeutete die Entkoppelung von Sachkatalog und Buchaufstellung, daß man die Ordnung einer Bibliothek nicht mehr auf der Ebene der Bücher selbst zu leisten versuchte, sondern auf der Ebene der Kataloge, so daß man die Bücher nach beliebigen Gesichtspunkten (z.B. in groben Fachgruppen oder in der laufenden Reihenfolge der Anschaffung, nach dem Numerus currens) aufstellen und die vorhandenen Bücher nach verschiedenen Kriterien in Katalogen ordnen konnte: alphabetisch nach Verfassern, sachlich nach einer Systematik oder nach wiederum alphabetisch geordneten Schlagworten. Es ist daher kein Zufall, daß mit dem Beginn des 20. Jahrhunderts eine breite Diskussion über die beste Form des Sachkatalogs einsetzte,[13] während man die Frage nach dem besten alphabetischen Katalog mit den 1899 erlassenen Preußischen Instruktionen amtlich für erledigt erklären konnte und es nur noch eine Frage der Zeit war, bis sich diese Instruktionen im gesamten Deutschen Reich durchsetzten. Über das Problem des besten Sachkatalogs dagegen wurde kein Konsens erzielt, so daß, mangels einigenden ministeriellen Drucks, bis heute sehr kontrovers über den besten aller möglichen Sachkataloge diskutiert wird. Wie auch immer man diese Diskussion im Detail beurteilen und welche Form des Sachkatalogs man persönlich für besser halten mag, festzuhalten bleibt, daß die Verschiebung der Ordnungsleistung weg von den Büchern selbst und hin zum Katalog zu einem katalogtechnischen Innovationsschub im Bibliothekswesen führte.

So führte die Diskussion um den Sachkatalog zu einer Klärung grundlegender Fragen sowohl des systematischen als auch des Schlagwortkatalogs. Man erkannte nun allgemein an, daß der systematische Katalog einer Bibliothek kaum mehr auf den Konsens der Wissenschaft rechnen durfte, weil es eben *die* Wissenschaft nicht gab, und daß er darüber hinaus mit einem Zeitindex versehen war, der notwendig zu einem Veralten des Katalogs führen mußte, wenn er nicht regelmäßig dem neuesten Stand der Wissenschaften angepaßt wurde. Für kurze Zeit diskutierte man daher den chronologisch begrenzten systematischen Katalog,[14] der den Stand der Wissenschaft einer bestimmten Epoche widerspiegeln sollte und an den sich, wenn die Wissenschaften sich änderten, einfach ein neuer systematischer Katalog anschließen konnte, der dem neuen Wissenschaftsstand gemäß aufgebaut war und so weiter in alle Zukunft. Diese Idee setzte

---

13 Vgl. die Darstellung bei Camerer, *Die Diskussion über den Sachkatalog im Spiegel des »Zentralblatts für Bibliothekswesen« (1884–1944)*.

14 Meyer, »Der Realkatalog«; ders., »Realkataloge in geistesgeschichtlicher Beleuchtung«.

sich jedoch nicht durch. Dagegen wurde Übereinstimmung darin erzielt, daß ein systematischer Katalog dringend eines Schlagwortregisters bedürfe, das gewährleisten sollte, daß Literatur zu bestimmten Themen auch stets an der gleichen Systemstelle notiert wurde (Systemstellen sind bisweilen recht grob, so daß man festhalten muß, welche Themen einer Systemstelle zugeordnet werden sollen).

Während die Mängel des systematischen Katalogs klar zutage getreten waren, traten die Anhänger des Schlagwortkataloges dagegen zunächst mit dem Bewußtsein an, daß der Schlagwortkatalog der Sachkatalog der Zukunft sei.[15] Sie setzten bei der Erkenntnis an, daß die »Grenzen der sorgsam abgeteilten wissenschaftlichen Disziplinen [...] immer unbestimmter [werden], Geistes- und Naturwissenschaften beginnen sich gegenseitig immer mehr zu nähern und wohlausgedachte ›Systeme‹ unserer bibliothekarischen Ahnen krachen in allen Fugen«. Während der systematische Katalog den kaum einzulösenden Anspruch der Wissenschaftlichkeit erhebt, der jeden Benutzer mit der Hürde eines ihm zunächst fremden Ordnungssystems konfrontiert, setzen die Befürworter des Schlagwortkatalogs auf die Sprache, die Autor, Bibliothekar und Benutzer verbinde und bei entsprechender Wahl des Schlagwortes eine einfachere Benutzung des Sachkatalogs ermögliche, als dies je bei einem systematischen Katalog der Fall sein könne. Das früher von den Befürwortern des systematischen Katalogs ins Spiel gebrachte Argument, der Schlagwortkatalog sei ein Katalog fürs Volk, aber nicht für die Wissenschaft, wird aufgenommen und positiv gewendet: Die Leistung bei der Erstellung des Schlagwortkatalogs liege in der Tat auf der sprachlichen Ebene, die aber nicht zu einer Ausschließung der Benutzer führe, wenn sie mit den falschen Schlagworten suchten, sondern gerade zu einer Integration vieler Benutzer mit all

---

15 Dölger, »Der Schlagwortkatalog der Universitätsbibliothek München«, S. 728. Diesem Aufsatz ist auch das im Text folgende Zitat entnommen. Der Aufsatz steht programmatisch für viele andere.

ihren unterschiedlichen Sprachebenen, indem nämlich ein ausgedehntes Verweisungssystem den Benutzer zum richtigen Schlagwort führe.

Obwohl oder gerade weil die Befürworter des Schlagwortkatalogs viel stärker als die Befürworter des systematischen Katalogs die Katalogprobleme *als Katalogprobleme* und nicht als Probleme wissenschaftlicher Ordnung diskutierten, mußten sie erkennen, daß der Schlagwortkatalog eine Fülle von Problemen aufwarf, die denen des systematischen Katalogs durchaus verwandt waren: Mußte man sich beim systematischen Katalog zwischen eng- und weitgefaßten Systemstellen entscheiden, so gab es beim Schlagwortkatalog das analoge Problem des engen oder weiten Schlagwortes (sollte man alle Literatur zum Schäferhund unter dem Schlagwort »Hund« als weitem oder unter dem Schlagwort »Schäferhund« als engem Schlagwort aufstellen?); veraltete der systematische Katalog mit dem Gang der Wissenschaften, so veraltete der Schlagwortkatalog in gleicher Weise, indem sich das wissenschaftliche oder allgemeinsprachliche Vokabular änderte und demgemäß auch die Schlagworte und alle Verweisungen im Katalog geändert werden mußten. Darüber hinaus stellten sich viele terminologische Probleme: Sollte man als Haupteintrag den Fach- oder den allgemeinsprachlichen Terminus wählen (wenn man den allgemeinsprachlichen wählen würde, müßte man dann alle Literatur zum Tier namens »Krebs« und zur Krankheit namens »Krebs« unter das gleiche Schlagwort, nämlich »Krebs« stellen, oder sollte man zwischen »Krebs (Tier)« und »Krebs (Medizin)« oder doch fachsprachlich zwischen »Krebs« und »Cancer« unterscheiden?); sollte man die Schlagworte im Singular oder im Plural ansetzen (alle Literatur über Hunde zu »Hund« oder zu »Hunde«)? Außerdem erkannte man, daß zur Kontrolle der Terminologie ein systematisches Register notwendig war, dessen Systematik zwar von vornherein als provisorische gelten konnte, aber gleichwohl exakt gearbeitet sein mußte.

Obwohl sich durch diese theoretischen Reflexionen die Nähe von systematischem und Schlagwortkatalog ergab, blieb ein großer Teil der Bibliothekare dem überlieferten Modell des systematischen Katalogs verhaftet.[16] Immerhin belegt aber der 1929 von Eppelsheimer, dem damaligen Direktor der Mainzer Stadtbibliothek, veröffentlichte eigene Sachkatalog, daß sich beide Katalogformen miteinander verbinden ließen: Der von Eppelsheimer erarbeitete Katalog ist nichts anderes als ein systematischer Katalog, der bestimmte Formalgruppen trennt – also z. B. einen eigenen Personenkatalog für die Literatur über Personen und einen geographischen Katalog für die Literatur über Geographika anlegt und bei dem eigentlichen Sachkatalog feste Formalgruppen einführt – und an bestimmten Systemstellen Schlagwortreihen vorsieht.

Trotz aller unüberwindbaren Gegensätze der Parteigänger der verschiedenen Sachkatalogformen bedeutet die nach der Jahrhundertwende geführte Diskussion, daß das Bewußtwerden der Ordnungsleistung des Katalogs zu einer Ablösung von externen wissenschaftlichen Vorgaben führte. In gewissem Sinne ist der 1927 von Ilse Schunke im ZfB erschienene Aufsatz *Die systematischen Ordnungen und ihre Entwicklung* ein Abschluß der Diskussion, indem sie noch einmal die Entwicklung der systematischen Bibliotheksordnungen rekonstruiert und zwischen verschiedenen Systemen differenziert (wissenschaftliche, philosophisch-enzyklopädische und bibliothekarische Systeme) und versöhnlich schließt: »So erscheint das bibliothekarische System in erster Linie geeignet, eine Ergänzung zu der Schlagwortordnung,

---

16 Wie wenig der Schlagwortkatalog akzeptiert wurde und wird, zeigt selbst Leyh in seiner Arbeit »Die deutschen Bibliotheken von der Aufklärung bis zur Gegenwart«, wo es heißt: »Im ganzen aber setzte nach 1900 eine Flucht in den Schlagwortkatalog ein, die für wissenschaftliche Bibliotheken mit alten Beständen nur den Wert einer Notlösung haben. Jedenfalls muß man, wenn man den heutigen Stand der deutschen Sachkataloge überblickt, von einem Trümmerfeld sprechen, in dem nur einige wenige Säulen und Säulenstümpfe noch aufrecht stehen« (S. 450).

auf die die Entwicklung unserer Zeit energisch strebt, zu bieten. Nicht ohne tieferen Sinn läßt sich die Definition des bibliothekarischen Systems: ›eine durch Ordnung bewirkte Zweckmäßigkeit für den Gebrauch‹ auch auf den Schlagwortkatalog anwenden. Mag auch die Ordnung der beiden insofern grundlegend verschieden sein, als sie im ersten Fall systematisch, im zweiten aber mechanisch-alphabetisch vor sich geht, so stehen sich doch beide in der Einstellung auf das unmittel [sic] Brauchbare bedeutsam nah und ergänzen einander. Zum mindesten wird hier eine Brücke geschlagen, die von einem festgefügten System zu einer der Form nach so entgegengesetzten Ordnung wie dem Schlagwortkatalog hinüberführt.« (S. 400)[17]

In ganz anderer Hinsicht gehört die Entwicklung des Preußischen und dann Deutschen Gesamtkatalogs zur Geschichte der Abkehr von der Universalbibliothek.[18] Zunächst hatte der Historiker Heinrich von Treitschke im Jahr 1884 in den *Preußischen Jahrbüchern* mit Blick auf Frankreich, wo die Pariser Nationalbibliothek die zentrale Sammelstelle aller in Frankreich erschienenen und erscheinenden Bücher war, auf deren Basis die Nationalbibliographie erstellt wurde, die »Centralisation der Bücherkataloge« an der Berliner Königlichen Bibliothek gefordert. Diese Zentralisierung sollte dadurch zustande kommen, daß zunächst die preußischen und später alle großen deutschen Bibliotheken eine Abschrift ihrer Kataloge an die Königliche Bibliothek nach Berlin schickten, wo sie aufgestellt und den Gelehrten in Zukunft bei ihrer Suche nach Literatur eine Menge Schreiberei ersparen sollten. Damit stand von vorneherein

---

17 Bedeutsam an dem Aufsatz von Ilse Schunke ist übrigens alleine schon der Plural im Titel: »Die systematischen Ordnungen ...« Das heißt: Die systematische Ordnung, von der man früher gesprochen hat, ist bereits in Ordnungen zerfallen, die ihrerseits klassifiziert werden können, was Schunke unternimmt. Damit ist aber bereits eine Metaebene erreicht: Nicht mehr um diese oder jene Ordnung geht es, sondern um das Ordnen selbst.

18 Ich folge hier Hagenau, *Der Deutsche Gesamtkatalog*, der auch kurz auf die von mir nicht erwähnte Vorgeschichte dieses Projekts eingeht.

fest, daß der Deutsche Gesamtkatalog der Ersatz für die fehlende deutsche Nationalbibliothek zu sein hätte, wie Treitschke deutlich macht, wenn er »Eine solche Ansammlung aller literarischen Bestände an einer Stelle [...] in unserem decentralisierten Vaterlande« für »weder möglich noch wünschenswerth« erklärt.[19] Die Entwicklung eines solchen Kataloges *ohne* dazugehörende Nationalbibliothek hat ihren Grund sicherlich in den in Deutschland besonders ausgeprägten regionalen Partikularismen, die auch noch nach dem Zweiten Weltkrieg die erneuten Ansätze zu einer (west-) deutschen Nationalbibliothek zunichte machen sollten. Aber die Entwicklung eines Gesamtkatalogs ohne Nationalbibliothek bedeutete auch, daß sich hinter dem Rücken der Bibliothekare die Einsicht durchsetzte, daß eine universale Bibliothek unmöglich sei und deshalb die Bücher nur noch in Katalogen verzeichnet und geordnet werden könnten. Warum »hinter dem Rücken der Bibliothekare«? Weil sie zwar für den Gesamtkatalog die Trennung von Katalog und Buchbestand akzeptierten, aber dennoch für die einzelne Bibliothek in der Regel für eine systematische Aufstellung der Bücher plädierten oder gar, wie Dziatzko, die Idee des systematischen Katalogs auf den Gesamtkatalog übertrugen und diesen nur als »gedruckten Realkatalog aller öffentlichen Bibliotheken Deutschlands« für möglich hielten.[20] Gegen Dziatzko setzte sich aber sehr schnell die Auffassung durch, daß zunächst ein alphabetisch geordneter Gesamtkatalog zu erstellen sei. Denn während man über eine gemeinsame Systematik all dieser verschiedenen Bibliothekskataloge wohl kaum eine Einigung erzielen könne, sei die einfachste Methode, die verschiedenen Bibliotheksbestände

19 Treitschke, »Die Königliche Bibliothek in Berlin«, S. 483.
20 Dziatzko, »Die Centralisation der Kataloge deutscher Bibliotheken«, S. 264. Gegen Dziatzko trat bereits Milkau, *Centralkataloge und Titeldrucke* auf, der sehr klar erkannte, daß eine wesentliche Crux des Dziatzkoschen Vorschlags darin lag, daß man über die zugrundeliegende Systematik zunächst Einigkeit erzielen müßte.

abzugleichen, die Durchsicht der Bestände anhand der alphabetischen Kataloge, die sich dann zu einem gemeinsamen alphabetischen Katalog zusammenfassen ließen.

Durch die Trennung von Bestand und Katalog sowie durch die rein alphabetische Verzeichnung der Bücher erweist sich der Deutsche Gesamtkatalog als ein Effekt des Endes der Universalbibliothek. Nun endlich kamen die Katalogprobleme vollends in den Blick, denen man nicht mehr durch fleißiges Ordnen der Bücher ausweichen konnte. Vielmehr brauchte man jetzt genaue Regeln für die Herstellung auch der scheinbar einfachen alphabetischen Kataloge, die den Abgleich der Bibliotheksbestände und die Benutzung des Katalogs erleichtern würden. Zunächst wurde daher per Erlaß ab 1888 eine zentrale Katalogisierungsstelle an der Berliner Königlichen Bibliothek eingerichtet, die ab 1892 nach den Berliner und ab 1899 nach den Preußischen Instruktionen arbeitete.[21] Trotz dieser Normierungen blieb das Ergebnis insofern zweideutig, als die Preußischen Instruktionen durch ihr Prinzip der grammatischen Ordnung einem katalogexternen philologischen Wissenschaftsideal verbunden blieben und dadurch den Schritt zu einem Regelwerk für Kataloge *als Kataloge* nicht vollständig vollzogen. So wird in den nach den Preußischen Instruktionen hergestellten Katalogen eine Zeitschrift mit dem Titel *Archäologische Zeitung* nicht unter »Archäologische«, dem ersten Wort des Titels, verzeichnet, sondern unter »Zeitung«.[22] Die deutschen Bibliotheken haben sich mit diesem Regelwerk ins internationale Abseits begeben, denn andernorts ordnete man die Einträge in den Katalogen längst nach der soge-

---

21 Hagenau, *Der Deutsche Gesamtkatalog*, S. 11 ff.

22 Der § 187 der *Preußischen Instruktionen* bestimmt: »Bei Titeln in gewöhnlicher Form, d.i. Titeln, die den Inhalt einer Schrift durch ein Substantiv oder substantivisch gebrauchtes Wort mit oder ohne Attribut ausdrücken, wird OW [Ordnungswort] das erste nicht in attributivem oder adverbiellem Verhältnisse stehende Substantiv oder substantivisch gebrauchte Wort (*Substantivum regens*), gleichviel in welchem Kasus es vorliegt.«

nannten mechanischen Wortfolge (unser Beispiel also unter »Archäologische« statt unter »Zeitung«).

Schließlich sind Preußischer und Deutscher Gesamtkatalog auch auf einer rein technischen Ebene Produkte des Endes der Universalbibliothek. Diese war ja u. a. durch die enorm gestiegenen Produktionszahlen von Büchern in die Krise geraten, und die Buchproduktion war wiederum nur möglich aufgrund der neuen technischen Möglichkeiten. Ebendiese neuen technischen Möglichkeiten waren es, die den Gesamtkatalog überhaupt erst Wirklichkeit werden ließen. Denn von Anfang an war man sich darüber klar, daß der zunächst geplante Preußische Gesamtkatalog *gedruckt* werden müsse, wobei man sich darüber stritt, ob er als Zettel- oder Bandkatalog erscheinen sollte.[23] Man einigte sich schließlich darauf, einen Bandkatalog zu erstellen, zu dem es eine Zettelausgabe geben sollte, die den beteiligten Bibliotheken die Möglichkeit bieten würde, ihre eigenen Kataloge anhand der gelieferten Zettel zu verbessern. Zunächst mußte man freilich ein handschriftliches Manuskript erstellen, was per Ministerialerlaß 1897 angeordnet wurde. Der Preußische Gesamtkatalog sollte alle Literatur bis einschließlich 1897 verzeichnen, die Literatur ab dem 1. Januar 1898 wurde dagegen in den sogenannten *Berliner Titeldrukken* verzeichnet, die 1892 unter dem Titel *Verzeichniss der aus der neu erschienenen Litteratur von der Königlichen Bibliothek zu Berlin erworbenen Druckschriften* eingerichtet worden waren und seit 1898 auch die Literatur der anderen preußischen Universitätsbibliotheken enthielten.[24] Während also die in den *Berliner Titeldrucken* gesammelten Nachträge zum Gesamtkatalog bereits gedruckt erschienen, dauerte es bis zum Jahr 1931, ehe die ersten beiden Bände des *Preußischen Gesamtkatalogs* erscheinen konnten. Mit Erreichen des Buchstaben »B« wurde der *Preußische* zum *Deut-*

23 Vgl. Hagenau, *Der Deutsche Gesamtkatalog*, S. 20 ff.
24 Ebd., S. 17 f.

schen Gesamtkatalog, da das nationalsozialistische Reichsministerium für Wissenschaft, Erziehung und Volksbildung 1935 die Ausdehnung des Katalogunternehmens auf das gesamte Deutsche Reich schlicht und einfach per Erlaß anordnete (der neue Stichtag für die im Katalog zu verzeichnende Literatur war jetzt der 31. Dezember 1929). Statt 11 preußischer waren es nun insgesamt 102 Bibliotheken im gesamten Reich, die an dem Katalogunternehmen mitarbeiteten.[25]

Da man inzwischen aus Kostengründen die Zettelausgabe gestrichen hatte, wurde seit 1928 eine einseitig bedruckte Ausgabe angeboten, die den Bibliotheken ermöglichte, die Titelaufnahmen auszuschneiden und auf ihre Katalogzettel zu kleben.[26] An keiner Bibliothek wurde jedoch der eigene Katalog gegen den nun erscheinenden Deutschen Gesamtkatalog ausgetauscht, vielmehr blieb es dabei, daß die Bibliotheken weiterhin ihre eigenen Kataloge pflegten und den Gesamtkatalog zusätzlich als bibliographisches Nachweisinstrument für ältere Titel bzw. aufgrund des Nachweises eines Titels in anderen Bibliotheken als Instrument für die Fernleihe benutzten. 1939 erschien der 14. Band des Gesamtkatalogs mit dem Alphabetteil »Beauchamp« bis »Beethordnung«, der 15. Band kam wegen des Zweiten Weltkrieges nicht über die Fahnenkorrektur hinaus. Aus Sicherheitsgründen lagerte man das Manuskript während des Krieges nach Pommern aus, wo es nach Kriegsende unauffindbar blieb. Der 15. Band konnte aufgrund der Fahnenkorrekturen 1979 (!) erscheinen und beendete 90 Jahre Katalogarbeit.[27]

War die ganze Arbeit damit umsonst? Wenn man sich das Ergebnis betrachtet, das in einem Torso besteht, muß man so denken. Aber auch wenn die Arbeit durch den Krieg

---

25 Ebd., S. 46 ff.
26 Diese Ausgabe wurde von nur sechs Bibliotheken bezogen, während von der einspaltigen Ausgabe, die den Bibliotheken für eigene Nachträge Raum bot, immerhin 40 Exemplare verkauft wurden (ebd., S. 49).
27 Ebd., S. 51 ff.

nicht vernichtet worden wäre, müßte man das Projekt für bedenklich halten, denn man hat geschätzt, daß bei Beibehaltung des anfänglichen Veröffentlichungstempos der Katalog erst nach dem Jahre 2000 vollendet gewesen wäre.[28] Die Geschichte des Deutschen Gesamtkatalogs zeigt aber in diesem Scheitern, daß die Ordnung von Büchern weder sachlich noch alphabetisch auf der Ebene der Bücher erfolgen darf. Beide Verfahren führen auf ihre Weise zu Torsi: zu immer unbrauchbarer werdenden systematischen Buchaufstellungen und Katalogen oder zu imposanten gedruckten alphabetischen Katalogen, die sich ins Meer der Bücher einreihen und schließlich, wie diese, historisch werden. Natürlich kann man sie benutzen. Aber man benutzt sie *als Buch*. Worauf es aber ankäme, wäre gerade eine Ordnung der Bücher auf einer anderen Ebene als der der Bücher. Diese Lektion hat vollends erst die moderne Datenverarbeitung erteilt.

Damit ist die Universalbibliothek an ihr Ende gekommen. Statt den Kosmos des Wissens in einer gültigen systematischen Ordnung zu versammeln, ist die Aufgabe der Bibliothek nun die Verzeichnung ihrer Bestände in Sach- und alphabetischen Katalogen, die sich vom Buch als Katalogträger abzulösen beginnen. Nachdem der Beruf des Bibliothekars zu einem Verwaltungsberuf mit festen Voraussetzungen und fester Laufbahn geworden war, wurde die Bibliothek zu einer Verwaltungseinrichtung, die sich kaum mehr als Hort des Geistes, immer mehr aber als Verwaltungs(dienstleistungs)unternehmen begreift. Gegen erhebliche Widerstände setzte sich diese Einsicht auf breiter Ebene erst nach dem Zweiten Weltkrieg durch.

28 Buzas, *Deutsche Bibliotheksgeschichte der neuesten Zeit*, S. 145. Für den ursprünglichen *Preußischen Gesamtkatalog* war eine Erscheinungsdauer von 10 Jahren veranschlagt worden (Hagenau, *Der Deutsche Gesamtkatalog*, S. 34), während schon die zeitgenössischen Kritiker des *Deutschen Gesamtkatalogs* zwischen 70 und 100 Jahre bis zur Fertigstellung veranschlagten (ebd., S. 51).

XI

Die öffentlichen Bibliotheken

Bisher haben wir die Geschichte der großen Bibliotheken betrachtet und dabei hauptsächlich über Landes- und Universitätsbibliotheken gesprochen. Im 19. Jahrhundert entstand jedoch ein neuer Bibliothekstyp, dem wir uns nun zuwenden wollen: die öffentliche Bibliothek.[1]

Bereits im 18. Jahrhundert bildete sich eine neue Haltung dem Lesen gegenüber aus: Statt wenige maßgebliche Bücher, vor allem die Bibel, immer wieder zu lesen, begann man nun, immer mehr neue Bücher zu lesen (Wechsel von der intensiven zur extensiven Lektüre).[2] Der Wechsel in diesem Lektüreverhalten hatte natürlich vielschichtige Gründe. Zum einen hatte der Staat im 18. Jahrhundert begonnen, sich für die Schulbildung seiner Untertanen zu interessieren, weil dringend tüchtige Verwaltungsfachleute gebraucht wurden, die bereit waren, zusammen mit den Fürsten Reformen auch gegen den Widerstand des Adels durchzuführen. Der Adel wiederum fiel für die Umstrukturierung der Verwaltung nicht nur deshalb aus, weil er den Reformen gegenüber Widerstand leistete, sondern auch, weil er oft schriftunkundig war und daher für die neuen Verwaltungsaufgaben, die die Komplexität der Verwaltungsvorgänge schriftlich zu bewältigen versuchten, nicht in Frage kam. Zum anderen wuchs im Bürgertum das Interesse für eine Verbesserung der Schulbildung im Sinne einer Verbesserung der Lese- und Schreibfähigkeit, weil auch die ökonomischen Transaktionen, von denen das Bürgertum lebte, immer mehr die Schrift

---

1 Die umfassendste Geschichte der öffentlichen Bibliotheken ist Thauer/ Vodosek, *Geschichte der öffentlichen Bücherei in Deutschland*. Sehr lesenswert ist die konzise Darstellung bei Buzas, *Deutsche Bibliotheksgeschichte der neuesten Zeit*, S. 61–78.

2 Engelsing, *Analphabetentum und Lektüre*, bes. S. 56 ff. Vgl. auch Kittler, *Aufschreibesysteme 1800/1900*.

brauchten. Außerdem glaubte man, daß bessere Bildung den
Wohlstand fördern würde: Man sprach von geistiger Bildung und geistigem Kapitalumlauf[3] und setzte alles daran,
geistiges und tatsächliches Kapital dadurch zu erhöhen, daß
man durch Gründung von Schulen und Verbesserung des
Unterrichts in die Zukunft investierte.

Es ist daher durchaus kein Zufall, daß Heinrich Stephani
(1761–1850), der die zum Zweck des Schreibunterrichts von
Samuel Heinicke (1727–90) entwickelte Lautiermethode
weiterentwickelt hatte, sich auch für Bibliotheken interessierte. Sein Konzept einer Erziehung des Staatsbürgers, wie
er es in seinem *Grundriß der Staatserziehungswissenschaften*
(1797) veröffentlichte, der 1805 zum *System der öffentlichen
Erziehung* umgearbeitet wurde, umfaßt in dem von ihm
projektierten Rahmen einer »Staatspädagogik« alle möglichen Formen »öffentlicher Erziehung«: Er unterscheidet in
einem an Kant orientierten Schema physische, ästhetische,
intellektuelle und praktische Erziehung für den Welt- und
Staatsbürger, die in Schulen, Kirchen und Bibliotheken
stattfindet. Das Ziel dieser Erziehung lag im *»Wohlseyn
(bene esse)* unserer *physischen* und *moralischen Natur*, oder
wie man sich auch ausdrücken kann, in *Sittlichkeit und
Glückseligkeit* als seinen beiden Urbestandtheilen«.[4] Im
Rahmen dieses staatspädagogischen Erziehungskonzepts
waren Bibliotheken nur ein Element unter vielen, wobei
Stephani sich weniger von einer Nationalbibliothek erhoffte
als von in den Hauptstädten der Provinzen angesiedelten
staatsbeamtlichen Bibliotheken, von Stadt- und von Dorfbibliotheken. Während die staatsbeamtlichen Bibliotheken die
Literatur bereithalten sollten, die der Beamte für Amtstätigkeit und Fortbildung brauchte, war der Zweck der Stadtbibliotheken ein ganz anderer: Durch sie sollten »unsere *Lese-*

---

3 Engelsing, *Analphabetentum und Lektüre*, S. 76.
4 Stephanis Konzept einer »Staatspädagogik« entwickelt er in seinem *System
der öffentlichen Erziehung*, S. VII ff. Die weiteren Zitate aus dieser Schrift
Stephanis ebd., S. 201 ff.

und *Leihbibliotheken* verdrängt werden, die bisher mehr
Schaden als Nutzen angerichtet haben«. Die Dorfbibliotheken (sie bestanden aus einem »Schranke mit höchstens hun-
dert auserlesenen Büchern«) dagegen dienten wieder ganz
dem praktischen Bedürfnis der Bauern. Damit war die
Theorie der öffentlichen Bibliothek von Anfang an an die
Idee der Volkspädagogik gebunden, die nicht auf die wert-
neutrale Bereitstellung von Literatur zielte, sondern auf die
Versorgung der Leser mit »guten« Büchern, wobei es je nach
Weltanschauung erhebliche Differenzen darüber gab, was
als »gut« akzeptiert werden konnte. Schon bei Heinrich
Stephani wurde das aufklärerische Anliegen von utilitaristi-
schen Kriterien gestützt. Die brauchbaren Werke waren von
den unbrauchbaren zu trennen, so daß die Bibliotheken »die
litterarischen Mittel für jeden [vereinigen], der in seinem
Fache nicht stehen bleiben, sondern sich zu einem immer
brauchbarern Manne ausbilden will«.

Es fiel dem liberalen Bürgertum leicht, an solche Theo-
rien anzuschließen und die Theorie Stephanis in die Praxis
umzusetzen. Paradigmatisch ist hier das Werk Karl Benjamin Preuskers (1786–1871), der in dem sächsischen Ort
Großenhain seit 1828 eine öffentliche Bücherei aufbaute.
Von seiner »Stadt-Bibliothek« schreibt er 1853, sie sei »bereits in den Besitz von ungefähr 3000 Bänden meist sehr
beachtenswerther Schriften, sowie von Kupferwerken, na-
turhistorischen, technischen und anderen wissenschaftlichen
Sammlungen gelangt und zur Förderung der steten Fort-
schrittes so bedürftigen Jugend- und Gewerbs-, wie der
allgemeinen höheren Bürgerbildung genügend geeignet«.[5] In
dieser Trias von Jugend-, Gewerbe- und Bürgerbildung
zeigte sich das aufklärerische Anliegen bereits ins ökonomische verschoben: Die Preuskersche Stadtbibliothek wandte
sich als Institution gegen die örtliche Leihbibliothek und

---

5 Dieses und die folgenden Zitate aus Preusker, *Die Stadt-Bibliothek in
Grossenhain*, S. III ff.

wollte Romane »gewöhnlicher Art« gerade nicht in ihren Bestand aufnehmen, sondern die Jugend »von der Leserei schaaler und unsittlicher Romane, sowie ähnlicher unrathsamer Lectüre abziehen, indem dafür bessere, zur wahren Bildung, Erheiterung und Erhebung dienende Werke dargeboten werden«. Der Jugend sollte aber nicht nur erheiternde Lektüre geboten werden, vielmehr sollten »Bibliotheken dieser Art durch Anleitung zum klaren Denken und Einsammeln nützlicher Kenntnisse den Verstand bereichern«. Damit zeigte sich die Jugendbildung nur als Durchgangsstadium einer Bildung, die zwar Gemüt und Sitte nicht vernachlässigen wollte, aber eigentlich auf das Gedeihen des Staates zielte, wobei der Gewerbebildung, die offiziell nur als Nebenzweck zum Hauptzweck der allgemeinen Bildung bezeichnet wurde, insgeheim die Hauptrolle zufiel, »weil der Gewerbbetrieb die Mehrzahl der Stadtbewohner beschäftigt und die Jetztzeit mehr als je ein stetes Fortschreiten derselben bedingt«. Angesichts solcher Ziele der Staatswohlfahrt ist es kein Wunder, wenn das Innenministerium des Landes Sachsen den Druck der Preuskerschen Schrift förderte[6] und Preusker selbst die Königlich Preußische große goldene Verdienstmedaille für Wissenschaft und Künste verliehen bekam.[7]

In den 40er Jahren des 19. Jahrhunderts begannen sich dann die verschiedenen konkurrierenden weltanschaulichen und politischen Richtungen für die Bibliotheken zu interessieren.[8] Als Parteien traten dabei die Arbeiterbewegung, das Bürgertum, die Kirchen und der Staat auf. Sehr rasch mußte

---

6 Ebd., S. XVII.

7 Knoche, »Volksbibliotheken und Staat im Vormärz«, S. 10. Daß für Preusker Volksbildung im wesentlichen Gewerbebildung ist, ist der Grundgedanke aller seiner Schriften. Eine Rekonstruktion seiner Gedanken findet man bei Vodosek, »›Andeutungen über Bibliotheken als Förderungsmittel des Gewerbefleißes und allgemeiner Volksbildung‹ – Karl Benjamin Preusker«.

8 Ich folge hier Thauer/Vodosek, *Geschichte der öffentlichen Bücherei in Deutschland*, S. 37 ff.

es so zu einem Interessenkonflikt kommen, dessen Trennlinie nicht nur zwischen den genannten Parteien verlief, sondern mit besonderer Schärfe zwischen der Arbeiterbewegung einerseits und Bürgertum/Kirche/Staat andererseits. Während nämlich die Arbeiterbewegung durch ihre Bildungsvereine und Büchereien, die oft verboten wurden, sich selbst zu organisieren versuchte, traf sie in den vom Bürgertum, der Kirche oder dem Staat unterstützten Büchereien auf Einrichtungen, die in der Absicht der Pädagogisierung und staatlichen Integration der kritischen Masse der Arbeiterschaft geschaffen worden waren. Während das liberale Bürgertum diese Integration im Rahmen einer Verbesserung der allgemeinen und Gewerbebildung leisten wollte und in Bibliotheken und Volksbildungseinrichtungen das Mittel dazu sah, schöpfte das konservative Bürgertum gegen solche Bestrebungen den Verdacht, daß ein Zuviel an Bildung und Lektüre letztlich desintegrativ wirken würde, so daß nur eine enge Beschränkung der Lektüre den Umsturz der Verhältnisse verhindern könne.

Das liberale Bürgertum geriet jedoch bald in die Zwickmühle zwischen seinen volkspädagogischen Interessen und der staatlichen Vormacht, wobei es seine volkspädagogischen Ambitionen nur dadurch beibehalten konnte, daß diese im Sinne staatlicher Selbsterhaltung uminterpretiert wurden. Das wird schon bei Preusker deutlich, wenn er den »Gewerbstand« zur gemeinsamen »Kraft des Bürgerthums und selbst des Staates« erklärt[9] und seine Leser davor warnt, das Wesen der Neuzeit nicht zu verpassen: »Es gilt dabei, so wie für die einzelnen Gewerbtreibenden, so auch für ganze Staaten, diesem unermüdeten Fortgehen und Fortbilden, um nicht von andern sich in Industrie und Handel überflügeln zu lassen, nicht zurückzubleiben und, als dessen natürliche

9 Preusker, *Über öffentliche, Vereins- und Privat-Bibliotheken so wie andere Sammlungen, Lesezirkel und verwandte Gegenstände, mit Rücksicht auf den Bürgerstand; Behörden, Bildungsanstalten, literarischen und Gewerb-Vereinen, wie überhaupt jedem Wissenschaftsfreunde gewidmet,* S. 3.

Folge, zu verkümmern und zu vergehen.«[10] Die Identifizierung gemeinsamer Interessen von Bürgertum und Staat geschah aber nicht nur, um dem Staat die Ziele des Bürgertums
zu vermitteln, sondern gerade auch deshalb, weil das Bürgertum auf den Staat angewiesen war, wenn es seine Ziele
durchsetzen wollte.

Bei dieser Pädagogisierung waren die Leihbibliotheken,
in denen das Volk »abgeschmackte Romane und Spukge-
schichten« fand, ein Hindernis: Die öffentlichen Bibliotheken sollten versuchen, das Volk von dieser Lektüre abzu-
bringen. Daher schien es Preusker geboten, eine »thätige
Cultur-Polizei«[11] zu fordern, die auf die Leihbibliotheken
ein wachsames Auge zu werfen hatte. Auf der anderen Seite
entstand das Problem der Kosten der Bibliotheken, die auf
lange Sicht von der öffentlichen Hand übernommen werden
mußten, wenn die Bibliotheken auf eine sichere finanzielle
Basis gestellt werden sollten. So schuf der liberale Historiker
Friedrich von Raumer (1781–1873) nach englischem Vorbild
1841 in Berlin einen *Verein für wissenschaftliche Vorträge*
und nach dem Vorbild amerikanischer Public Libraries 1850
ebenfalls in Berlin vier Volksbibliotheken. Der liberale Ansatz des Raumerschen Unternehmens zeigt sich dabei darin,
daß die vier Bibliotheken zunächst aus dem Vermögen des
Vereins für wissenschaftliche Vorträge finanziert wurden,
waren Vereine doch nichts anderes als freie Zusammen-
schlüsse interessierter Bürger, die die Standesunterschiede
zugunsten der gemeinsamen Vereinszwecke ignorierten und
damit im Verein einen staatsfreien Raum schufen. Die Forderung jedoch, der Magistrat der Stadt Berlin müsse die vier

10 Preusker, *Über gewerbliche, sowie allgemeine Fortbildung des Bürgerstandes überhaupt, und über Gründung und Einrichtung von Sonntagsschulen
und anderen Fortbildungsanstalten, für die jüngere gewerbetreibende Generation insbesondere, als dringendes Erforderniß der Zeit*, S. 4.

11 Preusker, *Über öffentliche, Vereins- und Privat-Bibliotheken so wie andere
Sammlungen, Lesezirkel und verwandte Gegenstände, mit Rücksicht auf
den Bürgerstand; Behörden, Bildungsanstalten, literarischen und Gewerb-
Vereinen, wie überhaupt jedem Wissenschaftsfreunde gewidmet*, S. 90 f.

Volksbibliotheken als städtische Einrichtungen weiterführen, brachte bereits mit der Eröffnung der Bibliotheken den Bruch mit der liberalen Auffassung einer freien (d. h. staatsfreien) Bildung. Der Magistrat übernahm die Bibliotheken nur unter der Bedingung, daß »alle Schriften, welche eine die Sittlichkeit, die Religion oder den Staat gefährdende Tendenz verfolgten, auf das Sorgsamste von der Bibliothek fern gehalten, und dagegen solche Schriften vorzugsweise für dieselbe ausgewählt werden, welche auf die Befestigung von Sitte, Glauben und Unterthanentreue zielen«.[12]

Das konservative Bürgertum mußte solche Brüche nicht befürchten, war sein Verdacht gegen das Lesen doch von vorneherein staatskonform. Früh schon hatte der preußische Justizminister von Massow (1750–1816) gegen Stephanis *Staatserziehungswissenschaft* moniert, daß das Lesen dem »gemeinen Mann« weder nützlich noch nötig sei. Hier bereits wird das Argument des späteren Liberalismus, Lesen und Bildung diene der Volkswohlfahrt, schlicht gewendet und in beidem eine Gefahr für ebendiese Volkswohlfahrt gesehen. Dabei bedienten sich die Konservativen auf weiten Strecken Argumenten, die auch von den Liberalen geteilt wurden. Das Lesen wurde als ein prinzipiell anarchischer Akt betrachtet, der die Leser der herrschenden Moral abspenstig mache und geradewegs in die Arme der Sozialdemokratie treibe. Während für das liberale Bürgertum die Lösung darin bestand, durch geeignete Lektüre den Bildungsstand des Volkes zu heben, um es auf qualifiziertere Tätigkeiten vorzubereiten, ging es dem konservativen Bürgertum darum, »alle Hebel in Bewegung zu setzen, damit Religiosität und gute Sitte, Treue und Glauben wieder heimisch werden in unserm Volke, damit die sittlichen Schäden, an denen unser Volksleben krankt, geheilt und die sozialdemokratische Bewegung gehemmt und beseitigt

---

12 Zit. nach: Thauer / Vodosek, *Geschichte der öffentlichen Bücherei in Deutschland*, S. 35.

werde«.[13] Natürlich konnten sich solche staatstragenden
Ziele auch ganz anders darstellen, wenn es nicht mehr nur
gegen den erklärten innenpolitischen Gegner und für die
guten Sitten ging, sondern um die nationale Identität und
den Bestand des Staates. Da mochte es dann verdächtig sein,
daß die »Töne fremder Sprachen [...] unserem Ohre eher
verständlich gewesen [sind] als die heimeligen Laute unserer
Muttersprache, die Namen der Schlachtfelder fremder Erd-
theile [...] uns früher geläufig [waren] als die Namen der
Stätten, an welchen unsere Väter für unser Land gekämpft
und gefallen, von den Göttersagen der Griechen und Römer
[...] uns früher erzählt [ward], als von dem trotzigen Muthe
und der wilden Kraft unserer nordischen Göttersöhne, die
Thaten der Alten [...] in uns Bewunderer [fanden] und [...]
uns [begeisterten], während wir von der großen, gewaltigen
Vergangenheit unseres Volkes nur nebenher Einiges erfuhren«.[14]

Als ab der Mitte des 19. Jahrhunderts und verstärkt in
seinem letzten Drittel der Staat begann, sich um die in den
öffentlichen Bibliotheken bereitgestellte Lektüre seiner Untertanen zu kümmern, gelang es ihm, sich die Ziele der
verschiedenen politischen Gruppierungen dadurch anzueignen, daß er deren gemeinsame Grundlage, die volkspädago-
gische Tendenz, übernahm und die unterschiedlichen politischen Ziele in dieser Übernahme für seine eigenen Ziele
nutzte. Lektüre als Maßnahme zur Hebung der Berufsquali-
fikation bedeutete größeren Wohlstand für den Staat, und
größerer Wohlstand bedeutete weniger Sozialdemokratie;
»richtige« Lektüre bedeutete Stärkung von Sitte und Ordnung und damit eine größere innenpolitische Stabilität des
Staates (und weniger Einfluß der Sozialdemokratie); »richtige« Lektüre hieß schließlich, daß die außenpolitischen

13 J. H. Kloppenburg (1882), zit. nach: *Auf dem Weg zur öffentlichen Literaturversorgung*, S. 106.
14 Rudolf Jannasch (1876), zit. nach: *Auf dem Weg zur öffentlichen Literaturversorgung*, S. 117 f.

Ziele des Staates sich im Bewußtsein der Leser fest verankern konnten und auch von daher der Nationalstaat gefestigt wurde. Daß diese Übernahme auch eine inhaltliche Veränderung der Ziele bedeutete, hatte keine Konsequenzen, weil die öffentliche Trägerschaft den Bibliotheken viel größere Bestände und eine bessere Organisation beschert hatte, als dies auf der bisherigen privat- und vereinsrechtlichen Basis möglich gewesen war, so daß alle objektiven Kriterien für die neuen Verhältnisse sprachen. Der weltanschauliche Streit um die beste Bibliothek wurde so zwar als Streit unter den verschiedenen politischen Gruppen überflüssig, lebte dafür aber unter den nun zu Beamten und Angestellten gewordenen Bibliothekaren der öffentlichen Bibliotheken als »Richtungsstreit« fort.

Wie sehr der Staat an den Bibliotheken Interesse gewann, zeigt sich nicht nur an den Zielen, die er mit der Unterstützung der Bibliotheken verband, sondern bereits an der Frage des Personals. So schlug die Herzoglich Sächsische Landes-Regierung 1851 vor, daß in der Regel Geistliche und Lehrer mit dem Amt des Bibliothekars betraut werden sollten,[15] wodurch öffentliche Moral (repräsentiert im Geistlichen) und Wissenschaft (repräsentiert im Lehrer) in der Funktion des Bibliothekars zur Synthese gebracht werden sollten. Das konnte natürlich nur gelingen, solange man davon ausgehen durfte, daß Kirche und Lehrerschaft sich nicht in Opposition zum Staat befanden. Wo das aber der Fall war, wie etwa nach der Annexion des Königreichs Hannover durch Preußen im Jahre 1866, mußte politisch unzuverlässigen Elementen natürlich der Zugang zum Bibliothekarsamt verwehrt werden, wenn man nicht Gefahr laufen wollte, die von den Volksbibliotheken umzusetzenden Staatsziele durch das Personal ebendieser Bibliotheken zu gefährden. Das oberste Staatsziel, das die Bibliotheken zu verwirklichen hatten, war allemal die »Vaterlandsliebe«, was hieß: innen- und außen-

15 Ebd., S. 165.

politische Stabilisierung des 1871 entstandenen Reiches. Kurz: Die Bibliotheken wurden zu einem der Elemente, die die »patriotische Gesinnung der Bevölkerung«[16] sichern, nationalen Wohlstand und Grenzsicherung fördern sollten. Insbesondere Preußen unterstützte aus »volkstumspolitischen Erwägungen« in seinen Provinzen Schlesien und Posen Volksbüchereien, während an der Westgrenze des Reiches der Wiederaufbau der Universitätsbibliothek Straßburg, die im Deutsch-Französischen Krieg zerstört worden war, den gleichen Zielen diente.

Eine Zeitlang schwankte man sowohl auf staatlicher als auch auf der Seite der Bürgerlich-Liberalen, ob die staatliche Unterstützung von Volksbibliotheken wirklich erstrebt werden sollte. Die Liberalen fürchteten eine unzulässige Einmischung des Staates in die von ihnen propagierte staatsfreie Bildung, die sie im Kern durch staatliche Zuschüsse und damit verbundenen Auflagen gefährdet sahen. Die Vertreter der Staatsräson dagegen plädierten für eine strikte Trennung von Volksbildung und Staat, um den Staat nicht durch zunehmende finanzielle Forderungen zu überlasten. Die Wende brachte hier das Vorbild der USA und Großbritanniens, die von deutschen Bibliothekaren gegen Ende des Jahrhunderts bereist wurden und ihren Kollegen vom erstaunlichen Erfolg der dortigen Volksbibliotheken zu berichten wußten.

In den USA hatte man nämlich bereits 1848 die Boston Public Library gegründet, und schon vier Jahre später entstanden in den englischen Städten Manchester und Liverpool Public Libraries, die vergleichbare deutsche Bibliotheken an Bänden, Personal und Öffnungszeiten rasch überflügelten (die Boston Public Library besaß in den 1860er Jahren bereits 160000 Bände, 1886 über 500000 Bände; in Deutschland befand sich 1890 die größte Stadtbibliothek in Frankfurt am Main mit 171000 Bänden, die größte Universitätsbi-

16 Ebd., S. 172.

bliothek des Reiches war 1890 Straßburg mit 601 000 Bänden).[17] Aber natürlich waren es nicht solche rein quantitativen Vergleiche, die den öffentlichen Bibliotheken in Deutschland zum Durchbruch verhalfen,[18] sondern das Argument der nationalen Bewährung, den kriegerischen Konflikt eingeschlossen: »Selbst die conservativen Elemente in England erkennen es an, dass die in den Volksbibliotheken fortgebildeten Arbeiter rascher fassen und geschickter arbeiten, und dass zahllose technische Fortschritte und Erfindungen der Anregung und Belehrung zu danken sind, welche die Arbeiter in der Bibliothek gewinnen. Und bei einem Zusammenstoss der Mächte wird eben dies Moment mit entscheidend sein. Das intelligente Heer wird, unter übrigens gleichen Verhältnissen, siegen.«[19] Bildung war damit zur Staatsräson geworden, und es kam nur noch darauf an, daß der Staat dies auch öffentlich anerkannte.

Hierbei waren zunächst die propagandistischen Vorarbeiten des Wiener Geologieprofessors Eduard Reyer (1849–1914), von dem die oben zitierte Rede vom »intelligenten Heer« stammt, und des Kieler Universitätsbibliothekars Constantin Nörrenberg (1862–1937) wichtig, die beide die USA bereist hatten und nun für Deutschland öffentliche Bibliotheken nach amerikanischem Vorbild forderten. Diesen für Deutschland neuen Bibliothekstyp nannten sie »Bücherhalle«, worunter sie eine Bibliothek verstanden, in der man Bücher nicht nur ausleihen, sondern dank eines Lese-

17 Statistische Zahlen über die Größe der deutschen Stadt- und Universitätsbibliotheken bei Buzas, *Deutsche Bibliotheksgeschichte der neuesten Zeit*, S. 53 und S. 60. Die Angaben über den Bestand der Boston Public Library stammen aus *Die Bücherhallenbewegung*, S. 29.

18 Buzas, *Deutsche Bibliotheksgeschichte der neuesten Zeit*, S. 64 hat folgende Liste von Gründungen öffentlicher Bibliotheken in den 1840er Jahren eruiert: Stollberg (1841), Gohlis (1842), Altenburg (1844), Neukirchen (1845), Dresden (1847), Dippoldiswalde (1847), Leipzig (1851), Dahlen (1851), Hamburg (1844, 1846), Breslau (1846), Cottbus (1846), Braunschweig (1850).

19 Eduard Reyer (1893), zit. nach: *Die Bücherhallenbewegung*, S. 36.

saals auch lesen konnte und die obendrein die unselige Trennung zwischen Volks- und Universitätsbibliothek (bzw. zwischen »öffentlicher« und »wissenschaftlicher« Bibliothek) aufgeben würde, indem sie den Bestandsaufbau so gestaltete, daß alle Schichten des Volkes das von ihnen Gesuchte in der Bibliothek fänden (Einheitsbücherei). Die Propagierung der Bücherhallen seitens kulturpolitisch engagierter liberaler Intellektueller wäre aber im Sande verlaufen, wenn sie nicht in wichtigen Gesellschaften und deren Organen ein Sprachrohr gefunden hätten. Neben der 1871 gegründeten *Gesellschaft für Verbreitung von Volksbildung* waren dies die 1892 gegründete *Gesellschaft für ethische Kultur* und die ebenfalls 1892 gegründete *Comenius-Gesellschaft*, die für die Bildung des Volkes eintraten und besonders Nörrenberg ein Forum boten, um die Idee der Bücherhalle zu verbreiten (Nörrenberg und Reyer schrieben darüber hinaus auch für das ZfB). 1899 war es dann soweit, daß die Comenius-Gesellschaft ein Rundschreiben an die Magistrate der deutschen Städte mit mehr als 10000 Einwohnern schickte, in dem zur Schaffung von Bücher- und Lesehallen aufgerufen wurde.[20]

Inzwischen war aber auch auf staatlicher Seite die Idee von der Bildung als Staatsräson auf fruchtbaren Boden gefallen, insbesondere wenn man den von Reyer in Aussicht gestellten »Zusammenstoss der Mächte« in Betracht zog. Es erging daher wenige Monate nach dem Rundschreiben der Comenius-Gesellschaft im Juli 1899 in Preußen ein Erlaß, der die Förderung von Volksbibliotheken zum Ziele hatte (der sogenannte Bosse-Erlaß, benannt nach dem preußischen Minister der geistlichen, Unterrichts- und Medicinalangelegenheiten Robert von Bosse).[21] Das bedeutet nun freilich nicht, daß ab 1899 überall öffentliche Bibliotheken in öffentlicher Trägerschaft (d. h. in der Trägerschaft von Län-

20 Der Aufruf der Comenius-Gesellschaft zur Gründung von Bücherhallen ist abgedruckt in: Langfeldt, »Zur Geschichte des Büchereiwesens«, S. 585 ff.
21 Der Bosse-Erlaß ist zitiert in: *Die Bücherhallenbewegung*, S. 81 ff.

dern, Städten oder Gemeinden) entstanden. Vielmehr ist der preußische Bosse-Erlaß zu lesen als Indiz einer sich allmählich auf staatlicher Seite durchsetzenden Einsicht, daß Bibliotheken wie Museen, Theater und Schulen in den Bereich staatlicher Kulturpflege gehören, wobei der Bosse-Erlaß keinen Hehl daraus machte, daß die schöngeistigen Ziele einer »edlen und anregenden Unterhaltung« und einer »verständigen und zweckmäßigen Belehrung« außerdem der »Kräftigung und Vertiefung vaterländischer Gesinnung durch Entwicklung des geschichtlichen Verständnisses«[22] dienen sollten. Dieser Sachverhalt wird dadurch unterstrichen, daß sich der Minister »zu der bestimmten Erklärung veranlaßt« sah, »daß ich die Ausstattung des Lesezimmers mit politischen Zeitungen nicht für vereinbar halte mit der für die Volksbibliotheken grundlegenden Bestimmung, politische und konfessionelle Sonderinteressen von denselben fern zu halten«.[23] In der Praxis verlief die staatliche Förderung der öffentlichen Bibliotheken in der Weise, daß man sich auf eine gemischte Finanzierung einigte. In der Regel wurden die Bibliotheken in der Trägerschaft der Vereine belassen und die Vereine bzw. ihre Bibliotheken aus öffentlichen Mitteln bezuschußt. Das kostete den Staat nicht nur weniger, sondern erhöhte auch die Akzeptanz der staatlichen Unterstützung wesentlich: Das Bürgertum behielt formell die Verantwortung für die Bibliotheken und der Staat mußte nicht fürchten, unmittelbar von einer Zunahme der Ansprüche berührt zu werden, die sich vielmehr zunächst an die Träger der Bibliotheken richteten.

Die Bücherhalle war damit im wesentlichen institutionalisiert. Finanziell letztlich durch den Staat abgesichert und organisatorisch in freier Trägerschaft erfüllte sie die Doppelaufgabe einer Bildungsinstitution und einer vaterländischen Gesinnungsanstalt. Der Erfolg gab diesem Konzept recht, wie ein Blick auf die Neugründungen der 1890er Jahre zeigt:

22 Ebd., S. 85.
23 Ebd., S. 90.

1896 öffnete die Öffentliche Lesehalle Jena (gegründet von der Gesellschaft für ethische Kultur und der Comenius-Gesellschaft, finanziell unterstützt von den Zeiss-Werken in Jena); 1899 wurde die Krupp'sche Bücherhalle in Essen als Werkbücherei gegründet; ebenfalls 1899 öffneten die Hamburger Öffentlichen Bücherhallen.

Trotz der allmählichen Umwandlung der öffentlichen Bibliotheken in öffentliche Einrichtungen löste sich das deutsche öffentliche Bibliothekswesen nicht von der Idee der Volkspädagogik, um statt dessen allen Schichten die von ihnen gewünschte Literatur bereitzustellen – was das oft beschworene angloamerikanische Vorbild eigentlich nahegelegt hätte –, sondern wiederholte im sogenannten Richtungsstreit zu Beginn des 20. die Kontroverse des 19. Jahrhunderts.[24] Den Auftakt machte dabei Paul Ladewigs (1858–1940) 1912 erschienene *Politik der Bücherei*, in der er für eine konsequente Ausrichtung der öffentlichen Bibliothek als Dienstleistungsunternehmen eintrat, dem es nicht um die Erziehung des Lesers, sondern um die Erfüllung der Lesewünsche der Benutzer zu gehen habe.[25] Da außerdem die öffentliche Bibliothek und die überkommene wissenschaftliche Stadtbibliothek organisatorisch wie räumlich zusammenzufassen seien (Einheitsbücherei), böten sich jedem Leser genügend Möglichkeiten, sich zu bilden.

---

24 Zum Richtungsstreit siehe Süle, *Bücherei und Ideologie*.
25 So heißt es z. B. in Ladewig, *Politik der Bücherei*: »Es kann nicht Aufgabe des Beamten der allgemeinen öffentlichen Bücherei sein, an der Bücherforderung der Benützer Kritik zu üben« (S. 47) und: »Mit der lotweisen Zumessung des Wissens an Alle ist es nichts, außer wenn gouvernementale Macht gebraucht werden soll. Ebenso wenig ist die volle Individualbehandlung einer größeren Allgemeinheit möglich, wenn dafür nicht die Zeit und das Personal zur Verfügung steht. Vollgültige Bücherei mit vollem wissenschaftlichen Rückgrat ist für jeden erforderlich, der ein praktisches oder geistiges Interesse betätigt oder hegen will [...] Es kann nicht jeder lebenslang ›unterrichtet‹ werden, dazu sind der Wege zum Buche zu viele. Das einzige Mittel zur Führung eines Volkes liegt in der Steigerung seiner Einsicht, aber wir müssen dem Volke wohl oder übel überlassen, daran selbst zu arbeiten« (S. 48).

Dagegen opponierte vehement die von Walter Hofmann (1879–1952) vertretene »neue Richtung«, die den Vertretern der Einheitsbücherei und der Lesehalle um Ladewig und Erwin Ackerknecht (1880–1960) vorwarf, sie erstrebten einen Massenbetrieb nach amerikanischem Vorbild, dem es alleine um Ausleihzahlen gehe, wohingegen es darauf ankomme, dem Leser zu dem ihm passenden guten Buch zu raten. Damit standen die Positionen im wesentlichen fest: auf der einen Seite die Ausrichtung der Bibliothek als Dienstleistungsunternehmen, auf der anderen Seite die Orientierung an einer »Bildungsidee«, die den Bibliothekar zum pädagogischen Lenker der Leser machte. Dabei ist bezeichnend für die Auseinandersetzung, daß sie sehr schnell mit nationaler und schließlich völkischer Ideologie aufgeladen wurde. Hofmann argumentierte nämlich, sein Konzept einer intensiven Lektürebetreuung, in der sich Leser- und Buchauswahl gegenseitig bedingten, komme den Staat nicht nur billiger als die von Ladewig vertretene Richtung einer extensiven Lektüre breiter Schichten, sondern schaffe auch gerade durch die intensive Betreuung eine »Volkskulturgemeinschaft«, in der das Volk zur »Volkheit« gebildet werde.[26]

Die »neue Richtung« schlägt damit den Weg in die völkische Volksbildung ein, in der letztlich das Volk als Volk zuallererst gebildet (im doppelten Wortsinne) werden und sich dadurch von anderen Völkern, besonders dem »vermassten« der USA, unterscheiden sollte. Das deutsche Bibliothekswesen trug hier intern den Konflikt zwischen deutscher Kultur und westlicher Zivilisation aus, der vor und nach dem Ersten Weltkrieg die Geister trennte. Dadurch, daß Walter Hofmann gegen Paul Ladewig letztlich siegte, wurde in Deutschland der Schritt zu einer im weitesten Sinne demokratischen öffentlichen Bibliothek weiter verzö-

---

26 Das Volk zur »Volkheit« bilden wollte Hofmann in einem Artikel in den *Heften für Büchereiwesen* 16 (1932), S. 337.

gert und statt dessen einer völkischen Büchereipolitik der Boden bereitet, den das Dritte Reich durch entsprechende Verwaltungsakte nur noch zu bestellen brauchte.[27]

Zu dieser sich in den 20er Jahren herauskristallisierenden völkisch-nationalen Tendenz gehört die vom Kaiserreich übernommene Grenzlandförderung (besonders in Ostpreußen, Oberschlesien und Nordschleswig) zwecks Stabilisierung der deutschen Kultur in diesen Gebieten genauso wie ein besonders bei Hofmann stark ausgeprägter anti-intellektualistischer Grundzug, der ihn die »Literatur der Literaten« mit ihrer »seelischen und geistigen Lebensferne und Stabilität« ablehnen ließ.[28] Natürlich waren die im Dritten Reich dann einsetzenden Säuberungen der Bestände ein Eingriff in die Bibliotheken, den fast alle tonangebenden Bibliothekare, auch Hofmann, ablehnten. Aber Tatsache bleibt, daß eine Beseitigung »schädlicher« Literatur nichts prinzipiell Unerhörtes war, sondern von den Vertretern der »neuen Richtung« vorgedacht worden war.

Das konfessionelle Bibliothekswesen macht hiervon nur insofern eine Ausnahme, als es durch seine prinzipielle Distanz zum Staat vor einer Vereinnahmung stärker geschützt

27 Süle, *Bücherei und Ideologie*, S. 63. Es ist bezeichnend, daß Hofmann selbst noch in seinen Lebenserinnerungen *Der Wille zum Werk* die kulturkritische Phrase mit nationalem Pathos vermengt: »Und heute marschiert auch die deutsche Volksbücherei auf der internationalen Linie der unverfälschten ›rationalistischen Methoden‹ mit, sei es, daß sie den strengen Parolen der östlichen Kulturhemisphäre folgt, sei es, daß sie, in vermeintlicher geistiger Freiheit, den Verlockungen der angloamerikanischen Vorbilder nachgibt. [...] Und wenn heute mit der deutschen Volksbücherei potemkinsche Volksbildungsdörfer in ungeheurem Maßstab produziert werden, so darf sie sich rühmen, gerade damit den Sinn der Volksbildungsbewegung der ganzen modernen Welt zu erfüllen, in der, mit oder ohne Demokratie, das Volk immer der Betrogene ist. Aber so wie alles in der Welt seinen Preis hat, so auch diese zeitgerechte Volksbildung und Volksbücherei. Dieser Preis heißt Deutschland« (S. 328 f.). Einen Überblick über die Auseinandersetzungen während der Weimarer Republik bietet *Die Öffentliche Bücherei der Weimarer Zeit*.
28 Hofmann in seinem Artikel in den *Heften für Büchereiwesen* 16 (1932), S. 145–157 und S. 354–368.

war als die auf Vereinsbasis tätigen liberalen Bibliotheksgründungen. Dennoch war auch bei den Kirchen eine starke Tendenz zur »Belehrung«[29] festzustellen, die mit der immer wieder erhobenen Forderung nach einem »gesunden christlichen Volkstum«[30] einherging. Dies schien nur erreichbar über den Ausschluß eines bedrohlichen »Dreiblatts: der Prostitution, der Entartung der Leselust und der Trunksucht«.[31] Hierbei war offensichtlich von einem Staat, in dem auf Gemeindeebene »ein paritätisch zusammengesetzter oder gar mit jüdischen Elementen versetzter Magistrat« bestimmte,[32] nicht allzuviel zu erwarten, auch wenn man sich nicht scheute, von ebendiesem Staat im gemeinsamen Kampf gegen Sozialismus und Liberalismus eine Unterstützung zu erwarten.[33] Obwohl die konfessionellen Bibliotheken ihre eigenen Wege gingen, nahmen auch sie am allgemeinen Aufschwung der Bibliotheken in den 90er Jahren des 19. Jahrhunderts teil. Allein der Borromäusverein hatte bis 1934 schließlich 5500 Büchereien eingerichtet, in denen 4,4 Millionen Bände bereitstanden.[34] Doch nun gerieten sie ins Fadenkreuz der neuen Machthaber, denen unabhängige kirchliche Bibliotheken ein Dorn im Auge sein mußten. Das

29 Auf der ersten Vorstandssitzung des Vereins vom hl. Karl Borromäus am 22. Juni 1845 waren die vom Verein zu verbreitenden Bücher in 6 Klassen unterteilt worden: 1) belehrende, 2) belehrend-unterhaltende, 3) unterhaltend-belehrende, 4) belehrend-erbauende, 5) unterhaltend-erbauende und 6) erbauende Bücher. Vgl. *Auf dem Weg zur öffentlichen Literaturversorgung*, S. 51.
30 Ebd., S. 76.
31 Ebd., S. 70.
32 Ebd., S. 79.
33 In einem Text aus dem Jahr 1876 heißt es: »Man gehe ohne Säumen vor, man begründe, wo nicht vielleicht der Kirchenvorstand die Sache in die Hand nehmen will und kann, ein kleines Comité; der Pfarrer, ein Lehrer und ein Vertrauensmann aus der Gemeinde genügen hierzu vollauf; man schaffe einen Stamm guter Volksbücher an, wie sie Erwachsenen eine gesunde und begehrte Speise bieten, und man suche dann bei dem Amtshauptmann als Vorsitzenden der Bezirksversammlung um die staatliche Unterstützung nach.« Zit. ebd., S. 82.
34 Boese, *Das öffentliche Bibliothekswesen im Dritten Reich*, S. 189.

Regime ergriff deshalb bald Maßnahmen, die die konfessionellen Bibliotheken ausschalten sollten, worunter das Verbot, nichtreligiöse Literatur zu führen,[35] am einschneidendsten war, weil damit die Attraktivität der Bestände drastisch verringert wurde. Die 1944 verfügte Auflösung des Borromäusvereins markiert das Ende des nichtstaatlichen Bibliothekswesens, auch wenn die Vereinsauflösung aufgrund der Kriegswirren nicht mehr vollzogen werden konnte.[36] Damit sind wir freilich schon längst mitten im nächsten Kapitel.

---

35 Ebd., S. 196.
36 Ebd., S. 198.

XII

Bibliotheken im Nationalsozialismus

Die Machtergreifung der Nationalsozialisten im Jahre 1933 hat für das deutsche Bibliothekswesen keineswegs einen tiefen Bruch bedeutet. Vielmehr konnten die Nationalsozialisten und ihre bibliothekarischen Parteigänger gerade im öffentlichen Bibliothekswesen an die Tendenz der Volksbildung anknüpfen, die nun als völkische Bildung verwirklicht wurde. Die wissenschaftlichen Bibliotheken dagegen waren dank ihrer Ausrichtung auf die universitäre Lehre und Forschung von der Gleichschaltung der Bestände ausgenommen, konnten aber politisch und rassisch motivierte Entlassungen von Personal nicht vermeiden.

Der von den öffentlichen Bibliotheken entwickelte Ansatz, durch ihre pädagogische Bibliotheksarbeit einen Beitrag zur »kulturellen Selbstbehauptung des eigenen Volkes« (Ackerknecht) zu leisten, ließ sich während des Dritten Reiches mühelos in eine politische Lenkung des Lesers im Sinne der Nationalsozialisten umfunktionieren. Die Maßnahmen, mit denen der nationalsozialistische Staat in das öffentliche Bibliothekswesen schließlich eingriff, lagen auf drei Ebenen: a) personelle Säuberungen, b) Gleichschaltung der bibliothekarischen Organisationen und c) Säuberung der Buchbestände.

a) *Personelle Säuberungen.* Viele bedeutende Bibliothekare fielen gleich zu Beginn des Dritten Reiches Säuberungen zum Opfer, sei es, weil sie politisch unliebsam waren, sei es, weil sie als Juden unter das 1934 verabschiedete *Gesetz zur Wiederherstellung des Berufsbeamtentums* fielen, das Juden die Tätigkeit als Beamte versagte. Berühmte politische Opfer waren Gottlieb Fritz, der als Direktor der Berliner Stadtbibliothek abgesetzt wurde und 1934 drei Monate nach seiner Amtsenthebung starb,[1] Erwin Ackerknecht, der den Posten als Direktor der Stettiner Stadtbibliothek verlor und nur noch als Direktor der Stettiner wissenschaftlichen Stadtbibliothek amtieren durfte, und schließlich Walter Hofmann, der früh schon als »Marxist« heftigen Angriffen ausgesetzt war, sich aber bis 1937 als Leiter der Leipziger Bücherhallen und des Leipziger Instituts für Leserkunde halten konnte.[2] Opfer des Rassenwahns war u. a. Helene Nathan, Leiterin der Stadtbücherei Berlin-Neukölln, die 1933 ihren Posten verlor und 1940 in den Freitod ging.[3] Die aus dem Amt Gejagten wurden gelegentlich durch nationalsozialistische »alte Kämpfer« ersetzt, gelegentlich ließen die Stadtverwaltungen die frei gewordenen Stellen aber einfach wegfallen. Indessen wurden die unmittelbar nach der Machtergreifung erfolgten Stellenbesetzungen durch Parteigenossen, deren wichtigste Qualifikation ihr Parteibuch war, nicht durchgehalten. Vielmehr führte der damit verbundene Qualitätsverlust dazu, daß durch Erlaß vom 2. September 1933 die fachliche und persönliche Eignung für den Beruf über die politische Zuverlässigkeit gestellt wurde.[4] Insgesamt ist die nationalsozialistische Personalpolitik durch das Fehlen eines langfristigen Konzeptes gekennzeichnet.[5]

b) *Gleichschaltung der bibliothekarischen Organisationen.* An der Auseinandersetzung um die Gleichschaltung der bibliothekarischen Organisationen waren beteiligt: der Verband Deutscher Volksbibliothekare (VDV), der Ende 1933 durch Zusammenschluß der kommunalen Spitzenverbände gebildete Deutsche Gemeindetag, dessen Fachabtei-

1 Holzhausen, »Gottlieb Fritz und seine Entfernung aus dem Amt des Direktors der Berliner Stadtbibliothek 1933/34«.

2 Vgl. Kettel, *Volksbibliothekare und Nationalsozialismus*, S. 106.

3 Thauer/Vodosek, *Geschichte der öffentlichen Bücherei in Deutschland*, S. 145f.

4 Ebd., S. 210.

5 Boese, *Das öffentliche Bibliothekswesen im Dritten Reich*, S. 209.

lung V sich mit den Einrichtungen des Schul- und Bildungs-
wesens und damit auch mit den öffentlichen Bibliotheken
beschäftigte, das 1934 zum Reichs- und Preußischen Ministerium für Wissenschaft, Erziehung und Volksbildung –
kurz Reichserziehungsministerium (REM) genannt – erwei-
terte ehemalige Preußische Ministerium für Wissenschaft,
Kunst und Volksbildung, das Reichsministerium für Volks-
aufklärung und Propaganda und schließlich die Reichsschrifttumskammer, die eine Kammer der 1933 gegründeten
Reichskulturkammer war. Jede dieser Institutionen verfolgte dabei zunächst eigene Ziele, die darauf hinausliefen,
die Volksbibliothekare dem eigenen Einflußbereich zu un-
terwerfen. Der VDV bemühte sich, nachdem er gleich zu
Beginn der Machtergreifung Ergebenheitsadressen an die
neuen Machthaber gesandt hatte,[6] eine Linie zwischen den
neuen politischen Anforderungen und der überlieferten bibliothekarischen Arbeit zu finden; der Deutsche Gemeindetag sorgte sich um die Selbständigkeit der Gemeinden, die
die öffentlichen Bibliotheken finanziell trugen und nun mit
den Eingriffen des totalitären Staates konfrontiert waren, die
die Selbständigkeit der Gemeinden im Interesse einer stär-
keren zentralen Koordination einschränkten; das Reichserziehungsministerium stritt sich mit dem Propagandaministerium darum, wem die Aufsicht über die öffentlichen
Bibliotheken zustehen sollte, ein Streit, an dem die Reichsschrifttumskammer insofern beteiligt war, als sie für den
VDV zuständig war, der ihr allerdings erst 1939 offiziell
eingegliedert wurde und damit als eigenständige Berufsorga-
nisation ein Ende fand.[7]

6 Auch der »Marxist« Walter Hofmann beeilte sich, seine positive Haltung
der »Regierung der nationalen Erhebung« gegenüber zum Ausdruck zu
bringen; vgl. Sywottek, »Die Gleichschaltung der deutschen Volksbüchereien 1933 bis 1937«, Sp. 397 f. Weitere Beispiele bei Kettel, *Volksbibliothe-*
kare und Nationalsozialismus, S. 55 ff.
7 Sywottek, »Die Gleichschaltung der deutschen Volksbüchereien 1933 bis
1937«, Sp. 414.

Das Reichserziehungsministerium setzte sich schließlich gegenüber dem Propagandaministerium durch: Im Mai 1935 wurde die dem Preußischen Ministerium für Wissenschaft, Erziehung und Volksbildung unterstehende Preußische Landesstelle für volkstümliches Büchereiwesen zur Aufsichtsinstanz über alle übrigen Landesstellen erhoben und noch im selben Jahr zur »Reichsstelle für volkstümliches Büchereiwesen« deklariert.[8] Damit hatte das Reichserziehungsministerium auch dem Deutschen Gemeindetag gegenüber insofern an Einfluß gewonnen, als die Fachaufsicht über die öffentlichen Büchereien nun, vermittelt über die Reichsstelle, beim Reichserziehungsministerium lag, während die Gemeinden die finanziellen Träger der Bibliotheken blieben. Dieser Prozeß der Gleichschaltung kulminierte in den 1937 erlassenen »Richtlinien für das Volksbüchereiwesen«, die den Rahmen für ein einheitliches Büchereisystem des gesamten Reiches absteckten. Darin wurden nicht nur detaillierte Planungen für die Größe der öffentlichen Büchereien, die von der Größe der jeweiligen Gemeinde abhängen sollten, kodifiziert, gleichermaßen wurde die Fachaufsicht der Reichsstelle für das gesamte öffentliche Bibliothekswesen festgeschrieben, auch wenn diese Fachaufsicht sich auf Beratung und Anleitung beschränkte. Zugleich wurde der unmittelbare Einfluß der NSDAP zurückgedrängt, indem nur noch von einer Kooperation zwischen Partei und Bibliotheken die Rede war.[9] Äußerlich manifestierte sich dieser Schritt schließlich darin, daß die Fachzeitschrift *Die Bücherei* – bereits seit 1934 durch die Preußische Landesstelle für volkstümliches Büchereiwesen als Ersatz für die mit Ende 1933 eingestellten untereinander konkurrierenden Zeitschriften *Bücherei und Bildung* und *Bücherei und Bildungspflege* herausgegeben – als Fachorgan des gesamten öffentlichen Bibliothekswesens gemäß den Bestimmungen der

8 Ebd., Sp. 422.
9 Ebd., Sp. 435f. Boese, *Das öffentliche Bibliothekswesen im Dritten Reich*, S. 111–115.

»Richtlinien« ab 1937 von der »Reichsstelle für volkstümliches Büchereiwesen« herausgegeben wurde.

c) *Säuberungen der Buchbestände.* Am 10. Mai 1933 brannten im Rahmen der Aktion »Wider den undeutschen Geist« in fast allen deutschen Universitätsstädten Scheiterhaufen, auf denen die dem nationalsozialistischen Regime unerwünschten Schriften verbrannt wurden.[10] Diese Bücherverbrennungen waren nur der sichtbare Ausdruck für das seit der Machtergreifung im März 1933 veränderte Verhältnis zwischen Staat und Bibliotheken. Es ging nicht mehr darum, den Lesern die von ihnen gewünschte Literatur zur Verfügung zu stellen – wie pädagogisch auch immer der Bibliothekar dabei auf den Leser einzuwirken hatte –, jetzt waren vielmehr die Leser im Sinne des Nationalsozialismus zu erziehen, indem man, wie es in einem Kriterienkatalog der Thüringischen Landesberatungsstelle für Volksbüchereiwesen und Jugendschrifttumspflege hieß, die »Asphaltliteratur« und diejenige Literatur, »die das Erlebnis der Frontsoldaten in den Schmutz zieht oder den berechtigten Wehrwillen unseres Volkes herabzusetzen trachtet« sowie schließlich Schriften, die die Weimarer Republik verherrlichten, aus dem Bestand ausschied.[11]

Die zunächst spontanen Bestandssäuberungen, die die Bibliothekare in einem Akt vorauseilenden Gehorsams vollzogen, wurden alsbald in verwaltungsmäßige Bahnen gelenkt, indem die Kultusministerien der einzelnen deutschen Länder Kriterien zusammenstellten, anhand derer die Literatur auszuscheiden war, wobei man vor allem nach »zersetzender« Literatur suchte.[12] Nach dieser ersten Phase der

---

10 Zum Thema der Bücherverbrennungen vgl. Walberer (Hrsg.), *10. Mai 1933*, Sauder (Hrsg.), *Die Bücherverbrennung* sowie die beiden Ausstellungskataloge Leonhard (Hrsg.), *Bücherverbrennung* und *»Das war ein Vorspiel nur. . .«*.

11 Zit. nach: Sywottek, »Die Gleichschaltung der deutschen Volksbüchereien 1933 bis 1937«, Sp. 440.

12 Vgl. ebd., Sp. 441 und Boese, *Das öffentliche Bibliothekswesen im Dritten Reich*, S. 216 ff.

Bestandssäuberungen, die bis 1935 dauerte und durch unterschiedliche Handhabung der Verbote durch die verschiedenen Verwaltungs- und Parteistellen sowie durch die verschiedenen Länder gekennzeichnet war, setzte eine zweite Phase ein, als die Reichsschrifttumskammer 1936 eine einheitliche, streng vertrauliche und nur für den Dienstgebrauch bestimmte *Liste I des schädlichen und unerwünschten Schrifttums* herausbrachte, die 1939 überarbeitet und bis 1944 in monatlichen Listen fortgeschrieben wurde.[13] Die ausgeschiedene Literatur war an die zuständigen Landesbibliotheken abzuliefern, in Preußen und Bayern an die jeweilige Staatsbibliothek. Während des Krieges wurde schließlich 1940 eine ebenfalls vertrauliche »Liste des für die Volksbüchereien ungeeigneten erzählenden Schrifttums mit konfessionellem Einschlag« erarbeitet. Das Ausmaß der Säuberungen läßt sich nur schwer abschätzen, weil die Bibliothekare die Gelegenheit ergriffen, neben der verbotenen auch gleich die veraltete Literatur aus den Beständen zu entfernen. So schwankten die Zahlen der ausgeschiedenen Bücher im allgemeinen zwischen 10 und 20%, überschritten an einigen Bibliotheken aber auch 50%.[14]

Ein Fortschritt[15] war dagegen die nun endgültig vollzogene Kommunalisierung der öffentlichen Bibliotheken, d. h. die Ablösung der Büchereien von Vereinen und die Einsetzung der Kommunen als ihrer Träger.[16] Eine weitere wichtige Modernisierung bewirkte das durch den totalitären Staat herbeigeführte endgültige Ende des Richtungsstreites. War dieser Streit um die richtige pädagogische Führung des Lesers zum Buch geführt worden, so bedeutete die Einsicht in

---

13 Sywottek, »Die Gleichschaltung der deutschen Volksbüchereien 1933 bis 1937«, Sp. 444.

14 Boese, *Das öffentliche Bibliothekswesen im Dritten Reich*, S. 232 und 236.

15 Die Frage der Modernisierung im Dritten Reich gehört immer noch zu den umstrittensten Forschungsproblemen. Zur neuesten Diskussion siehe den Sammelband *Nationalsozialismus und Modernisierung.*

16 Boese, *Das öffentliche Bibliothekswesen im Dritten Reich*, S. 199 ff.

die Dienstbarmachung solcher Pädagogik durch das Dritte Reich bzw. der entstehende Widerwille gegen solche staatspädagogische Leserlenkung zusammen mit dem auch im Bibliothekswesen nun geltenden Primat des Politischen, daß die junge Bibliothekarsgeneration Abstand von der pädagogischen Tradition der Bücherei suchte. Ein Zeichen dafür war, daß bereits im Dritten Reich Diskussion und erste Versuche der Freihandaufstellung begannen, weil diese Form des freien Zugangs zum Buch die Bibliothekare angesichts sich ständig ändernder politischer Vorgaben von der politisch nicht unproblematischen Leserberatung, die im Falle einer Fehlberatung zur Denunziation führen konnte, entlastete. Damit hat das Dritte Reich insgesamt den Übergang der öffentlichen Bibliotheken zu einem Dienstleistungsunternehmen beschleunigt[17] und durch deren reichseinheitliche Organisation in der Tat eine ungeahnte Effizienzsteigerung beim Bestandsaufbau ermöglicht.[18] Der Preis für diese einheitliche Organisation lag freilich darin, daß ab 1940 die nichtstaatlichen konfessionellen, vor allem katholischen Büchereien des süddeutschen Raumes durch die parallele Einrichtung öffentlicher Büchereien unter Druck gesetzt wurden. Zugleich war das vereinheitlichte öffentliche Bibliothekswesen willkommenes Instrument der staatlichen Expansionspolitik: In den besetzten Gebieten intensivierte man die Büchereiarbeit, die an die vor 1933 betriebene Grenzbüchereiarbeit zur Sicherung des Deutschtums in gefährdeten Gebieten anschließen konnte.[19]

17 Zur Freihand siehe ebd., S. 287 ff; zur Bewertung der Modernisierung ebd., S. 351 ff.

18 Zum Bestandsaufbau siehe Sywottek, »Die Gleichschaltung der deutschen Volksbüchereien 1933 bis 1937«, Sp. 449 ff., und Boese, *Das öffentliche Bibliothekswesen im Dritten Reich*, S. 237 ff.

19 Boese, *Das öffentliche Bibliothekswesen im Dritten Reich* hat S. 320 f. folgende Zahlen ermittelt: In Danzig-Westpreußen wurden 350 neue Büchereien eröffnet, im »Generalgouvernement« waren es 60 Stand- und 650 Wanderbüchereien, im »Warthegau« 450 Volks- und 475 Schülerbüchereien, in Eupen-Malmédy waren 60 neue Büchereien geplant, von denen bis

Der Krieg brachte dann eine abermalige Änderung der
Büchereipolitik, weil angesichts der realen Lebensbedingungen in den zerbombten Städten die Nachfrage nach Propa-
gandaliteratur stetig zurückging und der Bedarf an Unter-
haltungsliteratur zunahm. Da die Reichsführung bis Kriegsende auf einer Offenhaltung der Büchereien bestand,[20]
versuchten die Bibliothekare, den Ausleihdienst unter
schwierigsten personellen und räumlichen Bedingungen aufrecht zu erhalten. Als im August 1944 der kommerzielle
Buchhandel geschlossen wurde, blieben die Bibliotheken als
einzige Einrichtung der Literaturversorgung übrig. In vielen
Städten bedeutete das Ende des Krieges freilich auch das
Ende der bibliothekarischen Arbeit. In Frankfurt am Main,
Kassel, Kiel und Potsdam waren die öffentlichen Bibliotheken gänzlich zerstört, in Berlin war 1945 die Hälfte der
106 Volksbüchereien vernichtet, Büchereien in anderen
Städten mußten mehr oder weniger große Bücherverluste
beklagen.

Die wissenschaftlichen Bibliotheken waren im Gegensatz
zu den öffentlichen Bibliotheken viel weniger von Eingriffen
in den Buchbestand betroffen. Im Gegenteil: Die an den
öffentlichen Bibliotheken als zersetzend ausgesonderten Bücher kamen nicht nur an die Landesbibliotheken, sondern
im Land Baden auch an die Universitätsbibliotheken, die
diese Bücher, sofern sie im eigenen Bestand noch nicht
vorhanden waren, einarbeiteten. Dabei hatten die wissenschaftlichen Bibliotheken allerdings die Auflage zu beachten, die »zersetzende« Literatur zu sekretieren. Nachdem
diese Auflage von den Bibliotheken unterschiedlich gehand-
habt worden war und es von einigen Bibliotheksdirektoren
wie z. B. Georg Leyh in Tübingen mehr oder weniger offe-

1942 25 fertiggestellt wurden, Luxemburg erhielt bis 1943 77 neue Dorf-
sowie 22 kleinstädtische Bibliotheken, die Städte Luxemburg und Esch je
eine neue Stadtbücherei, in Lothringen waren bis 1942 200 neue Dorfbü-
chereien eingerichtet worden.
20 Boese, *Das öffentliche Bibliothekswesen im Dritten Reich*, S. 334.

nen Protest und Mißachtung dieser Auflage gegeben hatte,
sah sich das Reichserziehungsministerium 1935 zu einem
Schreiben veranlaßt, in dem es u. a. hieß: »Es liegt Veranlas-
sung vor, auf die Notwendigkeit einer strengen Durchführung der Sekretierung nochmals besonders hinzuweisen. Ich
würde mich zu meinem Bedauern genötigt sehen, wegen
Verstößen gegen die bestehenden Vorschriften gegen die
Schuldigen unnachsichtlich vorzugehen. Die Sekretierung
dieser Literatur ist nicht dadurch vollzogen, daß sie im
Dienstzimmer irgendeines leitenden Beamten aufgestellt
wird, sondern sie ist in einer besonderen Abteilung der
Bibliothek, die ständig unter Verschluß zu halten ist, durchzuführen, zu der auch nur die zur Überwachung dieser
Literatur bestimmten Beamten Zutritt haben dürfen. Diese
sind dafür verantwortlich, daß die Bestimmungen für die
Benutzung gewissenhaft beachtet werden und daß diese Literatur auch denjenigen Bibliotheksbeamten vorenthalten
bleibt, die nicht unmittelbar mit der Bewachung zu tun
haben.«[21] Die Folge dieses Schreibens war, daß man z. B. in
Heidelberg tatsächlich dazu überging, die dem Regime un-
liebsame Literatur, die wie an den öffentlichen Bibliotheken
laufend anhand der geheimen *Liste I des schädlichen und
unerwünschten Schrifttums* festgestellt wurde, in einem besonderen Raum im Speicher der Bibliothek aufzubewahren,
zu dem nur der Direktor und ein Vertrauensbeamter den
Schlüssel hatten. In Freiburg verfuhr man nach längerem
Zögern ähnlich. Zugang zu dieser Literatur hatte hinfort
nur, wer dem akademischen Lehrkörper oder der NSDAP
angehörte oder als »zuverlässig« bekannter Benutzer die
glaubhafte Versicherung abgeben konnte, daß er diese Literatur zu wissenschaftlichen Zwecken benötige. Neben diesen aus den öffentlichen Bibliotheken ausgesonderten Be-

---

21 Zit. nach: Müller, »Die Universitätsbibliothek Heidelberg im Dritten
Reich« (1989a), S. 60. Ebenfalls zit. in: Toussaint, *Die Universitätsbibliothek Freiburg im Dritten Reich*, S. 158.

ständen kamen vielfach auch ganze beschlagnahmte Bibliotheken in die wissenschaftlichen Bibliotheken.[22]

Beschränkungen in ihrem Bestandsaufbau erfuhren wissenschaftliche Bibliotheken erst durch die zunehmende Devisenknappheit, die dazu zwang, ausländische Literatur nur noch begrenzt zu kaufen. Ab 1937 mußte der Kauf ausländischer Bücher über die Kölner Auslandszeitungshandel GmbH abgewickelt werden, bei der die Bibliotheken ihre Wünsche einzureichen hatten. Grundlage für den Kauf ausländischer Bücher und Zeitschriften bot ein Erlaß von 1934, in dem das Reichsinnenministerium den Universitäts- und Landesbibliotheken ausdrücklich gestattete, die für das Reichsgebiet verbotenen Publikationen zu wissenschaftlichen Zwecken zugänglich zu machen. Dabei kam es ständig zu Konflikten mit der Gestapo und der Auslandszeitungshandel GmbH, die Bezugsverbote immer wieder mit Devisenbeschränkungen begründeten. Dem Tübinger Bibliotheksdirektor Georg Leyh gelang es jedoch während des gesamten Dritten Reiches, im Tausch mit der Züricher Zentralbibliothek die *Neue Zürcher Zeitung* mit Genehmigung der Württembergischen Politischen Landespolizei in wöchentlichen Lieferungen für die UB Tübingen zu »Dokumentationszwecken« zu erhalten.[23] Während des Krieges war man dann gezwungen, die Literatur der »Feindländer« über Mittelsmänner zu beziehen, weil sich die mit Deutschland im Krieg stehenden Länder weigerten, Bücher und Zeitschriften mit Forschungsergebnissen, die eventuell kriegswichtig werden konnten, direkt zu liefern.[24] Solche Erfolge können freilich nicht darüber hinwegtäuschen, daß

22 Vgl. Happel, *Das wissenschaftliche Bibliothekswesen im Nationalsozialismus*, S. 71 ff.

23 Kowark, *Georg Leyh und die Universitätsbibliothek Tübingen*, S. 79. Happel, *Das wissenschaftliche Bibliothekswesen im Nationalsozialismus*, S. 67 f.

24 Die Industrie hatte es insofern etwas leichter, als sie Zeitschriftenbestellungen einfach auf Tochtergesellschaften in neutralen Ländern umleiten konnte. Der zunehmende Mangel an Literatur führte zur Gründung der Deutschen Gesellschaft für Dokumentation im Jahre 1941, deren Aufgabe

die Erwerbung an allen wissenschaftlichen Bibliotheken während des Weltkrieges drastisch eingeschränkt werden mußte und im statistischen Mittel nur noch 50% der Vorkriegszeit betrug.[25]

Während die wissenschaftlichen Bibliotheken in ihrem Bestandsaufbau im Vergleich zu den öffentlichen Bibliotheken kaum politischen Maßregeln unterworfen waren, mischte sich das Regime massiv in die neben dem Kauf wichtigste bibliothekarische Tätigkeit ein: die Verzeichnung der Bücher. So förderte man aus ideologischen Gründen die Arbeit am Deutschen Gesamtkatalog (s. Kap. XI) und verbot zugleich die Anzeige von dem Regime mißliebiger Literatur (von Juden oder Emigranten) in der Nationalbibliographie. Dies betraf für den Zeitraum von 1933 bis 1945 5485 Titel, die erst nach dem Krieg in einem Nachtrag veröffentlicht werden konnten.[26] Man schloß jedoch nicht nur jüdische Literatur aus den Verzeichnissen aus, sondern auch die Juden aus den Bibliotheken. Dies begann bereits 1933 mit der Entlassung jüdischer wissenschaftlicher Bibliothekare auf der Grundlage des *Gesetzes zur Wiederherstellung des Berufsbeamtentums*. Am stärksten waren hiervon die Preußische Staatsbibliothek in Berlin und die wissenschaftliche Stadtbibliothek Frankfurt am Main betroffen, die 8 bzw. 7 jüdische Mitarbeiter verloren.[27] Trotz dieser Entlassungen wurden gelegentlich noch

in der Auswertung der wichtigen ausländischen Zeitschriften bestand. Siehe dazu den informativen Artikel von Richards, »German libraries and scientific and technical information in Nazi Germany«. Wie die Alliierten an deutsche wissenschaftliche Publikationen gelangten, zeigt Richards, »Die Verbindung Alliierte–Achsenmächte«.

25 Happel, *Das wissenschaftliche Bibliothekswesen im Nationalsozialismus*, S. 18. Zahlen zur UB Heidelberg bei Müller, »Die Universitätsbibliothek Heidelberg im Dritten Reich« (1989a), S. 31 f., zu Freiburg bei Toussaint, *Die Universitätsbibliothek Freiburg im Dritten Reich*, S. 64 ff.

26 Leyh, »Die deutschen Bibliotheken von der Aufklärung bis zur Gegenwart«, S. 488.

27 Genaue Zahlen bei Happel, *Das wissenschaftliche Bibliothekswesen im Nationalsozialismus*, S. 33 f.

Juden mit Forschungsaufträgen an den Bibliotheken weiterbeschäftigt.[28]

Nach den Maßnahmen gegen jüdische Mitarbeiter ergriff man bald auch Maßnahmen gegen jüdische Bibliotheksbenutzer. Ähnlich wie jüdische Kollegen durch das _Gesetz zur Wiederherstellung des Berufsbeamtentums_ arbeitslos wurden, wurden jüdische Studenten bereits seit dem 25. April 1933 durch das _Gesetz gegen die Überfüllung deutscher Schulen und Hochschulen_ mit einer Quote belegt, die den Anteil der jüdischen Studenten auf 5% festlegte und für Neuimmatrikulationen eine Quote von 1,5% bestimmte. Im Laufe der Jahre kamen weitere Beschränkungen für jüdische Studenten hinzu (Verwehrung der Promotion, Nichtzulassung zur Staatsprüfung für das höhere Lehramt), bis schließlich ab April 1938 das Recht auf Immatrikulation an den Ariernachweis gebunden und im gleichen Jahr auch der Gasthörerstatus für jüdische Studenten abgeschafft wurde. Da die jüdischen Studenten auch Bibliotheksbenutzer waren, führte der Rückgang jüdischer Studenten folgerichtig zu einem Rückgang jüdischer Bibliotheksbenutzer. Freilich trafen diese Regelungen nicht nur die studentischen jüdischen Bibliotheksbenutzer, sondern allerspätestens ab 1938 mit der Anordnung über den _Ausschluß von Juden an den deutschen Hochschulen_ auch die nichtstudentischen jüdischen Bibliotheksbenutzer. Aufgrund dieser Anordnungen zogen

---

28 So geschehen in Heidelberg, siehe Müller, »Die Universitätsbibliothek Heidelberg im Dritten Reich« (1989a), S. 23. In Freiburg gelang Max Pfannenstiel, als Jude kurz vor der Veröffentlichung des _Gesetzes zur Wiederherstellung des Berufsbeamtentums_ eine Stelle als Bibliotheksassessor zu erhalten. Nach seiner Entlassung noch 1933 ging er zunächst nach Genf, später nach Ankara, wo er zum Direktor der Bibliothek der Landwirtschaftlichen Hochschule berufen wurde und außerdem die Atatürk-Bibliothek für Türkische Nationale Geschichte gründete. Pfannenstiel erreichte als jüdischer »Mischling zweiten Grades« 1941 seine Wiedereinstellung als deutscher Beamter und seine Rückkehr nach Deutschland. 1947 übernahm er in Freiburg den Lehrstuhl für Geologie und Paläontologie. Siehe Toussaint, _Die Universitätsbibliothek Freiburg im Dritten Reich_, S. 52–63.

die meisten Bibliotheken in Zweifelsfällen Erkundigungen über die rassische Zugehörigkeit ihrer Benutzer bei den zuständigen Polizeistellen ein und schlossen festgestellte »Volljuden« von der Benutzung der Bibliothek aus.[29] Daß es vereinzelt einigen Juden gelang, trotz dieser Regelungen an wissenschaftlichen Bibliotheken zu arbeiten und daß es gelegentliches Hinhalten der Bibliotheksverwaltungen gab, ändert am Gesamtbild nichts.[30]

Schon mit Beginn des Krieges setzte eine Verlagerung von Bibliotheksbeständen in abgelegene Schlösser, Klöster und Salzstöcke ein, die zunächst die wertvollen Handschriften und Inkunabeln, dann aber immer mehr auch die normalen Bestände betraf. So lagerte die Preußische Staatsbibliothek in Berlin im Laufe der Zeit fast ihren Gesamtbestand von über 3 Millionen Bänden in das gesamte Reichsgebiet aus, die Deutsche Bücherei in Leipzig verlagerte über drei Viertel ihrer 2 Millionen Bücher, während einige wenige Bibliotheken in gering gefährdeten Gebieten nur kleine Teile ihres Bestandes in Sicherheit brachten. Dennoch kam es zu großen Buchverlusten infolge des Krieges: Man hat geschätzt, daß die wissenschaftlichen Bibliotheken von etwa 75 Millionen Bänden 25 Millionen verloren,[31] während die technischen Bibliotheken rund die Hälfte ihrer Bücher einbüßten.[32] Hinzu kamen gravierende Verluste von Bibliotheksgebäuden: Völlig zerstört wurden die Landesbibliotheken Kiel (1940), Kassel (1941) und Karlsruhe (1942) (alle drei samt des kompletten Bestandes), die Preußische und die Bayerische Staatsbibliothek; ebenfalls zerstört wurden die Universitätsbibliotheken Münster, Würzburg, Bonn, Frankfurt am

29 Toussaint berichtet ebd., S.144 ff., wie diese Ausschließung jüdischer Benutzer an der UB Freiburg durchgeführt wurde.
30 Vgl. Happel, *Das wissenschaftliche Bibliothekswesen im Nationalsozialismus*, S. 95 f.
31 Leyh, »Die deutschen Bibliotheken von der Aufklärung bis zur Gegenwart«, S. 477.
32 Fischer, »Die Spezialbibliotheken«, S. 600.

Main, Gießen, Hamburg, Leipzig, Jena und Breslau. Keine
Schäden hatten lediglich die Universitätsbibliotheken Erlangen, Tübingen, Heidelberg, Köln, Halle, Rostock und
Greifswald zu verzeichnen.[33] Diese Zerstörungen sind nur
das äußerlich sichtbarste Zeichen einer zunehmenden Desin-
tegration des deutschen wissenschaftlichen Bibliothekswesens, das neben den Gebäudeverlusten auch von der Einzie-
hung der männlichen Mitarbeiter zum Kriegsdienst betroffen war. Zwar versuchte man, den Personalengpaß durch
Verlängerung der Arbeitszeit und Einstellung von Frauen zu
beheben, aber angesichts zunehmender Zerstörungen kam
der ordnungsgemäße Dienst immer mehr zum Erliegen.
Das Ende des Krieges bedeutete dann für die Bibliotheken eine
zeitweilige Schließung und erneute Säuberungen der Bestände, in denen die Besatzungsmächte das nazistische und
militaristische Schrifttum auszusondern befahlen, wogegen
sich ein Mann wie Georg Leyh in Tübingen übrigens ebenso
stellte wie gegen die wenige Jahre zuvor befohlene Säuberung der Bestände von »zersetzender« Literatur.[34]

Ein Verständnis dieser Entwicklungen scheint nur plausibel als gänzliche Zerstörung der gewachsenen Bibliotheks-
kultur, für die einmal das Wort »Bibliothekendämmerung«
gebraucht wurde.[35] Indessen macht eine kurze Bemerkung
von Georg Leyh deutlich, welche Tendenz des Bibliothekswesens das Dritte Reich vollendet hat: »Es ist aber charakte-
ristisch«, schreibt Leyh angesichts der Nachkriegssituation

---

33 Leyh, *Die deutschen wissenschaftlichen Bibliotheken nach dem Krieg*, S. 9.
Einen Überblick über die Verluste und Schäden der in der britischen
Besatzungszone gelegenen Bibliotheken gibt der Band *Probleme des Wiederaufbaus im wissenschaftlichen Bibliothekswesen*, der die Ergebnisse einer
im Oktober 1946 stattgefundenen Bibliothekartagung referiert. Daß Leyhs
Schätzung korrekt ist, läßt sich daran ablesen, daß die Summe der in
Probleme des Wiederaufbaus genannten Bücherverluste der wissenschaftlichen Bibliotheken der britischen Zone rund 3,5 Millionen Bände beträgt.
34 Kowark, *Georg Leyh und die Universitätsbibliothek Tübingen*, S. 84 ff.
35 In einem Brief von Abb an Leyh vom 7. Januar 1944. Zit. nach: Komorowski, »Die wissenschaftlichen Bibliotheken während des Nationalsozialismus«, S. 23.

der Bibliotheken,[36] »daß selbst der Umbau eines großen Schulgebäudes in Hamburg und der Neubau in Münster hinter den Bedürfnissen einer modernen Universitätsbibliothek zurückstehen. Die Bibliotheken bleiben beengt im Schatten neben den naturwissenschaftlichen Instituten und Kliniken der Universitäten, neben den großen Industriebauten, Banken und Handelshäusern. Vielleicht bringen erst die geplanten Neubauten für die Universitätsbibliotheken in Bonn und in Wien die angemessenen und auch repräsentativen Lösungen.« Leyhs Hoffnungen haben sich freilich nicht erfüllt. Daß es keine repräsentativen Bauten mehr für Bibliotheken gibt, liegt daran, daß die Bibliotheken selbst ihre repräsentative Funktion verloren haben. Die Zentren der modernen Städte werden nicht mehr von Kirchen und Bibliotheken oder anderen Einrichtungen, in denen ein »Geist« wohnt, eingenommen, vielmehr wuchern in den Innenstädten, wie Leyh richtig bemerkte, die Banken und Handelshäuser, die den »Geist« kurzerhand durch Geld ersetzt haben. Was daher in all den kriegsbedingten Zerstörungen außer dem puren Faktum der Zerstörung zum Ausdruck kommt, ist der Untergang der humanistischen Tradition des deutschen Bibliothekswesens. Dieser deutsche bibliothekarische Sonderweg, der sich gerade in seiner Differenz zur angelsächsischen Gebrauchsbibliothek definierte, hatte in den Trümmern ein Ende gefunden, auch wenn es noch einige Zeit dauern sollte, bis die Bibliothekare das bemerkten.

---

36 Leyh, »Die deutschen Bibliotheken von der Aufklärung bis zur Gegenwart«, S. 479.

XIII

Die Bibliotheken auf dem Weg
ins Informationszeitalter

Bis in die 50er Jahre hinein dauerte der Wiederaufbau der deutschen Bibliotheken, durch den die zerstörten Gebäude repariert und die Bestände komplettiert wurden.[1] Dabei wurden auch die Bibliotheken sehr schnell ins politische Kalkül der Siegermächte einbezogen. Angesichts der Eröffnung der Deutschen Staatsbibliothek im Gebäude der ehemaligen Preußischen Staatsbibliothek Unter den Linden und der sich abzeichnenden Instrumentalisierung des ostdeutschen Bibliothekswesens für das Ziel einer sozialistischen Gesellschaft entschlossen sich die westlichen Besatzungsmächte, die auf ihren Territorien ausgelagerten 1,7 Millionen Bände der alten Preußischen Staatsbibliothek nicht nach Ostberlin in die Deutsche Staatsbibliothek zu überführen, sondern diese Bestände in Marburg zunächst als Hessische, später Westdeutsche Bibliothek zugänglich zu machen. 1964 begann man mit der Überführung der Bestände nach Westberlin, wo 1968 das von Hans Scharoun gebaute Gebäude der Staatsbibliothek Preußischer Kulturbesitz bezogen werden konnte,[2] die für Westdeutschland die Nachfolge der Preußischen Staatsbibliothek angetreten hatte. In gleicher Weise wurde auch die Deutsche Bücherei in Leipzig Opfer des Kalten Krieges: Da man in Westdeutschland Bedenken hatte, ob die Deutsche Bücherei ihrer Aufgabe der vollständigen Verzeichnung des nationalen Schrifttums unter der SED-Diktatur weiterhin gerecht werden könne, entschloß

---

1 Siehe Leyh, »Die deutschen Bibliotheken von der Aufklärung bis zur Gegenwart«, S. 478 ff.; Busse, *Struktur und Organisation des wissenschaftlichen Bibliothekswesens in der Bundesrepublik Deutschland*, S. 5 ff.; Winckler, *Kulturelle Erneuerung und gesellschaftlicher Auftrag*; Thilo, *Das Bibliothekswesen in der Sowjetischen Besatzungszone Deutschlands*.

2 Vesper, »Die Staatsbibliothek Preußischer Kulturbesitz«.

man sich zur Gründung der Deutschen Bibliothek in Frankfurt am Main, die unter dem Namen *Deutsche Bibliographie* eine eigene Nationalbibliographie herausgab.[3] Damit wurde freilich organisatorisch die Zersplitterung des deutschen Bibliothekswesens verfestigt. Schon vor dem Krieg hatte die Preußische Staatsbibliothek die Aufgabe einer deutschen Nationalbibliothek nur bedingt erfüllen können, stand sie doch in steter Konkurrenz zur Bayerischen Staatsbibliothek und den vielen Landesbibliotheken, so daß der Deutsche Gesamtkatalog und der deutsche Leihverkehr zum Ersatz der fehlenden Nationalbibliothek werden mußten (vgl. Kap. X). Nunmehr gab es drei große Bibliotheken, die sich die Aufgabe einer Nationalbibliothek teilten: die Staatsbibliothek Preußischer Kulturbesitz in Westberlin, die Bayerische Staatsbibliothek in München, die die größte an einem Ort konzentrierte Sammlung älterer Literatur beherbergte, und die Deutsche Bibliothek in Frankfurt am Main, die die seit dem 8. Mai 1945 in Deutschland erschienene Literatur sammelte und der das Pflichtexemplarrecht zufiel. Diese Zersplitterung wurde durch den Sondersammelgebietsplan der Deutschen Forschungsgemeinschaft (1949) noch verschärft, indem zwar bedeutende Mittel für den Buchkauf bereitgestellt wurden, diese Mittel aber nicht an einer Bibliothek konzentriert, sondern auf viele Bibliotheken verteilt wurden, denen im Rahmen dieser Fördermaßnahme Sondersammelgebiete zugesprochen worden waren.

Zeichen einer veränderten territorialen und politischen Situation waren auch die Bibliotheksverluste in den ehemaligen Ostgebieten (Königsberg war völlig zerstört, Breslau wurde zu einer polnischen Universitätsbibliothek) und die Neugründungen im Westen: Mainz (1946), Saarbrücken

---

3 Saevecke, »Von der ›Deutschen Bücherei des Westens‹ zur Deutschen Bibliothek als bundesunmittelbare Anstalt des öffentlichen Rechts (1945–1969)«.

(1947) und die Freie Universität Berlin (1948),[4] die unter bibliotheksgeschichtlichen Gesichtspunkten jedoch keine Neuerungen darstellen. Sie folgten vielmehr dem in Deutschland inzwischen selbstverständlich gewordenen Konzept eines zweischichtigen Bibliothekssystems, so daß neben der zentralen Universitätsbibliothek zahlreiche unabhängige Instituts- und Seminarbibliotheken entstanden.

Dagegen versuchte man mit den Universitätsneugründungen der 60er und 70er Jahre, die eine Antwort auf die befürchtete Bildungskatastrophe[5] sein sollten, auch bibliothekarisch neue Wege zu gehen. Dabei machten sich im wesentlichen zwei in die USA weisende Einflußlinien geltend. Zum einen war in Berlin mit der Amerika-Gedenkbibliothek (1954 eingeweiht) zum erstenmal eine öffentliche Bibliothek eröffnet worden, die das amerikanische Vorbild der Public Library in Deutschland erfolgreich in großem Stil in die Praxis umsetzte und einen beachtlichen Teil des Bestandes systematisch geordnet und den Benutzern frei zugänglich anbot.[6] Damit markiert die Amerika-Gedenkbibliothek das Ende des deutschen Sonderwegs in den öffentlichen Biblio-

---

4 Vor allem die Franzosen, die in den von ihnen besetzten Gebieten eine Zeitlang die Absicht hatten, einen eigenen Staat zu gründen, versuchten nach der Zerschlagung ihrer Pläne mit den beiden neugegründeten Universitäten in Mainz und Saarbrücken ihre Besatzungszone zumindest organisatorisch und kulturell eng an Frankreich anzuschließen. Zu Mainz: *Die Wiedereröffnung der Mainzer Universität 1945/46.* Zu Saarbrücken: *Universität des Saarlandes 1948–1988* und Vinzent, »Die Gründung der Universitätsbibliothek Saarbrücken«. Die 1948 gegründete Freie Universität Berlin war hingegen ein Kind des Kalten Krieges, indem in Westberlin ein Gegengewicht zu der in Ostberlin unter die Herrschaft der SED geratenen Humboldt-Universität geschaffen werden sollte. Vgl. Tent, *The Free University of Berlin.*

5 Picht, *Die deutsche Bildungskatastrophe.*

6 Moser, *Die Amerika-Gedenkbibliothek Berlin.* Danach waren 1964 156 000 Bände frei zugänglich aufgestellt, während sich in den Magazinen 450 000 Bände befanden (S. 68). Das Magazin hat jedoch lediglich ergänzende Funktion zur Freihand, d. h. es wird »zur Auffüllung und im Austausch benutzt« (S. 69). Eher anekdotisch ist Steinberg, »Die Amerika-Gedenkbibliothek / Berliner Zentralbibliothek«.

theken, der nach dem Krieg keineswegs sofort zu Ende war, sondern in einigen Neugründungen zur Wiederaufnahme des überkommenen Modells der Thekenbücherei mit pädagogischer Betreuung der Leser geführt hatte.[7] Zum andern waren nach dem Krieg deutsche Bibliothekare auf ihren Bibliotheksreisen durch die USA damit konfrontiert worden, daß auch die amerikanischen Universitätsbibliotheken ihre Bestände zum großen Teil systematisch geordnet in Freihand anboten.[8] Als nun in den 60er Jahren über eine allgemeine Hochschulreform diskutiert wurde, wollte man mit den Bibliotheken der zu gründenden Reformuniversitäten den großen Fehler der Vergangenheit, das Auseinanderfallen in Instituts- und Universitätsbibliothek, vermeiden. Dabei hatten die Vertreter des neuen »einschichtigen Bibliothekssystems«, in dem es keine organisatorische Trennung zwischen Instituts- und Universitätsbibliothek mehr geben und die Bestände der Bibliothek zumindest zum größten Teil in Freihand aufgestellt werden sollten, nicht nur den innerbibliothekarischen Widerstand all derer zu überwinden, die die historische Entwicklung positiv beurteilten oder jedenfalls als gegeben hinnahmen, sondern auch den Widerstand der Professoren, die sich für ihre Institute Bibliotheken in eigener Regie wünschten, in denen sich die Tradition der privaten Gelehrtenbibliothek fortsetzen konnte.[9]

---

7 Thauer/Vodosek, *Geschichte der öffentlichen Bücherei in Deutschland*, S. 158 ff. und *Die gesellschaftliche Rolle der deutschen öffentlichen Bibliothek im Wandel*, S. 7 ff.

8 Vgl. etwa den Aufsatz von Bauhuis, »Erwerbung, Katalogisierung und Magazinierung in den amerikanischen wissenschaftlichen Bibliotheken«, S. 131 ff. in dem auch sonst für die Vermittlung des amerikanischen Bibliothekswesens wichtigen Sammelband *Zur Praxis der wissenschaftlichen Bibliotheken in den USA*. Außerdem Tiemann, »Neue Lesesaalaufgaben in den wissenschaftlichen Universalbibliotheken« und Hofmann, »Lesesaalbibliotheken in den USA«. Ein genereller Überblick über die Auslandsaktivitäten deutscher Bibliothekare kurz nach dem Krieg findet sich bei Busse, *Struktur und Organisation des wissenschaftlichen Bibliothekwesens in der Bundesrepublik Deutschland*, S. 60 ff.

9 Böhm, »Zur Problematik der Hochschulbibliotheksreform«; Fabian,

Wichtiger als die über weite Strecken um rein praktische Fragen geführte Diskussion – etwa ob eine Freihandaufstellung für Hunderttausende von Büchern überhaupt machbar sei, ob der Zugang zu den Beständen über eine frei zugängliche systematische Aufstellung benutzerfreundlicher sei als über Kataloge und wie sich das auf die Ausleihe auswirke[10] – ist indessen die sich hinter den praktischen Problemen zeigende gänzliche Umwertung der bibliothekarischen Tätigkeit.[11] Nun erst kommt die im Dritten Reich in den öffentlichen Bibliotheken begonnene Modernisierung auch in den wissenschaftlichen Bibliotheken zum Tragen. Treibende Kraft war dabei die allgemeine Planungseuphorie der 60er Jahre,[12] die auf die wissenschaftlichen Bibliotheken übergriff, deren Arbeit »rationalisiert und vereinfacht« werden sollte,[13] indem man sich an betriebswirtschaftlichen[14] und systemtheoretischen[15] Ansätzen orientierte. Diese sollten

---

»Zwischen Buch und Bildschirm«, S. 300. Vgl. auch Stoltzenburg/Wiegand, *Die Bibliothek der Universität Konstanz*: »Natürlich gibt es sehr vereinzelt auch Professoren, die sich mit den hiesigen Bibliotheksverhältnissen noch nicht haben anfreunden können. Sie vermissen die alte Institutsherrlichkeit« (S. 95).

10 Vgl. etwa Lohse, *Buchaufstellung in deutschen wissenschaftlichen Bibliotheken*; Schmidt, »Offene Buchbestände in Universalbibliotheken« und Stoltzenburg, »Thesen und Antithesen zur Freihandaufstellung in großen wissenschaftlichen Bibliotheken«. Kluth, »Die Freihandbibliothek«, S. 108 erwartete »eine Steigerung der Ausleihe um 50–100%«.

11 Diese Umwertung schlägt sich natürlich auch in einer nicht enden wollenden Diskussion um das Berufsbild des Bibliothekars nieder, die zwischen der Anbindung des wissenschaftlichen Bibliothekars an sein studiertes Fach und der gänzlichen Hinwendung zu einer reinen Verwaltungstätigkeit schwankt. Vgl. u. a. Scholl, »Bibliothekar und Wissenschaft«; Lohse, »Das Berufsbild des wissenschaftlichen Bibliothekars«; ders., »Der Bibliothekar und seine Fachwissenschaft«; Philipp, »Der wissenschaftliche Bibliothekar« und Totok, »Der Bibliothekar zwischen Praxis und Wissenschaft«.

12 Pflug, »Bibliothek und Politik«, S. 244.

13 Mittler, »Moderne Bibliotheksplanung«, S. 263.

14 Vgl. *Rationalisierung in wissenschaftlichen Bibliotheken* und Kissel, *Betriebswirtschaftliche Probleme wissenschaftlicher Bibliotheken*.

15 Vgl. Mittler, »Moderne Bibliotheksplanung« und Kaegbein, »Bibliotheken als spezielle Informationssysteme«.

endlich deutlich machen, »daß Bibliotheken nicht museale Einrichtungen sind, sondern Betriebe, in denen mit möglichst hoher Effizienz ein wichtiger Beitrag für Forschung und Lehre und die allgemeine Bildungsförderung geleistet wird«.[16] Die von den Reformern beschworene moderne Bibliothek sollte »nicht mehr in der bloßen Sammlung und Hortung geistigen Kapitals« bestehen, »sondern darin, dieses Kapital arbeiten zu lassen«.[17] Dabei hatte man wie 100 Jahre zuvor bei den öffentlichen Bibliotheken (vgl. Kap. XI) allerdings nicht bedacht, daß die Zinsen auf dieses Kapital nicht so sehr in erhofften gesellschaftlichen Fortschritt bestehen könnten, sondern im Zugriff des Staates auf die Informationsressourcen zur Sicherung der wirtschaftlichen Leistungsfähigkeit.[18]

16 Mittler, »Moderne Biblitheksplanung«, S. 283.

17 Kluth, »Die Freihandbibliothek«, S. 109. Der Topos vom geistigen Kapital findet sich auch bei Kaegbein, »Bibliotheken als spezielle Informationssysteme«, S. 425.

18 Diese unterschiedliche Akzentuierung wird deutlich, wenn man die Einleitung des *Bibliotheksplans 1973* mit dem *Programm der Bundesregierung zur Förderung der Information und Dokumentation,* das vom Bundesminister für Forschung und Technologie herausgegeben wurde, vergleicht. Im *Bibliotheksplan 1973* heißt es: »Bildung und Wissenschaft sind prägende Faktoren unserer Zeit. Zunehmende Wissenschaftsgebundenheit, Technisierung und Rationalisierung bestimmen den *Fortschritt der Gesellschaft.* Eine immer dichter werdende Verflechtung der gesellschaftlichen, politischen und wirtschaftlichen Planungs- und Steuerungsprozesse ist eine zwangsläufige Folge dieser Entwicklung. Um in ihr zu bestehen, muß jede Gesellschaft ihr Begabungsreservoir ausschöpfen« (S. 9, Hervorhebung vom Verf.). Dagegen sind die Akzente im *IuD-Programm* ganz anders gesetzt; dort heißt es: »Forschung und technische Entwicklung sollen die Grundlagen für bessere Lebensbedingungen schaffen. Ihre Ergebnisse sollen zu einer *Steigerung der Leistungsfähigkeit unserer Wirtschaft führen und zur Lösung gesellschaftlicher Probleme* beitragen. Es ist daher wichtig, durch Erweiterung und Verbesserung der Informationsdienstleistungen Effektivität und Produktivität der Forschungs- und Entwicklungsarbeit zu erhöhen und Innovationsvorgänge zu beschleunigen. [...] Der wirtschaftliche Nutzen der Ergebnisse öffentlich geförderter Forschung ist noch unbefriedigend. Sie soll u. a. durch Verbesserung des Informationsflusses zwischen Forschung und Industrie verbessert werden« (S. 1, Hervorhebung vom Verf.).

Auch wenn diese Planungen[19] auf nationaler Ebene in vielen Fällen Makulatur blieben, bedeuteten sie mehr als nur einen neuen Ton im deutschen Bibliothekswesen. Der Hinweis auf die demokratische Verankerung der systematisch aufgestellten Freihandbibliothek in den USA[20] und das reklamierte »Naturrecht auf Autopsie« in den Bibliotheksregalen[21] zusammen mit der erstrebten Interdisziplinarität der Forschung an den neugegründeten Hochschulen verschmolz mit der staatlichen Planung, so daß für die Bibliothekare die Modernität und für den Staat die Effektivität des neuen einschichtigen Bibliothekstyps außer Zweifel stand. Und angesichts der politisch gewollten Öffnung der Hochschulen wirkte die Befürchtung der Vertreter des alten zweischichtigen Bibliothekssystems, daß der Charakter der wissenschaftlichen Universalbibliotheken als Forschungsbibliotheken durch die Massenbenutzung in den als Gebrauchsbibliotheken apostrophierten Neugründungen verloren gehe,[22] anachronistisch, so daß die von ihnen vorgebrachten Einwände folgenlos blieben.[23] Die Neugründungen der 60er

19 Zu nennen sind u.a. die *Empfehlungen des Wissenschaftsrates zum Ausbau der wissenschaftlichen Einrichtungen in der Bundesrepublik, Teil 2: Wissenschaftliche Bibliotheken* (1964), die von der DFG 1970 herausgegebenen *Empfehlungen für die Zusammenarbeit zwischen Hochschulbibliothek und Institutsbibliotheken* und der Band *Rationalisierung in wissenschaftlichen Bibliotheken*, der *Bibliotheksplan 1973*, der *Bibliotheksplan Baden-Württemberg* (1973) und das *Programm der Bundesregierung zur Förderung von Information und Dokumentation (IuD-Programm)* aus dem Jahr 1976.

20 Auch Lohse, *Buchaufstellung in deutschen wissenschaftlichen Bibliotheken* schrieb: »Für den Nordamerikaner ist der freie Zugang zu allen Buchbeständen, unabhängig von der Bibliotheksform, ein Ausdruck demokratischen Selbstverständnisses« (S. 15).

21 Kluth, »Die Freihandbibliothek«, S. 89.

22 Schmidt, »Offene Buchbestände an Universalbibliotheken«.

23 Gerhart Lohse, Mitglied der *Planungsgruppe Bibliothekswesen*, die sich mit der Bibliotheksplanung für die fünf Gesamthochschulen des Landes Nordrhein-Westfalen beschäftigte, gab 1972 ein Sondervotum ab, in dem er sich u.a. dezidiert gegen die Freihandaufstellung ausspricht: »Die *Freihandaufstellung* der Masse aller Bücher, wie sie für die fünf neuen Bibliotheken beabsichtigt ist, erfordert einen erheblichen Raum- und Verwaltungsauf-

und 70er Jahre (Bremen 1963, Regensburg 1964, Dortmund 1965, Konstanz 1965, Düsseldorf 1965, Bielefeld 1968, die nordrhein-westfälischen Gesamthochschulen Duisburg, Essen, Siegen, Paderborn, Wuppertal 1972) waren – mit der Ausnahme Bochum (1963)[24] – Bibliotheken mit systematischer Freihandaufstellung in einem einschichtigen Bibliothekssystem.[25]

Das Ende der humanistischen Bibliothekstradition der wissenschaftlichen Bibliotheken bezeugt im Detail die systematische Freihandaufstellung der Neugründungen. Hatte man jahrhundertelang die Bestände der Bibliotheken systematisch geordnet, weil die Systematik den Kosmos des Wissens und letztlich den Zusammenhang der Dinge selbst widerspiegeln sollte, spielte dieser Gesichtspunkt bei den Neugründungen keine Rolle mehr bzw. wurde, wie im Falle

wand. Dabei bedeutet das Nebeneinander von Präsenz- und Ausleihbestand im gleichen Regal eine starke Einschränkung der für diese Aufstellung in Anspruch genommenen Argumente. Jedes fehlende (ausgeliehene) Buch – soweit es sich nicht um einen einzelnen Zeitschriftenjahrgang handelt – gefährdet die didaktische Absicht. Außerdem führt die gemischte Funktion von Ausleihe und Lesesaal zu einer Beeinträchtigung der Arbeitsatmosphäre in den Freihandbereichen. Zu bedenken ist ferner, daß durch die uneingeschränkte Freihandaufstellung die systematische Arbeit mit Bibliographien und Katalogen vernachlässigt werden könnte, die durch nichts zu ersetzen ist« (Lohse, »Bielefeld und die Folgen«, S. 203).

24 Pflug, »Die Universitätsbibliothek Bochum«.

25 Dabei reicht das Spektrum von einer nur teilweisen Freihand mit großen magazinierten Beständen (Bremen) bis zu einer völligen Freihand gänzlich ohne Magazin (Konstanz, Bielefeld). Ebenso vielfältig ist der Grad der Zentralisierung: Am größten ist er sicherlich in Konstanz und Bielefeld, während er in Bremen und Dortmund am geringsten ist. Die unmittelbaren Konsequenzen des Zentralisierungsgrades sind dabei am Personalbedarf ablesbar. Während Bremen 1978 zur Verwaltung seines Bestandes von 1,4 Millionen Bänden 217 Mitarbeiter benötigte, brauchte Konstanz 1988 für 1,4 Millionen Bände lediglich 114 Mitarbeiter (Zahlen nach Wang, *Das Strukturkonzept einschichtiger Bibliothekssysteme*, S. 102 und 137). Zu den Neugründungen insgesamt siehe *Die Neugründung wissenschaftlicher Bibliotheken in der Bundesrepublik Deutschland*. Zu den nordrhein-westfälischen Gesamthochschulbibliotheken siehe *Bibliotheksverbund in Nordrhein-Westfalen*.

Bielefelds, sogar explizit verworfen.[26] Die systematische Freihandaufstellung wurde vielmehr zwecks einer unterstellten größeren Benutzerfreundlichkeit eingeführt, wobei es auf einen wie auch immer definierten »logischen« Bezug der einzelnen Teile des Systems nicht mehr ankam.[27] Damit ist freilich der ursprüngliche Anspruch der Systematik aufgegeben. Was nun »Systematik« heißt, ist nichts weiter als ein aus der Geschichte entlehnter Name für eine »geordnete« Bibliothek, deren Ordnungskriterium nicht mehr der Kosmos des Wissens und damit ein theoretisches Argument ist, sondern die möglichst einfache Erschließung der Buchbestände für die Benutzer, die durch praktische Argumente belegt wird.[28] Die Aufstellungssystematik ist in diesen neuen

26 Im *Schwaghofer Protokoll*, einem wichtigen Dokument, das die Diskussion um die Organisation der Universitätsbibliothek Bielefeld wiedergibt, heißt es auf S. 3: »Ablehnung einer möglicherweise auftretenden ideologischen Konzeption einer zentralen Universitätsbibliothek als letzten Rests einer ›universitas litterarum‹. Der zu berufende Universitätsbibliothekar dürfe keinesfalls dieser Ideologie anhängen, da sie in grundsätzlichem Widerspruch zu der Bielefelder Universitätskonzeption stehe.« (Zit. nach: Wang, *Das Strukturkonzept einschichtiger Bibliothekssysteme*, S. 306.)

27 Vgl. die Entstehungsgeschichte der Konstanzer Systematik bei Stoltzenburg/Wiegand, *Die Bibliothek der Universität Konstanz*, S. 43 ff., bes. S. 45 f.: »Im Ganzen ist auf diese Weise eine Art der Literaturaufstellung zustande gekommen, die von einem einheitlichen, logisch die Einzelteile aufeinander abstimmenden Gefüge weit entfernt ist. Sie hat aber trotzdem [...] einen unverkennbaren Praxisbezug in dem Sinne, daß sie sich im Ergebnis doch recht eng an den ja auch nicht immer logischen Aufbau der Fach- und Forschungsschwerpunkte der Universität anschließt.«

28 Die Vertreter des zweischichtigen Bibliothekssystems haben mit ihrer Kritik an den neugeschaffenen Systematiken nicht zurückgehalten. Vgl. z. B. Lohse, *Buchaufstellung in deutschen wissenschaftlichen Bibliotheken*: »Nacheinander haben die deutschen Bibliotheksneugründungen mit Freihandaufstellung nach 1960 alle eigene Klassifikationen ›gebastelt‹ [...] alle ohne jede praktische Erfahrung mit Klassifikation und Freihandaufstellung, zum großen Teil mit Berufsanfängern, die Klassifikationen mit z. T. mehreren zehntausend Systemstellen. Es sei wiederholt, daß es unverständlich erscheinen muß, woher die betr. Bibliotheken den Optimismus nehmen, daß diese Klassifikationen für die Bestandserschließung besser geeignet sind als die vorhandenen Sachkataloge« (S. 26 f.). Insbesondere die Konstanzer Signaturen haben früh schon Kritik erfahren, z. B. Lohse, ebd., S. 27,

Bibliotheken damit weder ein Vehikel des Geistes, der sich in der systematischen Ordnung der Bibliotheksregale widerspiegelt, noch die dem Gesetz der Serie gehorchende und ins Unendliche gehende Sammlung von Exponaten; sie ist vielmehr nichts anderes als einer der verwaltungstechnisch ermöglichten Wege zum Buch, zu dem die bekannten Wege über Kataloge hinzukommen. Daß der Benutzer diesen Weg auch findet, garantieren weder göttlicher Geist noch profanes Sammlerwissen, sondern schlichte, von einer Verwaltung erdachte »Leitsysteme«, die den Benutzer wie auf Bahnhöfen und Flugplätzen zu dem von ihm gewünschten Ort führen.

Natürlich betraf die staatliche Planung nicht nur die neuen Bibliotheken. Unter den verwaltungstechnischen und planerischen Gesichtspunkten der 60er und 70er Jahre mußte gerade auch das Verhältnis von Instituts- und Universitätsbibliothek an den alten Hochschulen in den Blick kommen, das so sehr dem »vernünftigerweise Denkbaren«[29] und damit auch dem als machbar[30] Unterstellten widersprach.[31] Das Resultat sind die 1970 von der Deutschen Forschungsgemeinschaft herausgegebenen *Empfehlungen für die Zusammenarbeit zwischen Hochschulbibliothek und Institutsbibliotheken*, die die an einer Hochschule vorhandenen Bibliotheken als »Bibliothekssystem« betrachten,[32] wobei die Universitätsbibliothek die »bibliothekarische Koordinierungsstelle der gesamten Hochschule« sein sollte,[33] sowie die

Anm. 59; vgl. auch Wang, *Das Strukturkonzept einschichtiger Bibliothekssysteme*, S. 141 f. (das dort in Anm. 28a genannte Beispiel muß korrigiert werden in gsx 538.10:hm:s740/s12(2):b).

29 Stoltzenburg, »Ein Rückblick nach vorn«, S. 122.

30 Vgl. die Ausführungen von Pflug, »Bibliothek und Politik«, S. 245.

31 Einen Überblick über die Diskussion Ende der 60er Jahre verschafft Röhling, »Universitätsbibliothek und Institutsbibliothek«.

32 Zum »Bibliothekssystem« siehe auch Stoltzenburg, »Bibliothekssystem und systematische Aufstellung«.

33 *Empfehlungen für die Zusammenarbeit zwischen Hochschulbibliothek und Institutsbibliotheken*, S. 20.

zahlreichen Koordinierungserlasse, die das Zusammenspiel zwischen zentraler Universitäts- und dezentralen Institutsbibliotheken einer Hochschule regelten.[34] Durchgesetzt hat sich im wesentlichen lediglich ein von der zentralen Universitätsbibliothek angelegter Gesamtkatalog für alle an den Institutsbibliotheken einer Hochschule vorhandenen Bücher. Die staatliche Planung endete jedoch nicht bei dem Verhältnis zwischen Universitäts- und Institutsbibliotheken an einem Hochschulort, sondern erstrebte auch eine überregionale Koordinierung der bibliothekarischen Arbeit. Zu diesem Zweck wurden nicht nur vier zentrale Fachbibliotheken ins Leben gerufen,[35] sondern auch der Sondersammelgebietsplan der Deutschen Forschungsgemeinschaft in den Jahren 1965 und 1975 neu gestaltet, so daß heute 83 Sondersammelgebiete auf 20 Bibliotheken verteilt sind.[36]

Haben die wissenschaftlichen Bibliotheken durch die Planungen der 60er und 70er Jahre den endgültigen Schritt in die Moderne getan, steht ihnen der Schritt in die Postmoderne noch bevor, die die in ihnen seit Jahrhunderten angesammelte Substanz in Form von Büchern und Kodizes durch die modernen Informationstechniken aufzuzehren droht. Die Postmoderne begann an den Universitätsbibliotheken 1963 mit der Bochumer Neugründung, wo die EDV zunächst für Katalogisierung und Ausleihe von Büchern eingesetzt wurde,[37] ein Konzept, das von allen Neugründungen übernommen wurde. 1966 folgte die Deutsche Bibliothek in Frankfurt am Main mit der Erstellung der *Deut-*

---

34 Z. B. der 1973 in Nordrhein-Westfalen ergangene Erlaß *Koordinierung von Literaturbeschaffungen an den Hochschulen.*
35 Diese vier zentralen Fachbibliotheken sind: 1) die Technische Informationsbibliothek (TIB) in Hannover, 2) die Zentralbibliothek der Landbauwissenschaft in Bonn, 3) das Institut für Weltwirtschaft in Kiel, das die Aufgaben einer Zentralbibliothek für Wirtschaftswissenschaften wahrnimmt, und 4) die Zentralbibliothek der Medizin in Köln.
36 Vgl. *Überregionale Literaturversorgung von Wissenschaft und Forschung in der Bundesrepublik Deutschland.*
37 Pflug, »Die Universitätsbibliothek Bochum«.

schen Bibliographie mittels EDV, so daß die Bundesrepublik in der Anwendung der EDV zu Bibliothekszwecken für einige Jahre führend wurde. Damit war zugleich der Keim gelegt für eine umfassende Vernetzung,[38] deren Intention sich auf alle Geschäftsgänge einer Bibliothek erstreckte,[39] aber auch das Zusammenspiel der Bibliotheken untereinander einbezog. Diese Vernetzung ging zunächst von einem EDV-fernen Gebiet aus: der 1961 in Paris abgehaltenen International Conference on Cataloguing Principles, deren Ziel die Erarbeitung internationaler Katalogstandards war, die den Austausch von Titeldrucken und Magnetbändern mit bibliographischen Daten ermöglichen sollten. Die von dieser Konferenz ausgehenden Anregungen führten in den deutschsprachigen Ländern zur Erarbeitung der *Regeln für die alphabetische Katalogisierung* (RAK),[40] die das bisher geltende Regelwerk der *Preußischen Instruktionen* (PI) ersetzten. Während die PI einem philologischen Ideal verschrieben waren und im Katalogzettel das zugrundeliegende Titelblatt des Buches zu beschreiben versuchten, stellen die RAK ein Regelwerk dar, das nicht nur die einzelnen Elemente der bibliographischen Beschreibung normiert, sondern für diese Elemente vor allem eine exakt festgelegte Reihenfolge vorschreibt. Erleichternd wirkte dabei, daß man nun auch für die deutschsprachigen Länder die international verbreitete »mechanische Wortfolge« für die Sortierung der Titel im Katalog übernahm. Während die PI außer-

---

38 Zur Vernetzung als Grundzug der Automatisierung siehe McLuhan, *Die magischen Kanäle*, S. 375 ff.

39 Die ursprüngliche Absicht, in den Bibliotheken integrierte EDV-Systeme zu schaffen, die den gesamten Geschäftsgang kontrollieren würden, wurde nicht in die Tat umgesetzt. Vgl. die kritischen Bemerkungen bei Pflug, »Fünfundzwanzig Jahre Datenverarbeitung in deutschen Bibliotheken« und Lohse, »Elektronische Datenverarbeitung in wissenschaftlichen Bibliotheken«.

40 Kaltwasser, »Entstehung, Strukturen und Anwendung der neuen ›Regeln für die alphabetische Katalogisierung (RAK)‹«. Siehe auch das von Kaltwasser geschriebene Vorwort zu den *Regeln für die alphabetische Katalogisierung*.

dem nur eine persönliche Autorschaft kennen, erlauben es
die RAK, auch unpersönliche Verfasser von Werken als
»Körperschaften« (Behörden, Vereine, Gesellschaften usw.)
zu identifizieren und im Katalog nachzuweisen.[41] Die dabei
erreichten Vereinheitlichungen gehen freilich mit einer er-
höhten Komplexität des Regelwerkes einher und führten zu
einer Verdoppelung des Umfangs.

Damit war im Ansatz bereits der Bogen von der Mikro-
ebene (Herstellung des Katalogs) zur Makroebene der Vernetzung (internationaler Datenaustausch) gespannt. Nun
mußte nur noch der Vorteil der EDV, die Kooperation
mehrerer Bibliotheken zwecks Erstellung gemeinsamer bi-
bliographischer Datenbanken,[42] genutzt werden. Da in
Deutschland jedoch die Institution einer Nationalbibliothek
ausfiel, kam es nicht zu einer nationalen Koordination bei der
Implementation der EDV in den Bibliotheken, sondern –
bedingt sicherlich auch durch die Kulturhoheit der Länder
und die gewohnte Aufsplitterung des Leihverkehrs auf im
wesentlichen den Ländergrenzen folgenden Leihverkehrsregionen – zu zahlreichen regionalen Bibliotheksverbünden,[43]
die auf nationaler Ebene für die Katalogisierung der Zeit-

41 Vgl. PI §§ 2.c und 30 und RAK §§ 18, 632 und 639.
42 Vgl. Stoltzenburg/Wiegand, *Die Bibliothek der Universität Konstanz*:
»Datenverarbeitung ist zu kostspielig, als daß sie weiterhin nur für einzelne
Bibliotheken geplant und implementiert werden könnte; das gilt selbst
dann, wenn das an einer Bibliothek entwickelte integrierte System von einer
anderen übernommen werden kann. Nur wenn das Prinzip der integrierten
Verarbeitung auf eine Mehrzahl von Bibliotheken angewandt wird, so daß
die an einer Stelle erhobenen und eingespeicherten Daten von allen Beteiligten weiterverwendet werden, können die durch die Automatisierung verur-
sachten Kosten sachlich und politisch gerechtfertigt werden« (S. 100 f.).
43 Der Startschuß für die regionalen Verbundsysteme waren die von der DFG
herausgegebenen *Empfehlungen zum Aufbau regionaler Verbundsysteme
und zur Einrichtung Regionaler Bibliothekszentren.* Die Verbünde orientie-
ren sich im wesentlichen an der Einteilung der Leihverkehrsregionen, die
wiederum sehr grob den Ländergrenzen der Bundesrepublik folgt. Bis
heute arbeiten folgende Verbünde (in Klammern Anzahl der teilnehmenden
Bibliotheken [B] und der Titelnachweise [T]; Angaben nach Arbeitsgemeinschaft der Verbundsysteme, *Informationen;* Stand 1990): der Biblio-

schriften durch die *Zeitschriftendatenbank* (ZDB) ergänzt werden.

Dieses Bild einer stetig fortschreitenden Verbesserung der Bibliotheksverwaltung und gelungenen Anpassung an die veränderten Verhältnisse wurde jedoch jäh getrübt, als Mitte der 70er Jahre die weltweite Rezession das »goldene Jahrzehnt für die Bibliotheken«,[44] das von 1965 bis 1975 gedauert hatte, beendete. Der dadurch ausgelöste Schock machte den Bibliothekaren klar, daß das bisher als selbstverständlich unterstellte permanente Wachstum der Bibliotheken sich weder ökonomisch noch verwaltungstechnisch durchhalten ließ.[45] Zunächst brachte der in Großbritannien erstellte sogenannte Atkinson-Report 1976 das Schlagwort von der *self-renewing library* auf. Das damit umschriebene Konzept sah einen Wachstumsstop dadurch vor, daß die wissenschaftlichen Bibliotheken ab einem bestimmten Niveau ihren Bestand nahezu konstant halten und die überflüssigen Bücher makulieren oder an eine zentrale Speicherbibliothek abgeben sollten.[46] Sodann stellte man erneut fest, was

theksverbund Bayern (37 B; 4,2 Mio. T, davon jedoch viele Dubletten), der Nordrhein-Westfälische Bibliotheksverbund (24 B; 3,3 Mio. T), der Südwestdeutsche Bibliotheksverbund (55 B; 2 Mio. T), der Niedersächsische Bibliotheksverbund (33 B; 1,6 Mio. T) und das Hessische Bibliotheksinformationssystem (61 B; 1,3 Mio. T). Weitere Verbünde, wie der Hamburger Bibliotheksverbund und der Berliner Monographienverbund befinden sich in der Aufbauphase. In dem bundesweiten Datenpool der *Zeitschriftendatenbank* (ZDB) sind 580000 Titelsätze nachgewiesen. Zur Arbeit im Verbund siehe auch *Verbundkatalogisierung – Verbundkatalog* und *Bibliotheksverbund in Nordrhein-Westfalen.*

44 Mittler, »Entwicklungstrends im Bibliotheks- und Informationswesen«, S. 123.

45 Dieses Wachstum mag folgende Tabelle verdeutlichen (angegeben sind die vorhandenen Bände):

	Staatsbibl. Berlin	Bayer. Staatsbibl.	Göttingen	Konstanz
1974	2560000	3700000	2290618	547600
1984	3561000	5200824	3042745	1239702
1988	3969328	5681709	2964194	1468667

(Quelle: Deutsche Bibliotheksstatistik)

46 Vgl. Mittler, »Probleme des Wachstums in wissenschaftlichen Bibliothe-

Milkau und Leyh zu Beginn des Jahrhunderts bereits festgestellt hatten: daß ein Großteil der von den Bibliotheken angeschafften Literatur niemals gelesen werde und folglich überflüssig sei.[47] War damit der Kern des bibliothekarischen Geschäfts, das Sammeln von Büchern, in Frage gestellt, verschärfte sich die Lage noch dadurch, daß die EDV nun nicht mehr allein die Bibliotheksverwaltung betraf, sondern auch auf das Buch übergriff und in der Schaffung neuer Medien offen mit dem »Ende des Buches« drohte.[48] Damit sah man das »Ende der Bibliotheken« nahen, die angesichts neuer Informationstechniken bald von niemandem mehr gebraucht würden.[49] Nur wenn die Bibliotheken nicht mehr länger auf Bücher und Zeitschriften fixiert wären, sondern sich als Einrichtung des »Informationsmanagements« betrachteten, hieß es, könnten sie ihrer Antiquiertheit entgehen und in Zukunft mehr sein als Archiv des historisch vergehenden Informationsspeichers Buch.[50]

Diese Prophezeiung hat sich indessen nicht erfüllt, weil die Prämissen falsch waren: Weder ist das Zeitalter des Buches in dem Sinne zu Ende, daß es keine Bücher mehr gibt, noch ist das Buch als Informationsspeicher hinreichend charakterisiert. Das Ende des Buchzeitalters meint vielmehr das Ende der mit dem Namen Gutenbergs verknüpften Epoche, in der das Buch das einzige Medium war, das Schrift spei-

ken«. Für die Diskussion wichtig wurde auch der Band *Farewell to Alexandria.*

47 Die sog. Pittsburgh-Studie kam zu dem Ergebnis, daß in einem Untersuchungszeitraum von 7 Jahren 40% der angeschafften Literatur weder ausgeliehen noch sonstwie benutzt wurde. Zu dieser Studie siehe die Darstellung bei Fertig, »Probleme des Veraltens von Literatur und die Auswirkung auf die Bibliothekspraxis«. Vgl. auch Trueswell, »Growing libraries«.

48 Rauch, »Die Rolle der Bibliothek im computergestützten Informations- und Kommunikationssystem« und Mittler, »Entwicklungstrends im Bibliotheks- und Informationswesen«.

49 Vgl. instruktive Titel wie *Farewell to Alexandria* (1976), Blagden, *Do we really need libraries?* (1980) und Thompson, *The end of libraries* (1982).

50 Umstätter, »Was verändert die Informationstechnologie in den Universitätsbibliotheken?«, S. 208 und Thompson, *The end of libraries,* S. 100ff.

chern konnte.[51] Die an die Stelle des Buches getretenen Verfahren der elektronischen Schriftspeicherung haben das Buch keineswegs verdrängt, sondern an den neuesten maschinellen Herstellungsprozeß angeschlossen. Dieser ist nicht mehr wie zur Zeit Gutenbergs durch Bleisatz und mechanisierte Arbeitsgänge gekennzeichnet, sondern durch elektronischen Satz und Datentransfers, an deren Ende ein Buch steht, das immer noch wie ein Buch aussieht.[52] Dabei handelt es sich nicht nur auf der Ebene des Produkts um die Verarbeitung von Schrift. Auch der im Herstellungsprozeß selbst benutzte Computer arbeitet auf der Ebene des Programms mit einer Vor-Schrift, ist also ein Instrument, das mittels Schrift Schrift bearbeitet.[53] Anders verhält es sich mit den neuen Medien, die keine Schrift im Sinne einer Buchstabenschrift speichern, sondern elektromagnetische und andere Markierungen, die zu akustischen und visuellen Signalen dekodiert werden können. Wenn man für den gesamten Bereich solcher Markierungen – und das heißt: Zeichensetzungen – den Terminus »Schrift« benutzt, wie das im Umfeld der neueren französischen Philosophie geschieht, dann meint man damit den Sachverhalt, daß eine solche Markierung/Zeichensetzung im Sinne einer Verweisung zu verstehen ist, bei der das Zeichen nicht mit dem identisch ist, worauf es hinweist, und andererseits jenes, worauf das Zeichen hinweist, seine Bedeutung erst durch das Zeichen erhält. Die Buchstabenschrift ist im Rahmen dieser Theorie daher nichts weiter als ein Sonderfall der allgemeinen Schrift.[54]

Das führt uns unmittelbar zur zweiten Prämisse, die Bücher als Informationsspeicher betrachtet. Der Informations-

51 Derrida, *Grammatologie,* S. 16 ff. und Wetzel, *Die Enden des Buches oder die Wiederkehr der Schrift.*
52 Fabian, *Buch, Bibliothek und geisteswissenschaftliche Forschung,* S. 259 ff. und Thompson, *The end of libraries,* S. 76.
53 Derrida, *Grammatologie,* S. 21; Jochum, »Bibliothek, Buch und Information«.
54 Wetzel, *Die Enden des Buches oder die Wiederkehr der Schrift,* S. 33 ff.

begriff hat im Bibliothekswesen eine inzwischen zwanzig-
jährige Karriere hinter sich, ohne daß freilich klar geworden
wäre, was genau unter »Information«, die, wie es heißt,
früher in Büchern, heute auf beliebigen Zeichenträgern
transportiert werde, zu verstehen sei.[55] Zumeist ist damit
gemeint, daß Sprache nichts weiter als ein Mittel sei, das uns
erlaubt, Aussagen und Beschreibungen über uns und unsere
Umwelt zu machen. So wie Sprache ein Instrument der
Mitteilung von Gedanken sei, sei Schrift ein Instrument der
Notation von Sprache in einem festen Medium. Faßt man
nun solche sprachlichen und schriftlichen Mitteilungen als
»Information« auf, dann ist das Buch nichts weiter als ein
Informationsspeicher, bei dessen Lektüre eine Rücküberset-
zung von in Schrift geronnener Rede eines Autors in die
stumme Rede eines Lesers erfolgt. Nun besteht Sprache
freilich nicht nur in der Übermittlung von »Informationen«,
sondern ist wesentlich eine soziale Interaktion, durch die
wir uns gemeinsam in unserer Welt interpretieren und in
dieser Interpretation unsere »Welt« überhaupt erst schaffen.[56] Die Bedeutung der Worte ergibt sich dabei aus ihrem
Bezug zu all dem anderen Gesagten und Ungesagten. Die
Schrift wiederum ist nicht einfach ein Notationssystem für
Worte, sondern ein neben der Sprache bestehendes eigenständiges Zeichensystem,[57] dessen Deutung niemals fest-
steht. Dabei macht der Deutungsprozeß, der Zeichen/Mar-
kierungen zueinander in Bezug setzt, natürlich nicht im

55 Vgl. die im *Bibliotheksdienst* 22 (1988) zwischen Hacker, Umstätter und
   Fichtel ausgetragene Kontroverse um den Begriff von Bibliothek als Infor-
   mationsvermittlungsstelle. Eine Rekonstruktion der Genese des Informationsbegriffs im Bibliothekswesen findet sich in Wilbert, »Bibliothek –
   Information – neue Medien«. Zur Kritik des Informationsbegriffs siehe
   auch Jochum, »Bibliothek, Buch und Information«.
56 Dieser ontologische Aspekt von Sprache ist seit Heidegger, *Sein und Zeit*,
   § 17 Thema der Hermeneutik, am deutlichsten herausgearbeitet bei Gadamer, *Wahrheit und Methode*, Kap. III, 3 a, S. 415 ff.
57 Zum Begriff des Zeichens siehe Heidegger, *Sein und Zeit*, § 17 und Gadamer, *Wahrheit und Methode*, S. 390 ff. Zum hier verwendeten Begriff von
   Schrift siehe Derrida, *Grammatologie*.

Reich der Buchstabenschrift halt, sondern greift weit darüber hinaus ins Gebiet der allgemeinen Schrift. So können Bilder Deutungen von Romanen sein (und umgekehrt), können Bücher zu Drehbüchern umgeschrieben und diese verfilmt werden, können Reden auf Tonband mitgeschnitten und der Mitschnitt als Buch, Schallplatte oder CD veröffentlicht werden u. v. a. m. Aber nicht nur die Übersetzung von einem Medium in ein anderes ist bedeutungskonstitutiv, sondern auch die je besondere Erscheinungsweise einer Schrift, weil das Umfeld oder der Rahmen, in dem Schrift auftritt, ebenfalls als Markierung/Zeichensetzung fungiert: So ist es z. B. ein erheblicher Unterschied, ob wir einen mittelalterlichen Text in einer modernen textkritischen Ausgabe lesen oder in einer illuminierten »Original«-Handschrift. Immer ist Schrift mehr als das bloße Vernehmen eines »Inhalts«, sie ist aktives Hervorbringen einer Bedeutung, die zu dem Bedeuteten durch eine konstitutionelle Nachträglichkeit gekennzeichnet ist.[58]

Wenn wir nun auf die Rede vom Ende des Buches zurückkommen, so können wir das nun nicht nur als Ende einer bestimmten Produktionsweise von Büchern verstehen, sondern auch als Ende jener Auffassung, die suggerierte, in Büchern stünde EINE Bedeutung, die man nur zu finden hätte, um das Buch zu verstehen; diese Bedeutung sei dann die hermeneutisch gesicherte endgültige Interpretation, die als Information verbreitet werden könne. Diese Suche nach der kanonischen Bedeutung der Texte und die damit verbundenen Bemühungen, ein bestimmtes Textkorpus als Kanon der Überlieferung auszuweisen,[59] führten zwangsläufig zur klassischen Bibliothek, die ihre Bestände systematisch geordnet und in dieser Systematik die bedrohliche Vielfalt der Texte und ihre widersprüchlichen Aussagen domestiziert hatte. Als aber die neuen Medien zu Bewußtsein brachten,

58 Wetzel, *Die Enden des Buches oder die Wiederkehr der Schrift*, S. 41 f.
59 Vgl. Assmann, »Kanon und Zensur«.

was sich seit der Romantik ankündigte: daß in den Büchern eine Schrift am Werke ist, die keineswegs von einer souveränen Kunst der Interpretation beherrscht werden kann, sondern in einem aktiven Prozeß der Deutung immer neue Schrift hervorbringt,[60] war die Antwort auf dieses Ende des Buches in den Bibliotheken die Aufstellung der Bücher nach der Reihenfolge ihrer Erwerbung (Numerus currens), die das Zeitalter der Einen Bedeutung und dogmatischen Systematik beendete, um in den Aufstellungssystematiken der Neugründungen der 60er und 70er Jahre höchstens noch den Schein von Systematik zu reproduzieren. Seither gibt es in den Bibliotheken keine Bücherschätze mehr,[61] sondern nur noch ausleihbare Medieneinheiten. Die Domestizierung des Einen Textes in der Einen Bibliothek ist einer Vielfalt von Texten und Schriftträgern mit einem multidimensionalen Zugriff in einem vernetzten Bibliothekssystem gewichen, das prinzipiell keine Grenzen mehr kennt. Die »Information« jedoch, die man an einer Bibliothek erhält, ist nichts weiter als die Auskunft über den Standort eines Buches in den Regalen.

Das Ende von Buch und Bibliothek als Ende einer historischen Epoche bedeutet freilich noch lange nicht, daß sie aufhören zu bestehen. Durch die neuen Speichertechniken haben sie vielmehr ihren Nimbus verloren und sind zu Gegenständen und Orten geworden, die uns den produktiven Anschluß an die Überlieferung erlauben. Daß dieser Anschluß nicht mehr allein durch das Buch vermittelt wird, sondern in Datenbanken und weltweiten Netzen geschaltet werden kann, ist die Fortsetzung der Bibliothek mit anderen Mitteln. Den Vorwurf, sie würden zu reinen »Buchmuseen«,[62] brauchen die Bibliotheken nicht zu fürchten, waren

60 Zur Unterscheidung zwischen »Interpretation« und »Deutung« siehe Hörisch, *Die Wut des Verstehens.*
61 Der zweite Teil der Gräselschen *Grundzüge der Bibliothekslehre* (1890) trägt den Titel »Vom Bücherschatz«.
62 Vgl. Thompson, *The end of libraries,* S. 100; Umstätter, »Was verändert die Informationstechnologie«, S. 215.

sie doch immer schon der Ort, an dem es neben einer Vielzahl von Texten andere kuriose Dinge gab. Es ist vielmehr erst das auf Buch und allgemeine Alphabetisierung setzende 19. Jahrhundert, das eine Trennung zwischen Museen und Bibliotheken herbeiführte, wodurch letztere auf reine Buchbewahranstalten reduziert wurden. Im Zeitalter von Film und Fernsehen aber kehrt das Kuriositätenkabinett in den Bibliotheken als Bildschirm wieder, auf dem sich neben dem Katalog der Bibliothek außerdem betrachten läßt, was die Welt jenseits der alphabetischen Zeichen zu bieten hat.

Abkürzungen

Literaturverzeichnis

Ammianus Marcellinus: Römische Geschichte. Lat. und dt. und mit einem Komm. vers. von Wolfgang Seyfarth. Darmstadt: Wissenschaftl. Buchgesellschaft, 1975.

Angenendt, Arnold: Das Frühmittelalter. Die abendländische Christenheit von 400 bis 900. Stuttgart: Kohlhammer, 1990.

Arbeitsgemeinschaft der Verbundsysteme. Deutsches Bibliotheksinstitut: Informationen. Hrsg. anläßlich der Präsentation der Arbeitsgemeinschaft der Verbundsysteme vom 7. bis 9. November 1990 im DBI. Berlin: DBI, 1990.

Assmann, Aleida und Jan: Kanon und Zensur. In: A. A./J. A. (Hrsg.): Kanon und Zensur. Beiträge zur Archäologie der literarischen Kommunikation. Bd. 2. München: Fink, 1987. S. 7–27.

– Schrift, Tradition und Kultur. In: Zwischen Fest und Alltag. Zehn Beiträge zum Thema »Mündlichkeit und Schriftlichkeit«. Hrsg. von Wolfgang Reible. Tübingen: Narr, 1988. (Script-Oralia. Bd. 6.) S. 25–49.

– Einleitung. In: Havelock: Schriftlichkeit, S. 1–35.

Assmann, Jan: Das kulturelle Gedächtnis. Schrift, Erinnerung und politische Identität in frühen Hochkulturen. München: C. H. Beck, 1992.

– Ma'at. Gerechtigkeit und Sterblichkeit im Alten Ägypten. München: C. H. Beck, 1990.

– Schrift, Tod und Identität. Das Grab als Vorschule der Literatur im alten Ägypten. In: Schrift und Gedächtnis. Beiträge zur Archäologie der literarischen Kommunikation. Bd. 1. Hrsg. von Aleida und Jan Assmann, Christof Hardmeier. München: Fink, 1983. S. 64–93.

Auf dem Weg zur öffentlichen Literaturversorgung. Quellen und Texte zur Geschichte der Volksbibliotheken in der zweiten Hälfte des 19. Jahrhunderts. Hrsg. und komm. von Peter Vodosek. Wiesbaden: Harrassowitz, 1985.

Baines, John: Literacy and ancient Egyptian society. In: Man (N. S.) 18 (1983) S. 572–599.

– Literacy, social organization, and the archaeological record: the case of early Egypt. In: State and society. Hrsg. von J. Gledhill, B. Bender, M. T. Larsen. London: Hyman, 1988. (One world archaeology. Bd. 4.) S. 192–214.

Barocke Sammellust. Die Bibliothek und Kunstkammer des Herzogs Ferdinand Albrecht zu Braunschweig Lüneburg (1636–1687). Ausstellung im Zeughaus der Herzog August Bibliothek Wolfenbüttel vom 28. Mai bis 30. Oktober 1988. Weinheim: VCH, Acta humaniora, 1988.

Bauhuis, Walter: Erwerbung, Katalogisierung und Magazinierung in den amerikanischen wissenschaftlichen Bibliotheken. In: Zur Praxis der wissenschaftlichen Bibliotheken in den USA. Wiesbaden: Harrassowitz, 1956. (Beiträge zum Buch- und Bibliothekswesen. Bd. 5.) S. 85–147.

Bayerl, Günter / Pichol, Karl: Papier. Produkt aus Lumpen, Holz und Wasser. Reinbek bei Hamburg: Rowohlt, 1986.

Becker, Peter Jörg: Bibliotheksreisen in Deutschland im 18. Jahrhundert. In: AGB 21 (1980) Sp. 1361–1534.

Benjamin, Walter: Ich packe meine Bibliothek aus. Eine Rede über das Sammeln. In: W. B.: Gesammelte Schriften VI/1. (Werkausgabe. Bd. 10.) Frankfurt a. M.: Suhrkamp, 1980. S. 388–396.

– Ursprung des deutschen Trauerspiels. In: W. B.: Gesammelte Schriften I/1. (Werkausgabe. Bd. 1.) Frankfurt a. M: Suhrkamp, 1980. S. 203–430.

Le biblioteche nel mondo antico e medievale. A cura di Guglielmo Cavallo. Bari: Laterza, 1988.

Bibliotheca Palatina. Katalog zur Ausstellung vom 8. Juli bis 2. November 1986 Heiliggeistkirche Heidelberg. Textbd., Bildbd. Hrsg. von Elmar Mittler. 4., verb. Aufl. Heidelberg: Braus, 1986.

Bibliotheken im gesellschaftlichen und kulturellen Wandel des 19. Jahrhunderts. Hrsg. von Gerhard Liebers und Peter Vodosek. Hamburg: Hauswedell, 1982. (Wolfenbütteler Schriften zur Geschichte des Buchwesens. Bd. 8.)

Bibliotheken während des Nationalsozialismus. Hrsg. von Peter Vodosek und Manfred Komorowski. Tl. 1. Wiesbaden: Harrassowitz, 1989. (Wolfenbütteler Schriften zur Geschichte des Buchwesens. Bd. 16.)

Bibliotheksplan 1973. Entwurf eines umfassenden Bibliotheksnetzes für die Bundesrepublik Deutschland. Berlin 1973.

Bibliotheksverbund in Nordrhein-Westfalen. Planung und Aufbau der Gesamthochschulbibliotheken und des Hochschulbibliothekszentrums 1972–1975. Hrsg. von Klaus Barckow [u.a.]. München: Verlag Dokumentation, 1976.

Bischoff, Bernhard: Die Hofbibliothek Karls des Großen. In: B. B.: Mittelalterliche Studien. Bd. 3. Stuttgart: Hiersemann, 1981. S. 149–169.

– Paläographie des römischen Altertums und des abendländischen Mittelalters. Berlin: Schmidt, 1979. (Grundlagen der Germanistik. Bd. 24.)

Blagden, John: Do we really need libraries? An assessment of approaches to the evaluation of the performance of libraries. New York [u. a.]: Saur, 1980.

Blanck, Horst: Das Buch in der Antike. München: C. H. Beck, 1992.

Blum, Rudolf: Kallimachos und die Literaturverzeichnung bei den Griechen. Untersuchungen zur Geschichte der Bibliographie. In: AGB 18 (1977) Sp. 1–360.

– Die Literaturverzeichnung im Altertum und Mittelalter. Versuch einer Geschichte der Biobibliographie von den Anfängen bis zum Beginn der Neuzeit. In: AGB 24 (1983) Sp. 1–256.

Böhm, Peter P.: Zur Problematik der Hochschulbibliotheksreform. In: Die neue Bibliothek, S. 68–80.

Bömer, Aloys / Widmann, Hans: Von der Renaissance bis zum Beginn der Aufklärung. In: HdB III/1. S. 499–681.

Boese, Engelbrecht: Das öffentliche Bibliothekswesen im Dritten Reich. Bad Honnef: Bock und Herchen, 1987.

Bosse, Heinrich: Autorschaft ist Werkherrschaft. Über die Entstehung des Urheberrechts aus dem Geist der Goethezeit. Paderborn [u. a.]: Schöningh, 1981.

Brocke, Bernhard vom: Hochschul- und Wissenschaftspolitik in Preußen und im Deutschen Kaiserreich 1882–1907: das »System Althoff«. In: Bildungspolitik in Preußen zur Zeit des Kaiserreichs. Hrsg. von Peter Baumgart. Stuttgart: Klett-Cotta, 1980. S. 9–118.

Brockmeyer, Norbert: Die soziale Stellung der »Buchhändler« in der Antike. In: AGB 13 (1973) Sp. 237–248.

Die Bücherhallenbewegung. Zusammengestellt und eingeleitet von Wolfgang Thauer. Wiesbaden: Harrassowitz, 1970. (Beiträge zum Büchereiwesen. Reihe B. H. 4.)

Burckhardt, Jacob: Die Kultur der Renaissance in Italien. Ein Versuch. Stuttgart: Reclam, 1987.

Burckhardt, Max: Bibliotheksaufbau, Bücherbesitz und Leserschaft im spätmittelalterlichen Basel. In: Studien zum städtischen Bildungswesen des späten Mittelalters und der frühen Neuzeit, S. 33–52.

Burkard, Günter: Bibliotheken im alten Ägypten. In: Bibliothek 4 (1980) S. 79–113.

Burr, Viktor: Der byzantinische Kulturkreis. In: HdB III/1. S. 146–187.

Busse, Gisela von: Struktur und Organisation des wissenschaftlichen Bibliothekswesens in der Bundesrepublik Deutschland. Entwicklungen 1945 bis 1975. Wiesbaden: Harrassowitz, 1977.

Buzas, Ladislaus: Deutsche Bibliotheksgeschichte des Mittelalters. Wiesbaden: Reichert, 1975. (Elemente des Buch- und Bibliothekswesens. Bd. 1.)

– Deutsche Bibliotheksgeschichte der Neuzeit (1500–1800). Wiesbaden: Reichert, 1976. (Elemente des Buch- und Bibliothekswesens. Bd. 2.)

– Deutsche Bibliotheksgeschichte der neuesten Zeit (1800–1945). Wiesbaden: Reichert, 1978. (Elemente des Buch- und Bibliothekswesens. Bd. 3.)

Cahn, Michael: Der Druck des Wissens. Geschichte und Medium der wissenschaftlichen Publikation. Ausstellung vom 16. Juli bis 31. August 1991 in der Staatsbibliothek Preußischer Kulturbesitz Berlin. Wiesbaden: Reichert, 1991.

– Das Schwanken zwischen Abfall und Wert. Zur kulturellen Hermeneutik des Sammlers. In: Merkur. H. 509. S. 674–690.

Callmer, Christian: Antike Bibliotheken. In: Acta instituti romani regni Sueciae 10 (Opuscula archaeologica. Bd. 3.) S. 145–193.

Camerer, Luitgard: Die Diskussion über den Sachkatalog im Spiegel des »Zentralblatts für Bibliothekswesen« (1884–1944). Köln: Bibliothekar-Lehrinstitut, 1967.

Canfora, Luciano: Le biblioteche ellenistiche. In: Le biblioteche nel mondo antico e medievale, S. 3–28.

– Die verschwundene Bibliothek. Berlin: Rotbuch Verlag, 1990.

Cavallo, Guglielmo: Introduzione. In: Le biblioteche nel mondo antico e medievale, S. VII–XXXI.

Chadwick, John: Linear B. Die Entzifferung der Mykenischen Schrift. Göttingen: Vandenhoeck & Ruprecht, 1959.

Christ, Karl: Das Mittelalter. Ergänzt von Anton Kern. In: HdB III/1. S. 243–498.

Clanchy, M. T.: From memory to written record. England 1066–1307. London: Arnold, 1979.

Corsten, Severin: Der frühe Buchdruck und die Stadt. In: Studien zum städtischen Bildungswesen des späten Mittelalters und der frühen Neuzeit, S. 9–32.

Damerow, Peter / Englund, Robert K. / Nissen, Hans J.: Die Entstehung der Schrift. In: Spektrum der Wissenschaft. 1988. H. 2. S. 74–85.

»Das war ein Vorspiel nur...« Bücherverbrennung Deutschland 1933: Voraussetzungen und Folgen. Ausstellung der Akademie der Künste vom 8. Mai bis 3. Juli 1983. Berlin [u.a.]: Medusa, 1983.

Denifle, Heinrich: Die Entstehung der Universitäten des Mittelalters bis 1400. Graz: Akademische Druck- und Verlagsanstalt, 1956. (Unveränd. fotomechan. Nachdr. der Ausg. 1885.)

Derrida, Jacques: Grammatologie. Frankfurt a.M.: Suhrkamp, 1974.

Dinzelbacher, Peter: Die Bedeutung des Buches in der Karolingerzeit. In: AGB 24 (1983) Sp. 257–288.

Dölger, Franz: Der Schlagwortkatalog der Universitätsbibliothek München. In: ZfB 45 (1928) S. 728–747.

Dyck, Joachim: Zum Funktionswandel der Universitäten vom 17. zum 18. Jahrhundert. Am Beispiel Halle. In: Stadt–Schule–Universität–Buchwesen und die deutsche Literatur im 17. Jahrhundert. Vorlagen und Diskussionen eines Barock-Symposions der Deutschen Forschungsgemeinschaft 1974 in Wolfenbüttel. Hrsg. von Albrecht Schöne. München: C.H. Beck, 1976. S. 371–382.

Dziatzko, Karl: Die Centralisation der Kataloge deutscher Bibliotheken. In: ZfB 1 (1884) S. 261–267.

Ebert, Friedrich Adolf: Die Bildung des Bibliothekars. 2., umgearb. Aufl. Leipzig: Steinacker und Wagner, 1820.

Ehrle, Peter Michael: Bibliothekspolitik im Vormärz. Robert von Mohl und die Universitätsbibliothek Tübingen. In: Bibliotheken im gesellschaftlichen und kulturellen Wandel des 19. Jahrhunderts, S. 19–33.

Eisenstein, Elizabeth L.: The printing press as an agent of change. Communications and cultural transformations in early-modern Europe. 2 Bde. Cambridge: Cambridge University Press, 1979.

Ellwein, Thomas: Die deutsche Universität. Vom Mittelalter bis zur Gegenwart. Königstein i. Ts.: Athenäum, 1985.

Empfehlungen für die Zusammenarbeit zwischen Hochschulbibliothek und Institutsbibliotheken. Hrsg. von der Deutschen Forschungsgemeinschaft. Bonn 1970.

Empfehlungen zum Aufbau regionaler Verbundsysteme und zur Einrichtung Regionaler Bibliothekszentren. Deutsche Forschungsgemeinschaft / Bibliotheksausschuß / Unterausschuß für Datenverarbeitung. In: ZfBB 27 (1980) S. 189–204.

Endres, Rudolf: Die Stadt – der primäre Lebenszusammenhang der bürgerlichen Gesellschaft. In: Literatur und Volk im 17. Jahrhundert. Probleme populärer Kultur in Deutschland. Hrsg. von Wolfgang Brückner [u. a.]. Tl. 1. Wiesbaden: Harrassowitz, 1985. (Wolfenbütteler Arbeiten zur Barockforschung. Bd. 13.) S. 89–109.

Engelsing, Rolf: Analphabetentum und Lektüre. Zur Sozialgeschichte des Lesens in Deutschland zwischen feudaler und industrieller Gesellschaft. Stuttgart: Metzler, 1973.

Fabian, Bernhard: Buch, Bibliothek und geisteswissenschaftliche Forschung. Zu Problemen der Literaturversorgung und der Literaturproduktion in der Bundesrepublik Deutschland. Göttingen: Vandenhoeck & Ruprecht, 1983.

– Göttingen als Forschungsbibliothek im achtzehnten Jahrhundert. In: Öffentliche und private Bibliotheken im 17. und 18. Jahrhundert, S. 209–239.

– Literaturbedarf und Literaturversorgung der geisteswissenschaftlichen Forschung. In: ZfBB 27 (1980) S. 83–106.

– Zwischen Buch und Bildschirm. Die Bibliothek als Stimulans der geisteswissenschaftlichen Forschung. In: Literaturversorgung in den Geisteswissenschaften. 75. Deutscher Bibliothekartag in Trier 1985. Hrsg. von Rudolf Frankenberger und Alexandra Habermann. Frankfurt a. M.: Klostermann, 1986. (ZfBB-Sonderh. 43.) S. 297–311.

Farewell to Alexandria. Solutions to space, growth, and performance problems of libraries. Ed. by Daniel Gore. Westport [u. a.]: Greenwood Press, 1976.

Febvre, Lucien / Martin, Henri-Jean: L'Apparition du livre. Paris: Michel, 1958. (L'évolution de l'humanité. Bd. 49.)

Fechner, Jörg-Ulrich: Die Einheit von Bibliothek und Kunstkammer im 17. und 18. Jahrhundert, dargestellt an Hand zeitgenössischer Berichte. In: Öffentliche und private Bibliotheken im 17. und 18. Jahrhundert, S. 11–31.

Fehrle, Rudolf: Das Bibliothekswesen im alten Rom. Voraussetzungen, Bedingungen, Anfänge. Freiburg i. Br.: Universitätsbibliothek, 1986. (Schriften der Universitätsbibliothek Freiburg i. Br. Bd. 10.)

Fertig, Eymar: Probleme des Veraltens von Literatur und die Auswirkung auf die Bibliothekspraxis. Untersuchung der Nichtbenutzung von Bibliotheksbeständen an der Universitätsbibliothek Pittsburgh. In: ZfBB 3 (1979) S. 80–83.

Finster, Reinhard / Heuvel, Gerd van den: Gottfried Wilhelm Leibniz. Mit Selbstzeugnissen und Bilddokumenten. Reinbek bei Hamburg: Rowohlt, 1990.

Fischer, Norbert: Die Spezialbibliotheken. In: HdB II. S. 555–632.

Fleckenstein, Josef: Die Bildungsreform Karls des Großen als Verwirklichung der norma rectudinis. Freiburg: Albert, 1953.

Fuller, Steve / Gorman, David: Burning libraries: cultural creation and the problem of historical consciousness. In: Annals of Scholarship 4 (1987) S. 105–119.

Gadamer, Hans-Georg: Wahrheit und Methode. Grundzüge einer philosophischen Hermeneutik. 4. Aufl. Tübingen: Mohr, 1975.

Gaechter, Paul: Die Gedächtniskultur in Irland. Innsbruck 1970. (Innsbrucker Beiträge zur Sprachwissenschaft. Bd. 2.)

Gardthausen, Viktor: Die alexandrinische Bibliothek, ihr Vorbild, Katalog und Betrieb. Ein Beitrag zur vergleichenden Bibliothekskunde. In: Zeitschrift des deutschen Vereins für Buchwesen und Schrifttum 4–6 (1922) S. 73–104.

Gelb, Ignace J.: A study of writing. Rev. ed. Chicago [u. a.]: Univ. of Chicago Press, 1963.

Geldner, Ferdinand: Alte und neue Wege der Gutenberg-Forschung. In: Gutenberg-Jahrbuch 63 (1988) S. 15–21.

– Inkunabelkunde. Eine Einführung in die Welt des frühesten Buchdrucks. Wiesbaden: Reichert, 1978. (Elemente des Buch- und Bibliothekswesens. Bd. 5.)

Geschichte der Göttinger Universitäts-Bibliothek. Verfaßt von Göttinger Bibliothekaren. Hrsg. von Karl Julius Hartmann und Hans Füchsel. Göttingen: Vandenhoeck & Ruprecht, 1937.

Die gesellschaftliche Rolle der deutschen öffentlichen Bibliothek im Wandel 1945–1975. Ein Lesebuch. Hrsg. von Tibor Süle. Berlin: Deutscher Bibliotheksverband, 1976.

Giesecke, Michael: Der Buchdruck in der frühen Neuzeit. Eine historische Fallstudie über die Durchsetzung neuer Informations- und Kommunikationstechnologien. Frankfurt a. M.: Suhrkamp, 1991.

Goody, Jack / Watt, Ian: Konsequenzen der Literalität. In: Entstehung und Folgen der Schriftkultur. Franfurt a. M.: Suhrkamp, 1986. S. 63–122.

Gräsel, Arnim: Grundzüge der Bibliothekslehre mit bibliographischen und erläuternden Anmerkungen. Leipzig: Weber, 1890.

Haarmann, Harald: Universalgeschichte der Schrift. Frankfurt a. M.: Campus, 1990.

Hacker, Rupert: Literaturversorgung, nicht Informationsvermittlung als Hauptaufgabe der Bibliotheken. Eine terminologische Betrachtung. In: Bibliotheksdienst 22 (1988) S. 717–728.

Haeberlin, C.: »Einfache« und »Misch«-Rollen in den antiken Bibliotheken. In: ZfB 7 (1890) S. 1–18.

Hagenau, Bernd: Der Deutsche Gesamtkatalog. Vergangenheit und Zukunft einer Idee. Wiesbaden: Harrassowitz, 1988. (Beiträge zum Buch- und Bibliothekswesen. Bd. 27.)

Haller, Klaus: »Über die Beschreibung der Bücher«. Zur Geschichte der Münchener Katalogisierungs-Ordnung. In: BFB 7 (1979) S. 99–108.

Hamel, Christopher de: Medieval library catalogues. In: Pioneers in bibliography. Ed. by Robin Myers and Michael Harris. Winchester: St Paul's Bibliographies, 1988. S. 11–23.

Happel, Hans-Gerd: Das wissenschaftliche Bibliothekswesen im Nationalsozialismus. Unter besonderer Berücksichtigung der Universitätsbibliotheken. München [u. a.]: Saur, 1989. (Beiträge zur Bibliothekstheorie und Bibliotheksgeschichte. Bd. 1.)

Harris, Roy: The origin of writing. London: Duckworth, 1986.

Harris, William V.: Ancient literacy. Cambridge, Mass.: Harvard University Press, 1989.

Havelock, Eric A.: Schriftlichkeit. Das griechische Alphabet als kulturelle Revolution. Weinheim: VCH, Acta Humaniora, 1990. [Gekürzte Übers. von: E. A. H.: The literate revolution in Greece and its cultural consequences. Princeton, N. J.: Princeton University Press, 1982.]

Heidegger, Martin: Sein und Zeit. 15., an Hand der Gesamtausg. durchges. Aufl. mit den Randbem. aus dem Handex. des Autors im Anh. Tübingen: Niemeyer, 1979.

Hillesheim, Jürgen: Eine Station der Aufklärung: Gotthold Ephraim Lessings Wolfenbüttler Bibliothekariat. In: Bibliothek und Wissenschaft 24 (1990) S. 76–89.

Hirsch, Rudolf: Printing, selling and reading 1450–1550. Wiesbaden: Harrassowitz, 1967.

Hirsching, Friedrich Karl Gottlob: Versuch einer Beschreibung sehenswürdiger Bibliotheken Teutschlands nach alphabetischer Ordnung der Städte. Erlangen: Palm, 1786 ff.

Hörisch, Jochen: Das Sein der Zeichen und die Zeichen des Seins. In: Derrida, Jacques: Die Stimme und das Phänomen. Frankfurt a. M.: Suhrkamp, 1979. S. 7–50.

– Die Wut des Verstehens. Zur Kritik der Hermeneutik. Frankfurt a. M.: Suhrkamp, 1988.

Hofmann, Gustav: Lesesaalbibliotheken in den USA. In: ZfBB 3 (1956) S. 186–194.

Hofmann, Walter: Der Wille zum Werk. Erinnerungen eines Volksbibliothekars. Villingen: Neckar-Verlag, 1967.

Holzhausen, Hans-Dieter: Gottlieb Fritz und seine Entfernung aus dem Amt des Direktors der Berliner Stadtbibliothek 1933/34. In: Bibliotheken während des Nationalsozialismus, S. 261–272.

Hornung, Erik: Der Eine und die Vielen. Ägyptische Gottesvorstellungen. Darmstadt: Wissenschaftl. Buchgesellschaft, 1973.

Houston, George W.: A revisionary note on Ammianus Marcellinus 14.6.18. When did the public libraries of ancient Rome close? In: Library Quarterly 58 (1988) S. 258–264.

Hüllen, Werner: »Their Manner of Discourse«. Nachdenken über Sprache im Umkreis der Royal Society. Tübingen: Narr, 1989.

Hunger, Herbert: Schreiben und Lesen in Byzanz. Die byzantinische Buchkultur. München: C. H. Beck, 1989.

Ing, Janet: The Mainz Indulgences of 1454/5: A review of recent scholarship. In: British Library Journal 9 (1983) S. 14–31.

Instruktionen für die alphabetischen Kataloge der preußischen Bibliotheken vom 10. Mai 1899. 2. Ausg. in der Fassung vom 10. August 1908. Unveränd. Nachdr. Wiesbaden: Harrassowitz, 1975.

Jochum, Uwe: Bibliothek, Buch und Information. In: Bibliothek 15 (1991) S. 390–392.

– Bibliotheken und Bibliothekare 1800–1900. Würzburg: Königshausen & Neumann, 1991.

Johanek, Peter: Klosterstudien im 12. Jahrhundert. In: Schulen und Studium im sozialen Wandel des hohen und späten Mittelalters. Hrsg. von Johannes Fried. Sigmaringen: Thorbecke, 1986. (Vorträge und Forschungen. Bd. 30.) S. 35–68.

Johnson, Elmer D.: A history of libraries in the western world. New York [u. a.]: The Scarecrow press, 1965.

Kaegbein, Paul: Bibliotheken als spezielle Informationssysteme. In: ZfBB 20 (1973) S. 425–442.

Kaltwasser, Franz Georg: Entstehung, Strukturen und Anwendung der neuen »Regeln für die alphabetische Katalogisierung (RAK)«. In: ZfBB 21 (1974) S. 1–22.

Kapr, Albert: Johannes Gutenberg. Persönlichkeit und Leistung. Frankfurt a. M. [u. a.]: Büchergilde Gutenberg, 1986.

Katz, P.: The early Christians' use of codices instead of rolls. In: The journal of theological studies 46 (1945) S. 63 ff.

Kees, Hermann: Das Priestertum im ägyptischen Staat vom Neuen Reich bis zur Spätzeit. Leiden [u. a.]: Brill, 1953.

Keller, Hagen: Oberitalienische Statuten als Zeugen und als Quellen für den Verschriftlichungsprozeß im 12. und 13. Jahrhundert. In: Frühmittelalterliche Studien 22 (1988) S. 286–314.

Kenyon, Frederic G.: Books and readers in ancient Greece and Rome. Oxford: Clarendon, 1932.

Kettel, Andreas: Volksbibliothekare und Nationalsozialismus. Zum Verhalten führender Berufsvertreter während der nationalsozialistischen Machtübernahme. Köln: Pahl-Rugenstein, 1981.

Keunecke, Hans-Otto: Maximilian von Bayern und die Entführung der Bibliotheca Palatina nach Rom. In: AGB 19 (1978) Sp. 1401–46.

Kind-Doerne, Christiane: Die niedersächsische Staats- und Universitätsbibliothek Göttingen. Ihre Bestände und Einrichtungen in Geschichte und Gegenwart. Wiesbaden: Harrassowitz, 1986. (Beiträge zum Buch- und Bibliothekswesen. Bd. 22.)

Kissel, Gerhard: Betriebswirtschaftliche Probleme wissenschaftlicher Bibliotheken. München [u. a.]: Verlag Dokumentation, 1971. (Bibliothekspraxis. Bd. 4.)

Kittler, Friedrich A.: Aufschreibesysteme 1800/1900. 2., erw. und korr. Aufl. München: Fink, 1987.

Kleberg, Tönnes: Buchhandel und Verlagswesen in der Antike. Darmstadt: Wissenschaftl. Buchgesellschaft, 1967.

Kluth, Rolf: Die Freihandbibliothek. In: ZfBB 7 (1960) S. 89–110.

Knoche, Michael: Volksbibliotheken und Staat im Vormärz. In: Staatliche Initiative und Bibliotheksentwicklung seit der Aufklärung. Hrsg. von Paul Kaegbein und Peter Vodosek. Wiesbaden: Harrassowitz, 1985. S. 1–20.

– Wissenschaftliche Bibliotheken im Spiegel der deutschen Tagespresse. In: Bibliothek 5 (1981) S. 207–219.

Köhler, Johann David: Des Herrn Professors Johann David Köhlers Anweisung für Reisende Gelehrte, Bibliothecken, Münz-Cabinette, Antiquitäten-Zimmer, Bilder-Säle, Naturalien- und Kunst-Kammern, u.d.m. mit Nutzen zu besehen. Frankfurt/Leipzig: Eßlinger, 1762. – Nachdr. von Kap. 1 u.d.T.: Bibliothecken. Köhlers Anweisung für reisende Gelehrte. Bonn: Bouvier, 1973.

Körte, Alfred: Die hellenistische Dichtung. Leipzig: Kröner, 1925.

Köttelwesch, Clemens: Das wissenschaftliche Bibliothekswesen in der Bundesrepublik Deutschland. 2 Bde. Frankfurt a.M.: Klostermann, 1978–80.

Komorowski, Manfred: Die wissenschaftlichen Bibliotheken während des Nationalsozialismus. In: Vodosek/Komorowski (Hrsg.): Bibliotheken während des Nationalsozialismus, S. 1–23.

Koordinierung von Literaturbeschaffungen an den Hochschulen. Erlaß des Ministers für Wissenschaft und Forschung des Landes Nordrhein-Westfalen vom 29.8.1973 – II B 5 1–15 Nr. 346/73. In: MB NRW 23 (1973) S. 455–456.

Kowark, Hannsjörg: Georg Leyh und die Universitätsbibliothek Tübingen (1921–1947). Tübingen: Mohr, 1981. (Contubernium. Bd. 19.)

Kramm, Heinrich: Deutsche Bibliotheken unter dem Einfluß von Humanismus und Reformation. Ein Beitrag zur deutschen Bildungsgeschichte. Leipzig: Harrassowitz, 1938. (Beih. zum ZfB. 70.)

Kuckenburg, Martin: Die Entstehung von Sprache und Schrift. Ein kulturgeschichtlicher Überblick. Köln: DuMont, 1989.

Kühn, Hermann / Michel, Lutz: Papier. Katalog der Ausstellung. München: Deutsches Museum, 1986.

Kuhn, Thomas S.: Die Struktur wissenschaftlicher Revolutionen. 4. Aufl. Frankfurt a.M.: Suhrkamp, 1979.

Kultur und Gedächtnis. Hrsg. von Jan Assmann und Tonio Hölscher. Frankfurt a.M.: Suhrkamp, 1988.

Lackmann, Heinrich: Leibniz' bibliothekarische Tätigkeit in Hannover. In: Leibniz. Sein Leben, sein Wirken, seine Welt. Hrsg. von Wilhelm Totok und Carl Haase. Hannover: Verlag für Literatur und Zeitgeschehen, 1966. S. 321–348.

Ladewig, Paul: Politik der Bücherei. Leipzig: Wiegandt, 1912.

Langfeldt, Johannes: Zur Geschichte des Büchereiwesens. In:

Handbuch des Büchereiwesens. 1. Halbbd. Wiesbaden: Harrassowitz, 1973. S. 57–786.

Larsen, Mogens Trolle: What they wrote on clay. In: Literacy and society, S. 121–148.

Lehmann, Paul: Eine Geschichte der alten Fuggerbibliotheken. 2 Bde. Tübingen: Mohr, 1956–60.

Leibniz, Gottfried Wilhelm: Sämtliche Schriften und Briefe. Hrsg. von der Akademie der Wissenschaften Berlin. Bd.1ff. Berlin: Akademie-Verlag, 1927ff.

Leonhard, Joachim-Felix (Hrsg.): Bücherverbrennung. Zensur, Verbot, Vernichtung unter dem Nationalsozialismus in Heidelberg. Heidelberg: Heidelberger Verlagsanstalt, 1983.

Leroi-Gourhan, André: Hand und Wort. Die Evolution von Technik, Sprache und Kunst. Frankfurt a. M.: Suhrkamp, 1988.

Lessing, Gotthold Ephraim: Gesammelte Werke. Berlin/Weimar: Aufbau-Verlag, 1968.

Leyh, Georg: Aufstellung und Signaturen. In: HdB II. S. 684–734.
– Der Bibliothekar und sein Beruf. In: HdB II. S. 1–112.
– Die deutschen Bibliotheken von der Aufklärung bis zur Gegenwart. In: HdB III/2. S. 1–491.
– Die deutschen wissenschaftlichen Bibliotheken nach dem Krieg. Tübingen: Mohr, 1947.
– Das Dogma von der systematischen Aufstellung. In: ZfB 29 (1912) S. 241–259 und ZfB 30 (1913) S. 97–136.
– Systematische oder mechanische Aufstellung. In: ZfB 31 (1914) S. 398–407.

Literacy and society. Ed. by Karen Schousboe and Mogens Trolle Larsen. Kopenhagen: Center for Research in the Humanities, 1989.

Literacy in the Roman world. Ann Arbor, Mich., 1991. (Journal of Roman archaeology. Supplementary series. 3.)

Löffler, Klemens: Deutsche Klosterbibliotheken. Köln: Bachem, 1918.

Lohse, Gerhart: Bielefeld und die Folgen. In: Bibliotheksarbeit heute. Beiträge zur Theorie und Praxis. Festschrift Werner Krieg. Hrsg. von Gerhart Lohse und Günther Pflug. Frankfurt a. M.: Klostermann, 1973. (ZfBB-Sonderh. 16.)

Lohse, Hartwig: Das Berufsbild des wissenschaftlichen Bibliothekars. In: H. L.: Tagesforderungen wissenschaftlicher Bibliotheken in kritischer Diskussion, S. 339–349.

Lohse, Hartwig: Der Bibliothekar und seine Fachwissenschaft. In: ZfBB 26 (1979) S. 253–265.
– Buchaufstellung in deutschen wissenschaftlichen Bibliotheken. Bonn: Bouvier, 1974. (Forschungsstelle für Buchwissenschaft an der Universität Bonn. Kleine Schriften. 11.)
– Elektronische Datenverarbeitung in wissenschaftlichen Bibliotheken. In: H. L.: Tagesforderungen wissenschaftlicher Bibliotheken in kritischer Diskussion, S. 176–188.
– Friedrich Ritschl und die Bonner Universitätsbibliothek. Ein Beitrag zum Berufsbild des Professoren-Bibliothekars im 19. Jahrhundert. In: Bibliotheken im gesellschaftlichen und kulturellen Wandel des 19. Jahrhunderts, S. 35–52.
– Tagesforderungen wissenschaftlicher Bibliotheken in kritischer Diskussion. Ausgewählte Schriften 1960–1990. Frankfurt a. M. [u. a.]: Lang, 1991. (Arbeiten und Bibliographien zum Buch- und Bibliothekswesen. Bd. 8.)
Luther, Martin: An die Ratsherren aller Städte deutsches Lands, daß sie christliche Schulen aufrichten und halten sollen. In: Martin Luthers Werke. Kritische Gesamtausg. Bd. 15. Weimar: Böhlau, 1899. S. 9–53.
Machinist, Peter: The Assyrians and their Babylonian problem: some reflections. In: Wissenschaftskolleg (Berlin, West): Jahrbuch 1984/1985. S. 353–364.
Marrou, Henri-Irenée: Geschichte der Erziehung im klassischen Altertum. Freiburg: Alber, 1957.
Martin, Henri-Jean: Histoire et pouvoirs de l'écrit. Avec la collaboration de Bruno Delmas. Paris: Perrin, 1988.
McKitterick, Rosamond: The Carolingians and the written word. Cambridge: Cambridge University Press, 1989.
McLuhan, Marshall: Die magischen Kanäle. »Understanding Media«. Düsseldorf [u. a.]: Econ, 1968.
Meyer, Adolf: Der Realkatalog. In: ZfB 40 (1923) S. 412–424.
– Realkataloge in geistesgeschichtlicher Beleuchtung. In: Otto Glauning zum 60. Geburtstag. Festgabe aus Wissenschaft und Bibliothek. Bd. 1. Leipzig: Hadl, 1936. S. 145–149.
Miethke, Jürgen: Die Kirche und die Universitäten im 13. Jahrhundert. In: Schulen und Studium im sozialen Wandel des hohen und späten Mittelalters. Hrsg. von Johannes Fried. Sigmaringen: Thorbecke, 1986. (Vorträge und Forschungen. Bd. 30.) S. 285–320.

Milkau, Fritz: Centralkataloge und Titeldruck. Geschichtliche Erörterungen und praktische Vorschläge im Hinblick auf die Herstellung eines Gesamtkatalogs der preussischen wissenschaftlichen Bibliotheken. Leipzig: Harrassowitz, 1898. (Beih. zum ZfB. 20.)

– Geschichte der Bibliotheken im Alten Orient. Aus dem Nachlaß hrsg. von Bruno Meissner. Leipzig: Harrassowitz, 1935.

Mittelalterliche Bibliothekskataloge Deutschlands und der Schweiz. Im Auftrag der Bayerischen Akademie der Wissenschaften hrsg. von Bernhard Bischoff. Bd. 1 ff. 1918 ff.

Mittler, Elmar: Entwicklungstrends im Bibliotheks- und Informationswesen. In: Bibliothek 6 (1982) S. 123–126.

– Moderne Bibliotheksplanung. In: ZfBB 19 (1972) S. 260–284.

– Probleme des Wachstums in wissenschaftlichen Bibliotheken. In: Bibliothek 3 (1979) S. 75–79.

Moraw, Peter: Heidelberg: Universität, Hof und Stadt im ausgehenden Mittelalter. In: Studien zum städtischen Bildungswesen des späten Mittelalters und der frühen Neuzeit. Göttingen: Vandenhoeck & Ruprecht, 1983. (Abhandlungen der Akademie der Wissenschaften in Göttingen. Philologisch-historische Klasse. 3. Folge. Bd. 137.) S. 524–552.

Moser, Fritz: Die Amerika-Gedenkbibliothek Berlin. Entstehung, Gestalt und Wirken einer öffentlichen Zentralbibliothek. Wiesbaden: Harrassowitz, 1964. (Beiträge zum Buch- und Bibliothekswesen. Bd. 13.)

Müller, Hildegard: Die Universitätsbibliothek Heidelberg im Dritten Reich. In: Toussaint (Hrsg.): Die Universitätsbibliotheken Heidelberg, Jena und Köln unter dem Nationalsozialismus, S. 11–89. [1989a.]

– Die Universitätsbibliothek Heidelberg im Dritten Reich. In: Vodosek/Komorowski (Hrsg.): Bibliotheken während des Nationalsozialismus, S. 343–358. [1989b.]

Naetebus, G.: Über die Bibliotheken der Preußischen Universitätsinstitute. In: ZfB 23 (1906) S. 341–367.

Nationalsozialismus und Modernisierung. Hrsg. von Michael Prinz und Rainer Zitelmann. Darmstadt: Wissenschaftl. Buchgesellschaft, 1991.

Die neue Bibliothek. Festschrift für Harro Heim zum 65. Geburtstag. Hrsg. von Günther Pflug und Hansjochen Hancke. München [u. a.]: Saur, 1984.

Die Neugründung wissenschaftlicher Bibliotheken in der Bundesrepublik Deutschland. Hrsg. von Hans-Joachim Koppitz. München [u.a.]: Saur, 1990. (Beiträge zur Bibliothekstheorie und Bibliotheksgeschichte. Bd. 5.)

Die Öffentliche Bücherei der Weimarer Zeit. Quellen und Texte. Hrsg. von Wolfgang Thauer. Wiesbaden: Harrassowitz, 1984. (Buchwissenschaftliche Beiträge aus dem Deutschen Bucharchiv München. Bd. 10.)

Öffentliche und private Bibliotheken im 17. und 18. Jahrhundert. Raritätenkammern, Forschungsinstrumente oder Bildungsstätten? Hrsg. von Paul Raabe. Bremen [u.a.]: Jacobi, 1977.

Olsen, Birger Munk: Le biblioteche del XII secolo negli inventari dell'epoca. In: Le biblioteche nel mondo antico e medievale, S. 137–162.

Ong, Walter J.: Oralität und Literalität. Die Technologisierung des Wortes. Opladen: Westdeutscher Verlag, 1987.

Oppenheim, A. Leo: Ancient Mesopotamia. Portrait of a dead civilization. Revised ed., completed by Erica Reiner. Chicago [u.a.]: The University of Chicago Press, 1971.

Otten, Heinrich: Bibliotheken im Alten Orient. In: Das Altertum 1 (1955) S. 67–81.

Otto, Walter: Priester und Tempel im hellenistischen Ägypten. Ein Beitrag zur Kulturgeschichte des Hellenismus. 2 Bde. Leipzig [u.a.]: Teubner, 1905–1908.

Parsons, Edward A.: The Alexandrinian Library, glory of the Hellenic world. It's rise, antiquities, and destruction. 3. Aufl. New York: Elsevier, 1967.

Parthey, Gustav: Das alexandrinische Museum. Berlin 1838.

Pattison, Robert: On literacy. The politics of the word from Homer to the age of rock. New York [u.a.]: Oxford Univ. Press, 1982.

Pei, Mario: The story of Latin and the Romance languages. New York [u.a.]: Harper & Row, 1976.

Pergament. Geschichte, Struktur, Restaurierung, Herstellung. Hrsg. von Peter Rück. Sigmaringen: Thorbecke, 1991.

Pflug, Günther: Bibliothek und Politik. In: ZfBB 35 (1988) S. 239–247.

– Fünfundzwanzig Jahre Datenverarbeitung in deutschen Bibliotheken. In: MB NRW 39 (1989) S. 227–234.

– Die Universitätsbibliothek Bochum. In: Die Neugründung wissenschaftlicher Bibliotheken in der Bundesrepublik Deutschland, S. 111–120.

Philipp, Franz-Heinrich: Der wissenschaftliche Bibliothekar. In: ZfBB 27 (1980) S. 126–131.

Picht, Georg: Die deutsche Bildungskatastrophe. Analyse und Dokumentation. Olten [u. a.]: Walter, 1964.

Pomian, Krysztof: Der Ursprung des Museums. Vom Sammeln. Berlin: Wagenbach, 1988.

Prahl, Hans-Werner: Sozialgeschichte des Hochschulwesens. München: Kösel, 1978.

Preusker, Karl: Die Stadt-Bibliothek in Grossenhain, die erste vaterländische Bürger-Bibliothek. 5., vervollst. Aufl., zugleich als Festschrift der – am 24. Oktober 1828 gegründeten – Bibliothek, zur Erinnerung an ihr 25jähriges Bestehen gewidmet. Großenhain 1853.

– Über gewerbliche, sowie allgemeine Fortbildung des Bürgerstandes überhaupt, und über Gründung und Einrichtung von Sonntagsschulen und anderen Fortbildungsanstalten, für die jüngere gewerbetreibende Generation insbesondere, als dringendes Erforderniß der Zeit. Meißen: Klinkicht, 1847.

– Über öffentliche, Vereins- und Privat-Bibliotheken sowie andere Sammlungen, Lesezirkel und verwandte Gegenstände, mit Rücksicht auf den Bürgerstand; Behörden, Bildungsanstalten, literarischen und Gewerb-Vereinen, wie überhaupt jedem Wissenschaftsfreunde gewidmet. H. 1. Leipzig: Hinrichs, 1839.

Preußische Instruktionen siehe: Instruktionen für die alphabetischen Kataloge.

Printing the written word. The social history of books, circa 1450–1520. Ed. by Sandra Hindman. Ithaca [u. a.]: Cornell University Press, 1991.

Prinz, Friedrich: Grundlagen und Anfänge. Deutschland bis 1056. München: C. H. Beck, 1985.

Probleme des Wiederaufbaus im wissenschaftlichen Bibliothekswesen. Aus den Verhandlungen der 1. Bibliothekartagung der britischen Zone in Hamburg vom 22.–24. Oktober 1946. Hamburg: Hansischer Gildenverlag, 1947.

Programm der Bundesregierung zur Förderung der Information und Dokumentation (IuD-Programm) 1974–1977. Hrsg. vom Bundesminister für Forschung und Technologie. Bonn 1976.

Raabe, Paul: Die Bibliothek als humane Anstalt betrachtet. Plädoyer für die Zukunft der Buchkultur. Stuttgart: Metzler, 1986.

Rarisch, Ilsedore: Industrialisierung und Literatur. Buchproduktion, Verlagswesen und Buchhandel in Deutschland im 19. Jahrhundert in ihrem statistischen Zusammenhang. Berlin: Colloquium Verl., 1976. (Historische und pädagogische Studien. Bd. 6.)

Rationalisierung in wissenschaftlichen Bibliotheken. Vorschläge und Materialien. Hrsg. von der Deutschen Forschungsgemeinschaft. Bonn [u. a.]: Boldt, 1970.

Rauch, Wolf: Die Rolle der Bibliothek im computergestützten Informations- und Kommunikationssystem. In: Bibliothek 8 (1984) S. 109–112.

Regeln für die alphabetische Katalogisierung. RAK. Wiesbaden: Reichert, 1977.

Reynolds, Leighton D. / Wilson, Nigel G.: Scribes and scholars. 3. Aufl. Oxford [u. a.]: Clarendon, 1991.

Richards, Pamela Spence: German libraries and scientific and technical information in Nazi Germany. In: Library Quarterly 55 (1985) S. 151–173.

– Die Verbindung Alliierte–Achsenmächte. Wie während des Krieges technische Informationen zwischen den Alliierten und den Achsenmächten ausgetauscht wurden. In: Nachrichten für Dokumentation in Technik und Wissenschaft 42 (1991) S. 345–353.

Rilla, Paul: Lessing und sein Zeitalter. 2., unveränd. Aufl. München: C. H. Beck, 1977. (Beck'sche Schwarze Reihe. Bd. 150.)

Roberts, Colin H.: Books in the Graeco-Roman world and in the New Testament. In: The Cambridge History of the Bible. Bd. 1: From the beginning to Jerome. Hrsg. von P. R. Ackroyd, C. F. Evans. Cambridge: Cambridge University Press, 1970. S. 48–66.

Roberts, Colin H. / Skeat, T. C.: The birth of the codex. Oxford: Oxford University Press, 1983.

Röhling, Horst: Universitätsbibliothek und Institutsbibliothek. In: Bibliothek und Wissenschaft 6 (1969) S. 161–196.

Rothacker, Erich: Das »Buch der Natur«. Materialien und Grundsätzliches zur Metapherngeschichte. Aus dem Nachlaß hrsg. und bearb. von Wilhelm Perpeet. Bonn: Bouvier, 1979.

Saevecke, Rolf-Dieter: Von der »Deutschen Bücherei des Westens« zur Deutschen Bibliothek als bundesunmittelbare Anstalt des öffentlichen Rechts (1945–1969). In: Die Deutsche Bibliothek. Hrsg. von Rolf-Dieter Saevecke. 2., überarb. und erg. Aufl. Düsseldorf: Droste, 1980. S. 27–41.

Sauder, Gerhard (Hrsg.): Die Bücherverbrennung. Zum 10. Mai 1933. München: Hanser, 1983.

Schenkel, Wolfgang: Wozu die Ägypter eine Schrift brauchten. In: Schrift und Gedächtnis. Beiträge zur Archäologie der literarischen Kommunikation. Bd. 1. Hrsg. von Aleida und Jan Assmann, Christof Hardmeier. München: Fink, 1983. S. 45–63.

Schlott, Adelheid: Schrift und Schreiber im Alten Ägypten. München: C. H. Beck, 1989. (Beck's Archäologische Bibliothek.)

Schmidt, Friedrich: Die Pinakes des Kallimachos. Berlin: Ebering, 1922. (Klassisch-philologische Studien. Bd. 1.)

Schmidt, Rolf: Reichenau und St. Gallen. Ihre literarische Überlieferung zur Zeit des Klosterhumanismus in St. Ulrich und Afra zu Augsburg um 1500. Sigmaringen: Thorbecke, 1985. (Vorträge und Forschungen. Sonderbd. 33.)

Schmidt, Wieland: Offene Buchbestände in Universalbibliotheken. In: Aktuelle Probleme der Bibliotheksverwaltung. Festschrift Hermann Fuchs. Hrsg. von Ewald Wagner. Wiesbaden: Harrassowitz, 1966. S. 125–142.

Schmitz, Wolfgang: Deutsche Bibliotheksgeschichte. Bern [u. a.]: Lang, 1984. (Germanistische Lehrbuchsammlung. Bd. 52.)

– Klösterliche Buchkultur auf neuen Wegen? Die Entstehungsbedingungen von Klosterdruckereien im ersten Jahrhundert nach Gutenberg. In: Buch und Bibliothekswissenschaft im Informationszeitalter. Festschrift Paul Kaegbein. Hrsg. von Engelbert Plassmann [u. a.]. München [u. a.]: Saur, 1990. S. 345–362.

Schmökel, Hartmut: Das Land Sumer. Die Wiederentdeckung der ersten Hochkultur der Menschheit. 3. Aufl. Stuttgart: Kohlhammer, 1962.

Scholem, Gershom: Zur Kabbala und ihrer Symbolik. Frankfurt a. M.: Suhrkamp, 1973.

Scholl, Nikolaus: Bibliothekar und Wissenschaft. Studien zur Geschichte des bibliothekarischen Berufs. In: Bibliothek und Wissenschaft 1 (1964) S. 142–200.

Schreiber, Heinrich: Quellen und Beobachtungen zur mittelalterlichen Katalogisierungspraxis besonders in deutschen Kartausen. In: ZfB 44 (1927) S. 1–19 und S. 97–118.

Schreiner, Klaus: Bücher, Bibliotheken und »gemeiner Nutzen« im Spätmittelalter und in der Frühneuzeit. In: Bibliothek und Wissenschaft 9 (1975) S. 202–249.

Schunke, Ilse: Die systematischen Ordnungen und ihre Entwicklung. Versuch einer geschichtlichen Übersicht. In: ZfB 44 (1927) S. 377–400.

Seela, Torsten: Bücher und Bibliotheken in nationalsozialistischen Konzentrationslagern. Das gedruckte Wort im antifaschistischen Widerstand. München [u. a.]: Saur, 1992. (Beiträge zur Bibliothekstheorie und Bibliotheksgeschichte. Bd. 7.)

Skeat, T. C.: Early Christian book-production: papyri and manuscripts. In: The Cambridge History of the Bible. Bd. 2: The west from the Fathers to the Reformation. Cambridge: Cambridge University Press, 1969. S. 54–79.

Sprandel, Rolf: Gesellschaft und Literatur im Mittelalter. Paderborn [u. a.]: Schöningh, 1982.

Steinberg, Heinz: Die Amerika-Gedenkbibliothek / Berliner Zentralbibliothek. In: Die Neugründung wissenschaftlicher Bibliotheken in der Bundesrepublik Deutschland, S. 99–109.

Stephani, Heinrich von: System der öffentlichen Erziehung. Berlin: Frölich, 1805.

Stoltzenburg, Joachim: Bibliothekssystem und systematische Aufstellung. In: ZfBB 14 (1967) S. 298–315.

– Ein Rückblick nach vorn. Zum Werden der neuen Bibliothek der Universität Konstanz. In: Die Neugründung wissenschaftlicher Bibliotheken in der Bundesrepublik Deutschland, S. 121–168.

– Thesen und Antithesen zur Freihandaufstellung in großen wissenschaftlichen Bibliotheken. In: Die wissenschaftliche Bibliothek 1977. Sacherschließung, Arbeitsplatz, Mitbestimmung, Ausbildung. Deutscher Bibliothekartag in Bremen vom 31. Mai bis 4. Juni 1977. Hrsg. von Alexandra Habermann [u. a.]. Frankfurt a. M.: Klostermann, 1978. (ZfBB-Sonderh. 26.) S. 191–201.

Stoltzenburg, Joachim / Wiegand, Günther: Die Bibliothek der Universität Konstanz 1965–1974. Erfahrungen und Probleme. München: Verlag Dokumentation, 1975.

Strocka, Volker Michael: Römische Bibliotheken. In: Gymnasium 88 (1981) S. 298–329.

Studien zum städtischen Bildungswesen des späten Mittelalters und der frühen Neuzeit. Bericht über Kolloquien der Kommission zur Erforschung der Kultur des Spätmittelalters 1978 bis 1981. Hrsg. von Bernd Moeller [u. a.]. Göttingen: Vandenhoeck & Ruprecht, 1983. (Abhandlungen der Akademie der Wissenschaften in Göttingen. Philologisch-historische Klasse. 3. Folge. Bd. 137.)

Süle, Tibor: Bücherei und Ideologie. Politische Aspekte im »Richtungsstreit« deutscher Volksbibliothekare 1910–1930. Köln: Greven, 1972.

Sywottek, Jutta: Die Gleichschaltung der deutschen Volksbüchereien 1933 bis 1937. In: AGB 24 (1983) Sp. 385–536.

Teggart, Frederick J.: Caesar and the Alexandrian Library. In: ZfB 16 (1899) S. 470–475.

Tent, James F.: The Free University of Berlin. A political history. Bloomington [u.a.]: Indiana University Press, 1988.

Teutsch, Leo: Cassiodorus Senator, Gründer der Klosterbibliothek von Vivarium. Ein Beitrag zur Würdigung seiner wissenschaftlich-bibliothekarischen Leistung. In: Libri 9 (1959) S. 215–239.

Thauer, Wolfgang / Vodosek, Peter: Geschichte der öffentlichen Bücherei in Deutschland. 2., erw. Aufl. Wiesbaden: Harrassowitz, 1990.

Thilo, Martin: Das Bibliothekswesen in der Sowjetischen Besatzungszone Deutschlands. 2., überarb. und erg. Aufl. Bonn [u.a.]: Deutscher Bundes-Verlag, 1965.

Thompson, James: The end of libraries. London: Bingley, 1982.

Thompson, James Westfall: The literacy of the laity in the Middle Ages. New York: Franklin, 1963. (Burt Franklin research & source works series. Vol. 2.)

– The Middle Ages. 300–1500. 2. Aufl. New York: Cooper Square, 1972.

Tiemann, Hermann: Neue Lesesaalaufgaben in den wissenschaftlichen Universalbibliotheken. In: ZfBB 3 (1956) S. 171–186.

Treitschke, Heinrich von: Die Königliche Bibliothek in Berlin. In: Preußische Jahrbücher 53 (1884) S. 473–492.

Totok, Wilhelm: Der Bibliothekar zwischen Praxis und Wissenschaft. In: Bibliothek und Wissenschaft 21 (1987) S. 189–206.

Toussaint, Ingo: Die Universitätsbibliothek Freiburg im Dritten Reich. München [u.a.]: Saur, 1982.

– (Hrsg.): Die Universitätsbibliotheken Heidelberg, Jena und Köln unter dem Nationalsozialismus. München [u.a.]: Saur, 1989.

Trueswell, Richard W.: Growing libraries: Who needs them? A statistical basis for the no-growth collection. In: Farewell to Alexandria, S. 72–104.

Überregionale Literaturversorgung von Wissenschaft und Forschung in der Bundesrepublik Deutschland. Denkschrift. Bibliotheksausschuß der Deutschen Forschungsgemeinschaft. Boppard: Boldt, 1975.

Umstätter, Walter: Was verändert die Informationstechnologie in den Universitätsbibliotheken? In: Bibliothek 13 (1989) S. 206–215.

Universität des Saarlandes 1948–1988. Hrsg. von Armin Heinen und Rainer Hudemann. 2., erw. Aufl. Saarbrücken 1989.

Verbundkatalogisierung – Verbundkatalog. Das Online-Verbundsystem des Hochschulbibliothekszentrums Nordrhein-Westfalen. Hrsg. von Heinz-Werner Hoffmann. Frankfurt a. M.: Klostermann, 1987. (ZfBB-Sonderh. 45.)

Vesper, Ekkehart: Die Staatsbibliothek Preußischer Kulturbesitz. Aufbau und Entwicklung 1946 bis 1978. In: Staatsbibliothek Preußischer Kulturbesitz: Festgabe zur Eröffnung des Neubaus in Berlin. Hrsg. von Ekkehart Vesper. Wiesbaden: Reichert, 1978. S. 95–122.

Vinzent, Otwin: Die Gründung der Universitätsbibliothek Saarbrücken. In: Die Neugründung wissenschaftlicher Bibliotheken in der Bundesrepublik Deutschland, S. 81–98.

Visser, Cornelia Elizabeth: Götter und Kulte im ptolemäischen Alexandrien. Amsterdam: Noord-Hollanndsche Uitgeversmaatschappij, 1938.

Vodosek, Peter: »Andeutungen über Bibliotheken als Förderungsmittel des Gewerbefleißes und allgemeiner Volksbildung« – Karl Benjamin Preusker. In: Bibliotheken im gesellschaftlichen und kulturellen Wandel des 19. Jahrhunderts, S. 119–136.

Vodosek, Peter / Komorowski, Manfred (Hrsg.): Bibliotheken während des Nationalsozialismus. Wiesbaden: Harrassowitz, 1989. (Wolfenbütteler Schriften zur Geschichte des Buchwesens. Bd. 16.)

Volksbücherei und Nationalsozialismus. Materialien zur Theorie und Politik des öffentlichen Büchereiwesens in Deutschland 1933–1945. Zusammengest. und mit einer Einl. vers. von Friedrich Andrae. Wiesbaden: Harrassowitz, 1970.

Vorstius, Joris / Joost, Siegfried: Grundzüge der Bibliotheksgeschichte. 7., neubearb. und erg. Aufl. Wiesbaden: Harrassowitz, 1977.

Walbank, Frank K.: Die hellenistische Welt. München: Dt. Taschenbuch Verlag, 1983.

Walberer, Ulrich (Hrsg.): 10. Mai 1933. Bücherverbrennung in Deutschland und die Folgen. Frankfurt a. M.: Fischer, 1983.

Wang, Jingjing: Das Strukturkonzept einschichtiger Bibliothekssysteme. Idee und Entwicklung neuerer wissenschaftlicher Hochschulbibliotheken in der Bundesrepublik Deutschland. München [u.a.]: Saur, 1990. (Beiträge zur Bibliothekstheorie und Bibliotheksgeschichte. Bd. 4.)

Wattenbach, Wilhelm: Das Schriftwesen im Mittelalter. 2., verm. Aufl. Leipzig: Hirzel, 1875.

Weber, Max: Agrarverhältnisse im Altertum. In: M. W.: Gesammelte Aufsätze zur Sozial- und Wirtschaftsgeschichte. 2. Aufl. Tübingen: Mohr, 1988. S. 1–288.

Weimann, Karl-Heinz: Bibliotheksgeschichte. Lehrbuch zur Entwicklung und Topographie des Bibliothekswesens. München: Verl. Dokumentation, 1975.

Weisert, Hermann: Geschichte der Universitätsbibliothek Heidelberg. Überblick 1386–1975. In: Bibliothek und Wissenschaft 20 (1986) S. 191–229.

Wendehorst, Alfred: Wer konnte im Mittelalter lesen und schreiben? In: Schulen und Studium im sozialen Wandel des hohen und späten Mittelalters. Hrsg. von Johannes Fried. Sigmaringen: Thorbecke, 1986. (Vorträge und Forschungen. Bd. 30.) S. 9–33.

Wendel, Carl: Die bauliche Entwicklung der antiken Bibliothek. In: C. W.: Kleine Schriften zum antiken Buch- und Bibliothekswesen. S. 144–164.

– Die erste kaiserliche Bibliothek in Konstantinopel. In: ZfB 59 (1942) S. 193–209. (Wiederabgedr. in: C. W.: Kleine Schriften zum antiken Buch- und Bibliothekswesen, S. 46–63.)

– Kleine Schriften zum antiken Buch- und Bibliothekswesen. Hrsg. von Werner Krieg. Köln: Greven, 1974.

Wendel, Carl / Göber, Willi: Das griechisch-römische Altertum. In: HdB III/1. S. 51–145.

Werner, Gundula / Schmidt-Herrling, Eleonore: Die Bibliotheken der Universität Altdorf. Leipzig: Harrassowitz, 1937. (Beih. zum ZfB. 69.)

Westphalen, Raban Graf von: Akademisches Privileg und demokratischer Staat. Ein Beitrag zur Geschichte und bildungspolitischen Problematik des Laufbahnwesens in Deutschland. Stuttgart: Klett-Cotta, 1979.

Wetzel, Michael: Die Enden des Buches oder die Wiederkehr der Schrift. Von den literarischen zu den technischen Medien. Weinheim: VCH, Acta humaniora, 1991.

Widmann, Hans: Geschichte des Buchhandels vom Altertum bis zur Gegenwart. Tl. 1: Bis zur Erfindung des Buchdrucks sowie Geschichte des deutschen Buchhandels. Wiesbaden: Harrassowitz, 1975.

Die Wiedereröffnung der Mainzer Universität 1945/46. Dokumente, Berichte, Aufzeichnungen, Erinnerungen. Bearb. von Helmut Mathy. Mainz 1966.

Wilamowitz-Moellendorf, Ulrich von: Der Glaube der Hellenen. 2 Bde. 3., durchges. Aufl. Darmstadt: Wissenschaftl. Buchgesellschaft, 1959.

– Hellenistische Dichtung in der Zeit des Kallimachos. Bd. 1. Berlin: Weidmann, 1924.

Wilbert, Gerd: Bibliothek – Information – neue Medien. In: Bibliothek 11 (1987) S. 73–97.

Wilson, Nigel G.: Books and readers in Byzantium. In: Byzantine books and bookmen. Washington D.C.: Dumbarton Oaks Center for Byzantine Studies, 1975. S. 1–15.

Winckler, Lutz: Kulturelle Erneuerung und gesellschaftlicher Auftrag. Zur Bestandspolitik der Öffentlichen Bibliotheken und Betriebsbüchereien in der SBZ und DDR 1945 bis 1951. Tübingen: Niemeyer, 1987. (Studien und Texte zur Sozialgeschichte der Literatur. Bd. 20.)

Wiseman, D. J.: Books in the ancient Near East and in the Old Testament. In: The Cambridge History of the Bible. Bd. 1: From the beginning to Jerome. Hrsg. von P. R. Ackroyd, C. F. Evans. Cambridge: Cambridge University Press, 1970. S. 30–48.

Wissenschaftsrat. Empfehlungen zum Magazinbedarf wissenschaftlicher Bibliotheken. Köln, 1986.

Wunder, Bernd: Geschichte der Bürokratie in Deutschland. Frankfurt a.M.: Suhrkamp, 1986.

Register